シリーズ統合的認知　第6巻

横澤一彦［監修］

共感覚
Synesthesia

統 合 の 多 様 性

浅野倫子

横澤一彦

勁草書房

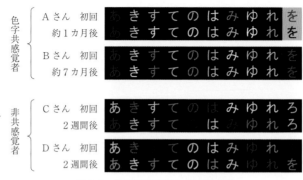

図1-1　時間的安定性と個人特異性

図1-2　共感覚ストループ効果

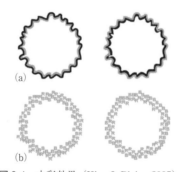

図2-1　水彩効果（Kim & Blake, 2005）

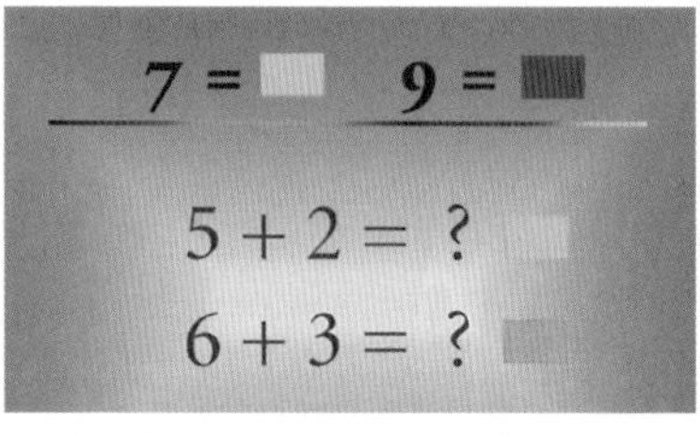

図2-5　数式に基づく共感覚色の例（Dixon et al., 2000）
（※この図は Cytowic & Eagleman, 2009 より）

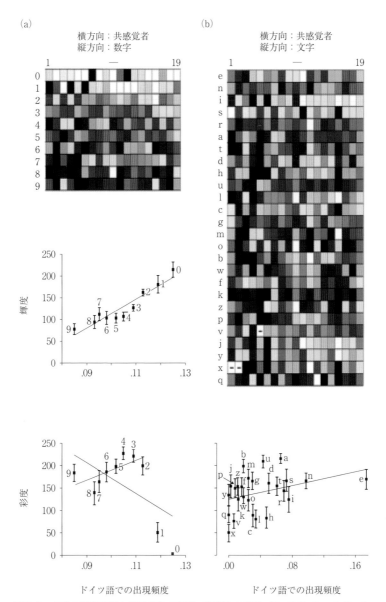

図 2-6　文字の出現頻度と共感覚色の輝度，彩度との関係（Beeli, Esslen, & Jäncke, 2007）

子音	-					k					s					n					r				
母音	a	i	u	e	o	a	i	u	e	o	a	i	u	e	o	a	i	u	e	o	a	i	u	e	o

共感覚者

RA・AK・SA・YM・TM・HM（各共感覚者の平仮名・片仮名に対する共感覚色）

図 2-7　色字共感覚者 6 名の平仮名と片仮名に対する共感覚色の例（Asano & Yokosawa, 2011）

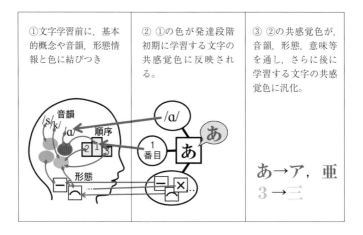

①文字学習前に，基本的概念や音韻，形態情報と色に結びつき

② ①の色が発達段階初期に学習する文字の共感覚色に反映される。

③ ②の共感覚色が，音韻，形態，意味等を通し，さらに後に学習する文字の共感覚色に汎化。

あ→ア，亜
3→三

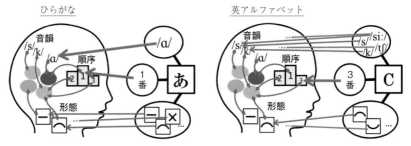

ひらがな　　　　　英アルファベット

図 2-8　文字習得過程仮説と，字種ごとの違い（Asano & Yokosawa, 2013）

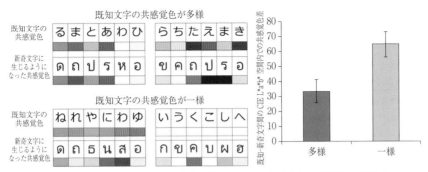

図 2-10 既知文字と対応づけた新規文字の学習における共感覚色の同質性の効果（Uno, Asano, Kadowaki, & Yokosawa, 2020）

(a)

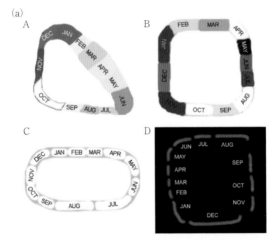

(b)

図 4-2 空間系列共感覚の例　（a）円環状配置の例（Smilek, Callejas, Dixon, & Merikle, 2007）　（b）直線状配置の例（Eagleman, 2009）

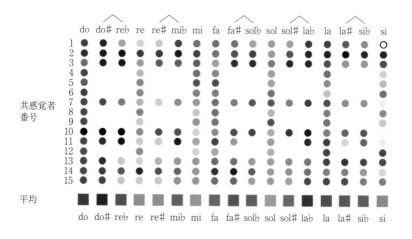

図 4-10　音名に対する色聴共感覚者の回答例（Itoh, Sakata, Kwee, & Nakada, 2017）

図 4-11　色音符カードの例（くおん出版）

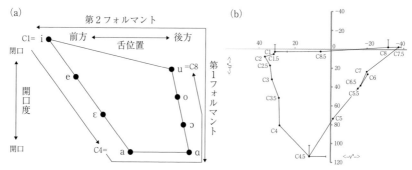

図 4-13　母音の音響的特徴と共感覚色の関係　（a）母音の音響的特徴　（b）CIE L*u*v* 色空間における共感覚色（Moos, Smith, Miller, & Simmons, 2014）

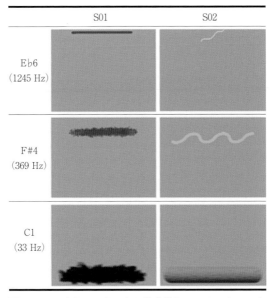

図 4-17 バイオリン音による共感覚色，テクスチャ，空間位置の例（Chiou, Stelter, & Rich, 2013）

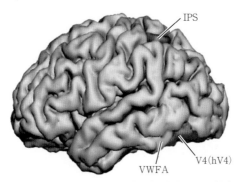

図 5-2 VWFA（緑），V4（hV4）（赤），IPS（青）の位置。Hubbard（2007）を一部改変。

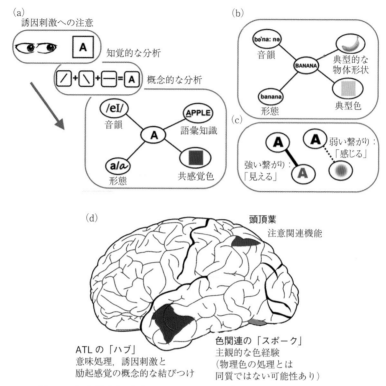

図 5-3　概念媒介仮説（Chiou & Rich, 2014）の概念図と関連脳領域。

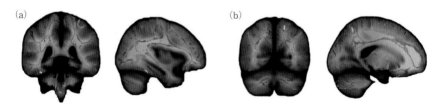

図 5-5　Rouw & Scholte（2007）の白質量解析の結果。共感覚者の脳における白質部分が緑
　　　　色で，そして，非共感覚者よりも共感覚者において白質量が多い部分を黄色で示し
　　　　ている。

シリーズ統合的認知

　五感と呼ばれる知覚情報処理過程によって，われわれは周囲環境もしくは外的世界についての豊富で詳細な特徴情報を得ることができる。このような，独立した各感覚器官による特徴抽出を踏まえて，様々な特徴や感覚を結び付ける過程がわれわれの行動にとって最も重要である。このシリーズでは，このような統合処理までの認知過程を総称して，「統合的認知」と呼ぶことにする。この統合的認知に至る過程が，単純な行動に限らず，思考や感情の形成にとっても重要であることは間違いないが，そもそも「認知」とは統合的なものであると考えるならば，わざわざ「統合的」という限定を加えることに，違和感を感じる方がいるに違いない。これは，認知過程を解明するために，旧来の脳科学や神経生理学で取組まれている要素還元的な脳機能の理解には限界があり，認知心理学的もしくは認知科学的なアプローチによって，人間の行動を統合的に理解することの必要性を強調しなければならないと感じていることによる（横澤，2010，2014）。たとえば，統合失調症における「統合」が，思考や感情がまとまることを指し示し，それらがまとまりにくくなる精神機能の多様な分裂，すなわち連合機能の緩みを統合失調症と呼ぶならば，統合的認知における「統合」と共通した位置づけとなる。統合失調症における明確な病因は確定されておらず，発病メカニズムが不明なのは，統合的認知という基本的な認知メカニズムが明らかでない状況と無縁ではないだろう。

　もちろん，要素還元的な脳機能の解明の重要性を否定しているわけではない。ただ，たとえば線分抽出に特化した受容野を持つ神経細胞が，線分抽出という特徴抽出過程において機能しているかどうかを知るためには，個別の神経細胞を取り出して分析するだけでは不十分であることは明白であろう。また，脳機能計測によって，特定の部位の賦活が捉えられたとしても，それがそのときの外的な刺激だけで誘発される可能性は必ずしも高くない。常に他の部位の賦活との関係も考慮しなければならず，その部位の機能を特定することは一般に難しいはずである。要素還元的な脳機能の理解だけが強調されれば，このような認知に関する実験データの基本的な捉え方さえ，忘れがちになることを指摘し

ておく。

一方, わざわざ新たに「統合的認知」と呼ぶのであれば, これまで認知機能の解明を目指してきた, 旧来の認知心理学もしくは認知科学的なアプローチと差別化を図らなければならないだろう。ただし, 現状では明確な差別化ができているとは言いがたい。そもそも, 認知心理学もしくは認知科学的なアプローチは, 典型的な脳科学や神経生理学におけるアプローチに比べれば, いわゆるメタプロセスに相当する認知過程の解明を担ってきたはずであり, そのようなメタプロセスの解明に用いられてきた洗練された科学的実験手法は, 「統合的認知」を扱う上でも必要不可欠である。すなわち, フェヒナー (Fechner) 以降に, 精神物理学, 実験心理学, さらに認知心理学の中で確立されてきた手法は, 人間の行動を科学的に分析する際には今後共欠かすことができない。まずは, このような手法を否定している訳ではなく, 「統合的認知」においても前提となっていることを忘れてはならない。

その上で, 統合的認知に取り組む意義を示す必要があるだろう。そこでまず, 認知心理学における典型的なアプローチを例にして説明を試みたい (横澤, 2014)。ある機能なり, 現象なりに, AとBという2つの要因が関与しているかどうかを実験によって調べる場合に, AとBという要因以外のアーティファクトを統制した実験計画によって得られた実験データが, 統計的に主効果と交互作用が有意であるかどうかを検定する。もし2つの主効果がそれぞれ有意であれば, 図1 (a) のようなそれぞれのボックス, 交互作用が有意であれば, 図1 (a) の矢印で示すような関係で表すことができる。すなわち, ボックスは, AもしくはBという要因に関わる処理過程の存在, 矢印は, 2つの要因同士が影響し合っていることを示している (交互作用だけでは, 矢印の向きは分からないので, ここでは模式的に因果関係を示しているに過ぎない)。このとき, 検定で使用する統計的な有意水準は, 多くの場合, 被験者の分散によって設定される。すなわち, 個人差による変動を差し引いた平均像のモデルの妥当性に関する検定であり, すべての被験者に当てはまるモデルであることを保証しているわけではない。このようなボックスモデルでも, 脳科学や神経生理学における多くの先端的な研究を先導してきたことは明らかである。すなわち, 図1 (a) のボックスや矢印が, 神経細胞やシナプス結合に置き換えられることが分かれば, 脳の中の実体としての存在証明ができたことになるからである。極言すれば, 行動との対応関係を示す認知心理学的実験データの存在があってはじめて, 脳

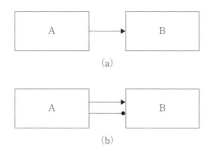

図1 2つの処理と接続関係（横澤, 2014を改変）

科学や神経生理学の研究は科学的になりうる場合が少なくない。

　これに比較して説明することで，「統合的認知」のアプローチとして強調したい点を明らかにできると考えている。図1（b）のように，2つの要因に関わる処理過程の間には，実は2種類の結合があると仮定してみる。両結合は逆作用を持ち，一般的な記法に従って，矢印は興奮性結合，丸印は抑制性結合を表しているとする。もし抑制性結合が弱ければ，現象として把握できるのは興奮性結合の存在であり，図1（b）は図1（a）と区別がつかないことになる。一方，興奮性結合と抑制性結合が拮抗していれば，お互いの作用が打ち消し合い，現象として矢印や丸印の存在，すなわち交互作用を確認することが難しくなり，AとBという両要因の独立性だけが確認されることになる。すなわち，交互作用の有無は，各要因に関わる処理過程間の接続関係の有無を証明している訳ではなく，興奮性結合と抑制性結合とのバランスの個人差を反映しているのに過ぎないかもしれないのである。これは，統計的検定結果を安易に拡大解釈することの危険性を指摘したい訳ではなく，単純な図式を前提とする典型的な認知心理学的アプローチでは見逃されやすい，隠れた接続関係や個人差にも着目することの重要性を，統合的認知では強調したいのである。

　図1（b）から，ニューラルネットワーク研究（Rumelhart et al., 1987）との整合性を感じる方もいるに違いない。PDPといわれる並列分散処理アプローチの基本は，図1（b）の関係を階層的な並列モデルで説明しようとしたが，残念ながら脳科学や神経生理学を先導した研究は多くないと思われる。もし，ランダムに接続されたネットワークが，興奮性結合と抑制性結合の加重を学習することにより，目的とする情報処理が実現できることを証明したとしても，そ

れは偶然の産物として局所解を得たに過ぎず，そこから脳科学や神経生理学全体を先導するような予測を生み出すことができるわけではなかったからなのかもしれない。統合的認知では，ランダムに接続されたネットワークから解を模索するのではなく，これまで進化の過程で蓄積された構造を基盤にしながら，明示的ではない要因や接続関係も考慮した総合的な理解を目指すことになる。たとえば，個人差に影響を及ぼす発達過程や文化なども考慮に入れた議論が必要になってくる。

　もう1つ，統合的認知の特徴に加えなければならないが，それは「行動」の定義が変わりつつある現状を反映している。たとえば，自分の体をできるだけ動かさないように，静止状態を保っていることを想像してほしい。このような体中微動だにしない状態は，一般には行動が観察できない状態ということになるだろう。もちろん，その場合でも基礎代謝があり，呼吸をし，心臓の鼓動で血液の循環が行われている。基礎代謝は一般には行動に含めないので，これまでの定義では観察できる行動がないことになる。しかし，脳機能計測の発展により微動だにしない体でも，脳活動という「行動」が精密に観察できるようになった。fMRIなどの脳機能計測は，基本的には体が微動だにしないように拘束することが前提で，脳活動が測定されている。注意や意識などの内部プロセスが認知心理学の主要なテーマになりつつあるのは，このような最先端実験機器の開発による「行動」の定義の変容と無関係ではない。もちろん，例えば注意という行動を旧来の定義でも観察することは可能である。しかし，脳内の活動という内部プロセスを含めて考えれば，外に現れる行動だけを扱っているだけでは分からない真実が明らかになるかもしれない。歴史的にみれば，行動主義心理学に比べて，内的過程も扱うことに認知心理学の特徴があったので，この点で違和感を感じる方も少なくないかもしれない。しかしながら，認知心理学において扱われてきた行動の大半は，正答率と反応時間という外的行動であったわけで，これに脳活動も行動に含めると考えれば，ある種のパラダイムシフトが生じるはずである。すでに，先端的な認知心理学研究は，脳機能計測の結果をうまく融合させて進められており，「統合的認知」においても，それを追認しているに過ぎない。ただし，上述したように，先端的な脳機能計測は，要素還元的な分析に陥り易いことをあらためて指摘しておきたい。

　以上をまとめると，表1のように表すことができる。

　まず，行動の定義と位置付けについて，典型的な認知心理学においては統制

表1　典型的な認知心理学と統合的認知の心理学の比較

	典型的な認知心理学	統合的認知の心理学
行動の定義と位置付け	統制された外的行動の観察による内的過程の推定	観察された内部処理過程を含めた「行動」
各処理過程の結合関係の同定	検定によって，結合の有無を判断	結合が前提で，バランスの変動として理解
個人差の取扱い	個人差を基準に，要因内の差異を検定	個人差を生じさせる要因が，研究目的の1つ

された外的行動の観察による内的過程の推定をしてきたが，統合的認知の心理学では，客観的に観察された内部処理過程を含む「行動」としての理解を試みる。このとき，神経生理学や脳科学との連携が必須であるが，要素還元的な理解ではなく，脳情報処理過程全体としての理解を目指す。次に，各情報処理過程の結合関係を同定するにあたり，典型的な認知心理学においては，検定によって，結合の有無を判断してきたが，統合的認知の心理学では結合が前提で，相反する結合のバランスが実験条件や個人差による変動を生じさせると理解する。また，個人差の取扱いについて，典型的な認知心理学においては，個人差を基準に，要因内の差異を検定してきたが，統合的認知の心理学では個人差を生じさせる要因が，研究目的の一つとなる。

　そこで，いくつかの研究課題に分けて，統合的認知に関する研究を整理したい。具体的には，注意（Attention），オブジェクト認知（Object perception），身体と空間の表象（Representation of body and space），感覚融合認知（Transmodal perception），美感（Aesthetics），共感覚（Synesthesia）というテーマである。このような分け方をすること自体，要素還元的な研究だというご批判もあると思う。しかし，それぞれのテーマの詳細を知っていただければ，そのような批判には当たらないことを理解していただけると思う。

　「注意」とは，視覚でいえば色彩や動きなど，様々な特徴の選択と統合に関わる機能を指している。1980年に特徴統合理論（Treisman & Gelade, 1980）が発表されてから，視覚的注意の機能は特徴を統合することにあるという側面が取り上げられ，ここ30年間で最も研究が進んだ認知心理学における研究テーマであろう。すでに多様な現象が発見され，脳内の様々な部位の関与が明らか

になっており，脳内にただ1つの注意の座が存在するわけではなかった。また，注意という機能は，視覚に限らず，他の感覚でも存在する。いずれにしても，統合的認知の基本機能が注意ということになろう。

「オブジェクト認知」とは，日常物体，顔，文字などのオブジェクト（Object）の認知過程と，そのようなオブジェクトが配置された情景（Scene）の認知過程を指している。ここで扱われるオブジェクトとは，脳内の情報処理単位を意味する。Marr（1982）は，計算論的なアプローチにより，オブジェクトの統合的理解に取り組んだ。階層的な処理過程によって，段階をおって構成要素を組み立てることを仮定しているので，構造記述仮説とも呼ばれたが，まさに統合的認知そのものを想定していたといえる。ただし，構成要素の単なる集合体がオブジェクトではないし，オブジェクトの単なる集合体が情景ではない。オブジェクトに関しても，情景に関しても，脳内の表象について議論が続けられている。

「身体と空間の表象」とは，自分の身体や外的世界を把握し，行動へと統合するための表象を指している。自己受容感覚により，目をつぶっていても，自分の身体の位置は把握できる。しかしながら，ゲームに没頭し，登場人物と自分が一体化しているときに，目をつぶっていたときに感じたのと同じ位置に自分の身体を感じているだろうか？　また，自分を取り巻く空間を理解するときにはいくつかの軸を手がかりにしているはずである。重力を感じることができれば上下軸，自分の顔などの前面が分かれば前後軸も手がかりになるに違いない。身体と空間の表象は行動の基本であり，当たり前と思うかもしれないが，これらに関する研究が本格的に取り上げられたのは，比較的最近である。

「感覚融合認知」とは，視聴覚や視触覚などの多感覚統合による理解過程を指している。五感それぞれの感覚受容器（すなわち視覚なら目，聴覚なら耳）から得られた情報は，脳内の初期段階でも独立して処理されていることが知られている。しかし，最後までまったく独立な処理ではお互いの時空間的な同期が取れず，的確な行動につながるような解に結びつかないだろう。また，それぞれの感覚受容器の利点を活かし，弱点を補うことで，それぞれが不完全な情報でも，妥当な結論を導く必要がある。一般的には，マルチモーダル認知，クロスモーダル認知などと呼ばれ，感覚間の相互作用の研究を指すことが多いかもしれないが，各感覚から切り離され，感覚融合された表象が行動の基本単位となっている可能性までを視野に入れるべきだろうと思う。

　「美感」とは，知覚情報を元に，生活環境や文化との統合で生まれる美醜感覚形成過程である。自然や異性ばかりではなく，絵画や建築物などの人工物に対する美感について，誰しも興味は尽きないだろう。フェヒナー以降，実験美学の研究が進められてきたが，最近になって，認知心理学と再融合された研究テーマとして，美感科学（Aesthetic science）を標榜する研究が現れてきた（Shimamura & Palmer, 2012）。美を科学的に扱えるのかという点で根本的な疑問を持たれる方も少なくないと思うが，五感を通して得られた情報が，環境や文化などに関わる経験として脳内に蓄積された情報と干渉し，統合されることで美感が紡ぎだされているとすれば，まさに統合的認知において重要な研究テーマとなる。

　「共感覚」とは，実在しないにも関わらず，脳が紡ぎだす多様な感覚統合過程である。すなわち，1つの感覚器官の刺激によって，別の感覚もしくは特徴を知覚する現象であり，ごく一部の人だけが経験できる現象である（Cytowic & Eagleman, 2009）。音を聞いたり，数字を見たりすると，色を感じるなど，様々なタイプの共感覚が存在するが，その特性や生起メカニズムが科学的に検討され始めたのは比較的最近であり，脳における構造的な近接部位での漏洩など，様々な仮説が検討されてきた。ただ，共感覚は脳内の処理過程で生じる現象として特殊ではなく，共感覚者と非共感覚者という二分法的な見方をするべきではないかもしれない。

　統合的認知は上述の6研究テーマに限られることを主張している訳ではなく，今後新たな研究テーマも生まれ，それぞれが拡大，発展していくだろう。今回，6研究テーマを取り上げたのは，極言すれば自分自身の現時点での学術的な興味を整理したに過ぎない。2008年以降，いずれの研究テーマにも取組んでおり，その頭文字をとって AORTAS プロジェクトと名付けている。AORTAS という命名には，各研究テーマの解明が「大動脈（aortas）」となって，「心」の科学的理解に至るという研究目標が込められている。最終的に，統合的認知という学問大系が構築されるとすれば，いずれもその端緒として位置づけられるかもしれない。各研究テーマには膨大な研究データが日々蓄積される一方，あまりにもたくさんの研究課題が残されていることにたじろいでしまう。それでも，各研究テーマにおいていずれも最先端で活躍されている研究者に著者として加わっていただき，6研究テーマの学術書を個別に出版することになったことはよろこびにたえない。シリーズとしてまとまりを持たせながら，各分野に興味

を持つ認知心理学や認知科学専攻の大学院生や研究者のための必携の手引書として利用されることを願っている。

横澤一彦

引用文献

Cytowic, R. E., & Eagleman, D. M. (2009). *Wednesday Is Indigo Blue*: *Discovering the Brain of Synesthesia*. The MIT Press (サイトウィック，R. E. イーグルマン，D. M. 山下篤子 (訳) (2010). 脳のなかの万華鏡：「共感覚」のめくるめく世界　河出書房新社)

Marr, D. (1982). *Vision*: *A Computational Investigation into the Human Representation and Processing of Visual Information*. W. H. Freeman and Campany (マー，D. 乾敏郎・安藤宏志 (訳) (1987). ビジョン：視覚の計算理論と脳内表現　産業図書)

Rumelhart, D. E., McClelland, J. L., & the PDP Research Group (1987). *Parallel Distributed Processing - Vol. 1*. MIT Press (ラメルハート，D.E., マクレランド，J.L., PDP リサーチグループ 甘利俊一 (監訳) (1988). PDP モデル：認知科学とニューロン回路網の探索　産業図書)

Shimamura, A., & Palmer, S. E. (2012). *Aesthetic science*: *Connecting Minds, Brains, and Experience*. Oxford University Press.

Treisman, A. M., & Gelade, G. (1980). A feature-integration theory of attention. *Cognitive Psychology*, **12**, **1**, 97-136.

横澤一彦 (2010). 視覚科学　勁草書房.

横澤一彦 (2014). 統合的認知　認知科学, **21**, **3**, 295-303.

はじめに

　「共感覚とは何か」。明快に答えるのは難しい。最も大まかな定義を与えるとすれば，共感覚とは，「ある感覚や認知的処理を引き起こすような情報（刺激）の入力により，一般的に喚起される感覚や認知処理に加えて，他の感覚や認知処理も喚起される現象」である。なお，共感覚を持つのは一般人口の一部の人だけに限られる（そのような人々は「共感覚者」と呼ばれる）。また，共感覚にはさまざまな種類がある。

　まずは読者の方々に感覚的に雰囲気を掴んでいただくため，現在の科学的研究の文脈で「共感覚」として扱われているものの例をいくつか挙げてみよう。共感覚の一種，「色字（しきじ）共感覚」を持つ人（色字共感覚者）は，1つ1つの文字に特定の色を感じる。たとえばある色字共感覚者は，黒色で書かれた「共」という文字を見ると薄黄色の印象を覚える。このとき，その色字共感覚者は，目の前にあるのが物理的には黒色で書かれた「共」という文字であることは認識し，問題なく文字として読んだ上で，文字の付近または頭の中に薄黄色が広がるように感じるのである。「色聴（しきちょう）共感覚」を持つ人は，音楽や人の声，物音を聴くと色を感じる。「サックスの音を聴くと，目の前に青い帯状のものが流れていくように感じる」など，色は形や動きを伴うことも多い。「空間系列共感覚」の一種である「数型（すうけい）共感覚」を持つ人は，「0から10は時計回りに環状に並び，11から先は10の左上に伸びていく」などのように，数字に特定の空間配置があるように感じる。「ミラータッチ共感覚」を持つ人は，他の人が誰かに頬を触られているのを見ると，自分は誰にも触られていないにもかかわらず自分の頬の同じ位置にもくすぐったさを感じるなど，他者の身体への刺激を視覚的に観察した際に，自分の身体の同じ位置が触られているような感覚を覚える。「数字の3は小さくてやんちゃな男の子」のように数字に性別や性格などを感じる人もいる。文字や文字列に味を感じる人もいる（例：「dy/dx」という文字列に甘さを感じる）。共感覚を引き起こす刺激のことを「誘因刺激（inducer）」（例：色字共感覚における文字），共感覚として引

き起こされる感覚や認知処理のことを「励起感覚（concurrent）」（例：色字共感
覚における色）と呼ぶが（Grossenbacher & Lovelace, 2001），このように共感覚に
は実に多くのタイプ，すなわち誘因刺激と励起感覚の組み合わせが存在し（第
4章参照），その数は 65（Day, 2005）とも 150（Cytowic & Eagleman, 2009）とも
いわれる。色字共感覚や色聴共感覚の存在は 19 世紀には知られ，すでに科学
的研究が行われていたが（Jewanski, 2013），21 世紀になってからも新たにミラ
ータッチ共感覚や（Blakemore, Bristow, Bird, Frith, & Ward, 2005; Banissy & Ward,
2007），泳ぎの型に色を感じるタイプの共感覚（例：背泳ぎに黄色の印象を覚える）
の存在が報告されるなど（Nikolić, Jürgens, Rothen, Meier, & Mroczko, 2011），共
感覚に分類されるものはたびたび増える。また，文字と数字をひとまとめに扱
うか否かなど，誘因刺激をどのような単位でまとめるかにも依存するため，実
際のところ，いったい全部で何タイプあるのかは不明だと言ってよい。なお，
「共感覚」という言葉を字義通りに「共＋感覚」と捉えると，視覚や聴覚，触
覚といった異なる感覚の処理同士がくっついているかのように思われるかもし
れない。共感覚に相当する英単語 synesthesia も，語源はギリシャ語の "syn"
（共に）＋ "aisthesis"（感覚・知覚）であり，同じ印象をもたらす（なお，synes-
thesia はアメリカ英語での綴りであり，イギリス英語では synaesthesia と綴られる）。
しかし実際は，色や音，空間配置といった感覚・知覚処理の守備範囲内のもの
だけでなく，文字や数字，性別，性格など，より高次の認知処理を要するもの
も誘因刺激や励起感覚になりうる。また，誘因刺激と励起感覚が属する感覚モ
ダリティは異なっていなくてもよい（Grossenbacher & Lovelace, 2001）。たとえ
ば色聴共感覚の場合は，誘因刺激（音）は聴覚，励起感覚（色）は視覚，と，
異なる感覚モダリティ間につながりが生じるが，色字共感覚の場合は誘因刺激
（文字）と励起感覚（色）の両方が視覚に属する。

　これらの雑多な事例に共通するのは，ある刺激（感覚処理や認知処理を引き起
こす情報）を処理しているときに，一般的にはその刺激と無関係と考えられる
ような種類の感覚・認知処理まで引き起こされるということである。堅い表現
を使えば，共感覚とは「ある感覚や認知的処理を引き起こすような情報（刺激）
の入力により，一般的に喚起される感覚や認知処理に加えて，他の感覚や認知
処理も喚起される現象」だと定義できる。知覚心理学や認知心理学など，認識
の仕組みを探究する学問では多くの場合，「外部からの刺激入力によって，人
間（を中心とした生き物）の内部ではどのような情報処理が引き起こされるか」

が研究されている。そして，刺激の種類ごとに，それに特化した情報処理ルートがあるという説明がなされる（村上, 2010）。たとえば視覚刺激（光）に対する情報処理の入り口は眼球の網膜であり，そこからまず主には脳の後頭葉の初期視覚野に情報が送られ，その後，形，色，動きなどの要素や，文字，物体，顔などの情報のカテゴリごとに特化した処理が，それぞれ異なる脳領域を中心に行われる。同様に，聴覚刺激（音）の情報処理の入り口は耳の鼓膜であり，そこから内耳でのさまざまな基礎的分析を経て，脳の聴覚野を中心とした領域で，音源の識別や音声の内容の分析など情報の要素やカテゴリごとに特化した処理が行われる。簡単に言えば，文字が視覚呈示されれば文字に特化した視覚処理が，色が視覚呈示されれば色に特化した視覚処理が，音声が聴覚呈示されれば音声に特化された処理が引き起こされる，ということである。逆に言うと，刺激が入力されなければ，その刺激がもつ情報に対応する脳内処理は引き起こされない（例：色が視覚呈示されなければ，色の処理が脳内で引き起こされることはない）。しかし共感覚はこのような一般的な知覚・認知処理の考え方の枠組みから逸脱している。文字が視覚呈示されたときに，文字の視覚処理に加えて物理的には呈示されていない色の視覚処理も引き起こされたり，音楽が聴覚呈示されたときに，音楽の聴覚処理に加えて物理的には呈示されていない色や形，動きの視覚処理も引き起こされたりするのである。これは純粋に不思議に思えることであり，古くから知覚・認知心理学の研究者はもちろんのこと，多くの人の興味を引きつけている。

　共感覚の科学的研究の歴史は古く，1812-1873 年には，医学的，生理学的観点のものが主ではあるが，現在確認できるだけで十余りの共感覚についての著作物が見つかっている。19 世紀末には，数十人，数百人を対象とした大規模研究も行われるようになった。「共感覚（syensthesia）」という用語が使われ出したのもこの頃である（Jewanski, 2013）。しかしその後，共感覚研究は冬の時代を迎える。外部から観察可能な対象だけを研究対象とする行動主義が心理学の世界を席巻し，主観的現象である共感覚は研究の俎上から排除されてしまったのである（Johnson, Allison, & Baron-Cohen, 2013）。しかしやがて，人間の内部の情報処理に目を向ける認知主義の心理学の時代が到来し，Cytowic による 1989 年や 1993 年出版の書籍を皮切りに，共感覚研究は「ルネッサンス」を迎える（Cytowic, 1989, 1993, 2013）。共感覚についての査読論文数は，1930 年代から 1980 年代の間は 10 篇に満たなかったのが，1990 年代には増え始め，2000 年代は，

2006 年までの時点だけで 60 篇近くに跳ね上がった（Cytowic, 2013）。その後は
さらにハイペースで論文が出版されていると思われる。このように共感覚研究
は長い歴史を持ち，特に最近の進展は目覚ましいものがあるが，それでもなお，
共感覚の全貌は謎に包まれている。1970 年代から長年にわたって感覚間協応
や共感覚の研究に取り組んできた Marks は，共感覚研究を，不要なピースが
混ぜられていて，完成見本図も与えられていないジグソーパズルに例えている
（Marks, 2017）。そのようなジグソーパズルでは，どのピースが不要なのか悩み
ながら地道にピースを組み立てていくしかないが，共感覚も，現象を明確に定
義することが難しく，何が共感覚で何が違うのか，研究者が皆で頭を悩ませな
がら全体像の解明に取り組んでいる，ということである。本書はそのような共
感覚のパズル解きの現状報告である。

　先述のように共感覚として分類されるものの実態はあまりに多種多様である
ため，それらを包括しようとすると，どうしても定義は「ある感覚や認知的処
理を引き起こすような情報（刺激）の入力により，一般的に喚起される感覚や
認知処理に加えて，他の感覚や認知処理も喚起される現象」という大まかなも
のにならざるをえない。実際，ここ 30 年ほどの間に出版された共感覚につい
ての論文の冒頭部分には，ほとんどの場合，多少のバリエーション（他の要素
の付加）はあるにせよ，このような定義が書かれている。しかしこの定義だと
大まかすぎて，かなり広い範囲の現象が当てはまってしまう。たとえば，「明
るい声」のような感覚を跨いだメタファー（隠喩）が広く一般的に使われてい
る。これは声に対し，実際には視覚入力されていない明るさの印象を結びつけ
ているわけだが，共感覚の一種と言えるだろうか。また，幻覚は実際にはない
ものを見たり聞いたりする現象であるが，共感覚に分類されるだろうか。現在
の共感覚の科学的研究（認知心理学や認知神経科学など）においては，いずれの
答えも「いいえ」である（ただし第 6 章で述べるとおり，前者に関してはさまざま
な立場がある）。

　なぜ「いいえ」なのか。その理由は，これらの現象が第 1 章で紹介する「保
有率の低さ」「日常的な認知活動が誘因刺激となる」「時間的安定性」「個人特
異性」「自動性」「意識的経験」といった共感覚の基本的特徴（Simner & Hub-
bard, 2013; Ward, 2013）をあまりよく満たしていないためである。逆に言うと，
現在の共感覚の科学的研究は通常，上記の定義に加えて，これらの共感覚の基
本的特徴を満たしていると考えられるものを「共感覚」として扱っている（な

お，それらの特徴を「定義」とはせずに，あくまでも「基本的特徴」と呼ぶのは，それらを共感覚の必要条件だと言い切って良いか迷う現状があるためである）。第1章では，これらの共感覚という現象自体の基本的特徴のほか，何らかの能力やパーソナリティ等の面で共感覚者に多く見られる特徴があるか否かや，共感覚を持つことの影響などについての研究を紹介する。

「共感覚とは何か」という問いに答えるのが難しいのはこの定義の不明瞭さのせいだけではない。共感覚における励起感覚はその共感覚者自身しか経験できず，外部から励起感覚の内容（例：色字共感覚者が文字に感じている色）を直接観察することは不可能である。そのため，共感覚という現象が本当に実在するのかを確認するのはかなり困難な作業である。たとえば「文字に色を感じる」という色字共感覚者の主張は，文字に色を感じない大多数の人にとってはにわかには信じがたいし，その色字共感覚者をいくらまじまじと見つめてみたところで，その共感覚者が文字に感じる色を自分も共に体験し，確認することはできない。そうなると，人によっては，その色字共感覚者は病気で幻覚を見ているのではないかと考えたり，人の気を引きたいがために奇抜な嘘をついているのではないかと疑ったりするかもしれない。実際，共感覚者の中には周囲からこのような偏見を受ける人も少なからずいる。誘因刺激と励起感覚の具体的な対応関係が共感覚者ごとに異なる（個人特異性，例：同じ「共」という文字に対し，共感覚者Aは薄黄色を感じるが，共感覚者Bは水色を感じる），励起感覚の具体的な感じ方が共感覚者によって異なる（たとえば色字共感覚の文字の色は，紙の上の文字の付近に浮かぶように感じる「投射型（projector）」と呼ばれるタイプの人もいれば，頭の中に広がるように感じる「連想型（associator）」の人もいる；第2章参照）など，共感覚者間に大きな個人差があることも，そのような印象に拍車をかけるだろう。外部から直接観察できない上に，共感覚者によって具体的に言うことがバラバラであるとあっては，「共感覚とは何か」をつかむのが困難であるばかりか，共感覚が実在すると信じることすら危うくなる。そこで共感覚の科学的研究がまず取り組む必要があったのは，共感覚という現象が実在することを客観性の高い形で証明するという作業であった。具体的には，共感覚者をたくさん集め，一見バラバラの個人間に共通する性質を探し出し，そのうち可能なものは客観的手法を用いて検証する，という作業である。第1章で紹介する共感覚の基本的特徴は，そのような作業の中で，共感覚者の多くに共通して見いだされてきた特徴である。

　さまざまな種類がある共感覚の代表格が，文字に色を感じる色字共感覚である。他の種類の共感覚と比較すると保有率が高いと推測される上，研究例が圧倒的に多い。これまでに述べた共感覚の定義や基本的特徴も，ほとんどが色字共感覚の研究結果に基づいたものであると言っても過言ではない。そこで第2章では，色字共感覚について詳しく紹介する。色字共感覚を持つようになる原因は何か（遺伝か経験か），文字の共感覚色を経験する際にどのような処理が生じるのか（物理的な色を見ているときの処理とは異なるのか，文字が目に映りさえすれば何の文字かが認識できなくても共感覚色は感じられるのか，文字の知覚的情報と概念的情報のどちらが重要なのか，色字共感覚者は共感覚色をどこに感じているのかなど）といった問いについて，さまざまな実験心理学的手法を駆使した研究の成果に基づいて考える。第2章ではさらに，文字と共感覚色の組み合わせはどのように決まるかという問いに取り組んだ，さまざまな言語圏における研究の成果を紹介する。そして次に，色字共感覚が文字の学習や記憶を助ける役割を持つ可能性についての研究を紹介する。第2章の最後では，色字共感覚者と非共感覚者の関係について考える。両者は質的に違う，非連続的な存在なのか，それとも連続的な存在なのか。これは共感覚の定義やメカニズムを考える上でも大きな問いである。

　第2章で紹介されている色字共感覚についての知見は，多くの色字共感覚者に普遍的に存在する事柄，いわば色字共感覚者の平均像が反映されたものである。そのような平均像の特定は，色字共感覚の基本メカニズムを推定する上で欠かせない作業である。しかしその一方で，色字共感覚をはじめ，共感覚には大きな個人差（個人特異性）がある。著者らはこれまでに150名以上の色字共感覚者に実験研究に協力していただき，その一人一人に対し，最低でも30分をかけてインタビューも行ってきた。その中では，共感覚の「平均像」の存在も実感する一方で，個々の文字に何色を感じるか，その色は「ざらざら」「金属的」などの質感を伴うか，自分自身の共感覚をどのように認識しているかなど，豊かな個人差も目の当たりにしてきた。また，「平均像」の研究ではデータを定量的に扱う必要がある以上，共感覚色を「CIE $L^*a^*b^*$ 色空間上で [55.4, 63.0, -40.1] の座標に位置する色」のように扱うほかないが，実際は，ベタ塗りのようなピンク色とは限らない。色鉛筆で塗ったような繊細な濃淡があったり，透明感があったり，複数の色がまだら模様を作っていたり，共感覚色が文字の線の部分ではなく背景に感じられたりと，色字共感覚者が語る共感覚色は

個性的かつ豊かなものである。これらのような個人差に当たる部分も，共感覚という現象を理解する上で決しておろそかにしてはならない。そこで第3章には，著者らの研究に協力してくださったうちの18人の日本人色字共感覚者それぞれの，300文字についての共感覚色と，個人が特定されない範囲でのプロフィール，そして共感覚色の感じ方などについてインタビューで語った内容を掲載した。色字共感覚の普遍性も個人差も詰まった「生の声」を感じ取っていただけたら幸いである。この章で紹介されている内容を読むと，共感覚者間にはさまざまな面で大きな個人差があること，その一方で，いくつかの点では不思議なほどの一致も見られることが分かるだろう。また，共感覚が日常生活に支障をきたす「病気」でも，「天才的な超能力」でもないことが分かるだろう。これらの情報は，もしかしたら，自分以外の色字共感覚者の様子が分からず不安に思っている色字共感覚者にとっても有益なのかもしれない。

　第4章では，色字共感覚以外のタイプの共感覚について紹介する。共感覚には非常に多くの種類が存在するが，Novich, Cheng, & Eagleman（2011）によれば，文字や日付など視覚特徴から色を感じる共感覚（一般的には色字共感覚），音の高低や楽器音など聴覚特徴から色を感じる共感覚（一般的には色聴共感覚），触覚，嗅覚，概念などから視聴覚以外の誘因特徴によって色を感じる共感覚，音に匂いを感じたり，形に味を感じたりする励起感覚が視覚特徴ではない共感覚，数字や日付に空間配置を感じる空間系列共感覚の5つのカテゴリに分類することができる。この分類に加えて，さまざまな調査によって推定されている各種共感覚の一般人口における保有率，励起感覚の性質などを勘案し，第4章では，色字共感覚以外の共感覚の代表例として，空間系列共感覚，ミラータッチ共感覚（視覚から触覚を感じる），色聴共感覚，序数擬人化（数字にパーソナリティを感じる）の4タイプの共感覚を詳しく取り上げた。いずれについても，現象的側面についての記述のほか，心理学実験的手法による定量的な研究結果も紹介している。また，共感覚者の中には，1種類のみの共感覚を持つ単一共感覚保有者もいれば，3つ4つと複数の共感覚を併せ持つ多重共感覚保有者もいる。最近，このような共感覚の保有数が，共感覚の主観的な強さや，共感覚以外の認知特性（自閉スペクトラム症に似た，局所的情報への注意の向きやすさ）の強さと相関することが指摘され始めており，研究者の注目を集めている（van Leeuwen, van Petersen, Burghoorn, Dingemanse, & van Lier, 2019; Ward, Brown, Sherwood, & Simner, 2018; Ward, 2019）。第4章はこの話題の紹介で締めくくる。

　第5章では共感覚の神経機構について扱う。近年の共感覚研究の盛り上がりの火付け役となった Cytowic は 1993 年に発表した著書の中で，彼が初めて出会った共感覚者であるマイケル・ワトソン氏とともに共感覚の研究を始めた当初について，「マイケル・ワトソンと私は最初，共感覚というパズルに分析家として，何か客観的な答え，おそらくは『ははぁ，ここに犯人がいたぞ』なんて言いながら指差せるようなひとまとまりの神経細胞集団か短い神経回路を見つけられると期待して近づいた」が，しかし実際には，人間の認知の主観的，直感的な側面に関わる非常に複雑な神経学的事象に切り込むという冒険にどっぷりとはまり込んでいたのだったと語っている（Cytowic, 1993, p. 7）。第5章で紹介する様々な神経学的研究の結果は，まさに「パズル」である。数多くの研究者が共感覚者と非共感覚者の脳の機能的な違いや構造的な違いを見つけようと試みてきたが，簡単に解釈できるような結果が出てこない上，研究間での結果の一致率は低い。第5章では，共感覚のメカニズムについての様々な理論的仮説と照らし合わせながら，これらの神経学的研究の結果と向き合う。

　最後の第6章では，しばしば「共感覚的認知」とも呼称される，感覚間協応について扱う。感覚間協応とは，異なる感覚モダリティに与えられる刺激の属性や次元の間に適合性が見いだされる効果のことである（Spence, 2011）。感覚間協応の例として，高い音は明るい色，低い音は暗い色に組み合わせたほうが，その逆の組み合わせよりもしっくりくると多くの人が直感的に感じる現象が挙げられる。「ブーバ」という言語音の響きには丸みを帯びた印象，「キキ」には尖った印象を覚える（ブーバ・キキ効果，Ramachandran & Hubbard, 2001）というのも感覚間協応の一種である。ブーバ・キキ効果のような言語音の感覚間協応は音象徴とも呼ばれる。感覚間協応は，「感覚モダリティを超えた結びつきを感じる」という点で共感覚によく似ていることから，共感覚と感覚間協応を連続的な現象として扱う立場もある（Martino & Marks, 2001）。しかしその一方で，両者には違いも多々あることを重視し，別の現象として扱う立場もある（Deroy & Spence, 2013）。本書も後者の立場を取っているが，いずれの立場をとるにせよ，類似した現象間の比較は，それぞれの現象のメカニズムの解明に大きく資するものであるため，第6章で感覚間協応について詳しく取り扱うことにした。

　冒頭で述べたように，「共感覚とは何か」という問いに答えることは容易ではない。以上のように，また，次章以降で見ていくように，共感覚は知覚，言

語処理，学習，記憶といったさまざまな認知処理と密接に関わり合い，また，類似した現象も存在するため，共感覚という現象の輪郭を明瞭に見出すことが難しいのである。さらに，少数の人だけが持つ主観的体験であるということが，研究の難度を高めている。また，そのような「珍しい」現象であるために，現象の定義ではなく事例報告から共感覚の科学的研究が始まったという側面もあり，「完成見本図のないジグソーパズル」を解く形で研究が進行している。そのような状況だからこそ，個々の人間を対象にデータを採取し，脳内の情報処理過程を推定する実験心理学や神経科学的手法が役に立つ。さまざまな他の認知処理や現象との関係を丁寧に調べ，さまざまな認知処理の中に共感覚を位置づけることは，統合的な認知処理のありかたに迫る作業であると言える。

目　次

第1章　共感覚とは何か

1.1　共感覚の基本的特徴 ……………………………………………………

❖保有率の低さ

　共感覚は，どの種類であれ，人口のごく一部の人だけが持つと考えられる。保有率の具体的な推定値は調査によって異なるが，Simner らが 2006 年に発表した，イギリスの 500 名の大学生を対象に行った調査では，共感覚のタイプを問わなければ 4.4％（この調査では，色字共感覚や色聴共感覚のほか，一年の月に色，曜日に色，人物に色，人物に匂い，味に形，などの共感覚を持っていると報告した人がいた。なお，複数の共感覚を併せ持つ人も多い），色字共感覚（文字や数字に色を感じる）に限定すると 1.4％ という保有率であった（Simner et al., 2006）。同じく Simner らが，ロンドンの科学博物館に来館した 1190 名の一般人を対象に色字共感覚の有無を調べた大規模調査では，色字共感覚の保有率は 1.1％ であった（Simner et al., 2006）。英語圏における色字共感覚の保有率については，その後のイギリスの大学生 3893 名（Simner & Carmichael, 2015）やカナダの大学生 6405 名（Watson, Chromý, Crawford, Eagleman, Enns, & Akins, 2017）を対象とした大規模調査でも安定して 1％ 前後という値が報告されている。色字共感覚以外の共感覚の個別の保有率の推定値については第 4 章で扱うが，現在のところ，色聴共感覚，空間系列共感覚，ミラータッチ共感覚，月日に色を感じる共感覚など，比較的報告例や研究例が多い共感覚の場合でも 3％ を超えないという調査結果が出ている（Banissy, Kadosh, Maus, Walsh, & Ward, 2009; Brang, Teuscher, Ramachandran, & Coulson, 2010; Simner et al., 2006）。これらの調査は，「共感覚の調査に協力する」という意思を持って集まったわけではない，博物館に来た一般人や大学の授業の受講者全体を対象者としており，回答者のサンプリングに偏りが少ないことや，共感覚を保持しているかどうかの確認を自己申告のみに頼らず，共感覚者かどうかを客観的に見極めるテスト（後述の時間的安定性を測るテスト）も用いて行っていることから，信頼性の高い調査結果を報告して

いると考えられる。

　より古い文献では，共感覚（種類を問わない）の保有率を上記の4.4％よりも
はるかに低い，0.05％（2000人に1人）以下としているものもある（Baron-Cohen,
Burt, Smith-Laittan, Harrison, & Bolton, 1996; Rich, Bradshaw, & Mattingley, 2005,
いずれも英語圏での調査）。この推定値の低さは，新聞広告を使うという調査方
法が原因だと考えられる（Simner et al., 2006; Simner & Carmichael, 2015; Watson
et al., 2017）。これらの調査では新聞広告で共感覚者を募集し，さらに応募者の
中で時間的安定性テストに合格した人のみを共感覚者として認定し，その新聞
の全購読者中の共感覚者の割合を共感覚の保有率として算出している。しかし
一般的に言って，新聞の講読者全員が広告に目を通しているとは考えにくく，
さらに，広告を目にした人でも研究協力の呼びかけに応じる人はごく一部であ
る。これを考えると，保有率を算出する際の分母を「全購読者数」とするのは
明らかに多すぎであり，保有率が過小に見積もられていたと言える。逆に，古
い研究の中には5-25％といったより高い保有率を報告しているものもあるが
（Calkins, 1893; Galton, 1883），これらの研究では，共感覚を保持していると自己
申告した人に対し，時間的安定性のテストなどを用いた客観的な確認を行って
いないため，実際には共感覚を持っていないのに「持っている」と答えた人も
カウントされてしまっているなど，値が不正確である可能性が高い。また，「は
じめに」で述べた通り，共感覚の一種として認知される現象は増加傾向にある
ため，タイプを問わず何らかの共感覚を持つという人の総数もそれに従って増
えると考えられる（Rouw & Scholte, 2016）。

　なお，共感覚の保有率は集団や環境によっても異なる可能性が指摘されてい
る。たとえば，共感覚には遺伝的要素があり，共感覚者のいる家系には，他よ
りもやや高い割合で共感覚者が存在することが知られている（Asher et al., 2009;
Barnett et al., 2008; Bosley & Eagleman, 2015; Tomson et al., 2011; Ward & Simner,
2005）。ただし，遺伝のみで共感覚の有無が決まるわけでもなく，環境の影響も
あることも指摘されている（遺伝については第2章参照）。また，芸術系大学の
学生の色字共感覚の保有率は，そうでない集団における保有率よりも高いとい
う調査結果もある（それぞれ7％，2％; Rothen & Meier, 2010a）。さらに，母語の
言語特性や多言語環境か否かが色字共感覚の保有率を左右するという研究結果
もあり，共感覚と学習の関係からの議論がなされている（Watson et al., 2017; 詳
細は第2章）。しかし以上のような集団や環境による多少の違いはあったとした

としてもなお，共感覚の保有率は低いと言える。

❖日常的な知覚・認知処理活動が誘因刺激となる

先述の「ある感覚や認知的処理を引き起こすような情報（刺激）の入力により，一般的に喚起される感覚や認知処理に加えて，他の感覚や認知処理も喚起される現象」という定義から明らかなように，共感覚は誘因刺激の情報を処理することによって引き起こされるものである。たとえば色字共感覚者であれば，文字の情報を処理していない（ある特定の文字を見たり，その文字について考えたりしていない）のに，文字の色だけが感じられるということはない。そして，共感覚の誘因刺激となるのは「文字を読む」「音を聞く」「食べる」「痛みを感じる」「人と接する」といった日常的な知覚・認知処理活動であるという特徴がある（Simner & Hubbard, 2013）。

❖時間的安定性

共感覚の経験内容には高い時間的安定性が見られる（口絵図 1-1）。たとえば「共」という文字に薄黄色，「5」という数字に朱色を感じる色字共感覚者であれば，その共感覚者の中では，1 時間後でも，1 年後でも，10 年後でも，いつなんどきでも「共」は薄黄色，「5」は朱色であり，「昨日はこの文字には青を感じたけれども，今日はピンクだ」などのように変化することは基本的にない。しかも多くの場合，励起感覚の内容はとても詳細に決まっている。たとえば色字共感覚者に文字の色を尋ねると，「数字の 5 の色は，赤の中でもオレンジっぽい，朱色と呼ぶべき色で，華やかさはあるがあまり光沢はない」「平仮名の「あ」も赤いが，こちらはやや暗めの，深みのある赤である」などのように，「赤」「青」「黄」「緑」のような大まかな色カテゴリでは記述しきれない答えが返ってくることが多い。そして，そのような詳細まで時間的に安定している。色聴共感覚や空間系列共感覚など，他の種類の共感覚でも同様である。このような共感覚の時間的安定性の高さは 19 世紀の昔から指摘されており（Calkins, 1895; Galton, 1883），現代の共感覚の科学的研究においては，時間的安定性の高さの確認が，共感覚者とそうでない人（非共感覚者）を区別するための基本的な手段として広く用いられている（Baron-Cohen et al., 1987; Eagleman, Kagan, Nelson, Sagaram, & Sarma, 2007; Johnson, Allison, & Baron-Cohen, 2013; Rothen, Seth, Witzel, & Ward, 2013）。

　具体的な手順としては，まず，誘因刺激となる情報カテゴリ（色字共感覚の場合であれば文字）の個々の事例（「あ」「い」「う」などの具体的な個々の文字）を共感覚者に呈示し，それぞれに対する励起感覚の内容を答えてもらう。具体的には，共感覚色として感じる色の名前を答えたり，色彩パレットの中から合う色を選択したりする。そして，同じことを後で抜き打ちテストの形で繰り返し，回答の時間的安定性が高い（文字の色が変わらない）ことを確認する。非共感覚者が同様の時間的安定性テストを受けた場合，通常，共感覚者よりもはるかに低い安定性を示す。たとえば，Mattingley らによる 150 の文字や単語に対する色字共感覚の時間的安定性を調べた実験では，15 人の共感覚者は 3 カ月後の抜き打ち再テストでも平均 80% 程度の文字や単語に対して同じ色を答えたのに対し，比較対象として実験に参加した 15 人の非共感覚者（彼らは共感覚を持っていないので，それぞれの文字や単語に好きなように色を結びつけるよう指示された）の安定性は，抜き打ちテストが初回の 1 カ月後に行われたにもかかわらず 40% 弱であった（Mattingley, Rich, Yelland, & Bradshaw, 2001）。非共感覚者の場合，初回テスト時に「後日もう一度文字の色を尋ねる」のように 2 回目のテストの実施を予告し，「どのような方略を使ってもよいので，2 回目のテスト時に回答を再現できるように」のように記憶を促したとしても，共感覚者の時間的安定性には遠く及ばない（Baron-Cohen et al., 1987）。そのため，時間的安定性テストは，主観的な現象である共感覚の有無を客観的かつ簡便に調べることができる貴重な手段として重宝されている。時間的安定性テストについては，より実践的な情報を 1.2 節にまとめた。

　なお，共感覚者は通常，幼少期から共感覚を持つ（Barnett et al., 2008; Ward, 2013）。著者らもこれまでに 150 人近くの色字共感覚者に会い，研究をしてきたが（そのうちの 18 人については第 3 章で詳細に紹介する），いつから色字共感覚があったかを尋ねると，全員，「物心ついた時から」「（幼少期のことはよく覚えていないが）共感覚がなかった記憶はない」という主旨のことを答えている。そして，たまにごく一部の文字についての例外を述べることはあっても，「文字の色は幼少期から基本的に変わっていないと思う」と述べるのが通例である。ただし Simner, Harrold, Creed, Monro, & Foulkes, (2009) の研究では，幼少期の色字共感覚者の共感覚色はやや不安定であることが示唆されている。また，Simner, Ipser, Smees, & Alvarez, (2017) の研究により，高齢の色字共感覚者の共感覚色は鮮やかでない色が多く，若年者よりも時間的安定性が劣る可能性

が指摘されている。色字共感覚と発達の関係は第2章で詳しく扱う。

✤個人特異性

共感覚者が異なれば，具体的な誘因刺激と励起感覚の結びつき方は異なる（口絵図1-1）。たとえば「共」という文字は，色字共感覚者Aにとっては薄黄色だったとしても，色字共感覚者Bにとっては深緑だったりする。また，数字の1から10は，数型共感覚者Cにとっては円環状に並ぶように感じられたとしても，共感覚者Dにとっては左からやや右斜め上に向かって，ほぼ直線上に並んでいるように感じられる。このように，共感覚には，同じ誘因刺激から引き起こされる励起感覚の内容が共感覚者ごとに大きく異なるという個人特異性（idiosyncrasy）がある（Deroy & Spence, 2013; Grossenbacher & Lovelace, 2001; Simner, 2007）。色字共感覚者同士の親子やきょうだい（一卵性双生児を含む）であっても，具体的に文字に感じる色は異なるという報告もある（Barnett et al., 2008）。「あ」や「A」の共感覚色は赤であることが多い，「B」は青，「O」は白であることが多いなど，文字によっては異なる共感覚者間で色が一致しやすいものもあることが知られているが（Barnett et al., 2008; Mankin & Simner, 2017; Rich et al., 2005; Root et al., 2018; Simner et al., 2005），そのような文字は全体の一部に過ぎず，また，色字共感覚者全員の共感覚色が一致する文字は存在しない。

✤自動性

共感覚の励起感覚は自動的に生じる。自動的に生じるというのは，意図しなくても，また，たとえそれが不要な場合であったとしても，否応なしに励起感覚の処理がなされるということである（Ward, 2013）。

共感覚の話に限らず，特定の知覚・認知処理の自動性を調べる一般的な手法のひとつにストループ課題（MacLeod, 1991）がある。典型的なストループ課題では，「赤」「青」「黄」「緑」などの色名単語を色付きで実験参加者に呈示し，その単語が何色で書かれているか（単語の意味内容ではなく，表示色）をできるだけ早く答えるように求める。このような課題において，単語の意味内容と表示色が不一致であると（例：青色で書かれた「赤」という単語），一致している場合や（例：赤色で書かれた「赤」），中立的な条件（例：色名単語ではなく四角が赤色で描かれており，その表示色を答える）に比べて，表示色の回答が遅れる（反

応時間が長くなる）ことが知られている。表示色と単語の意味内容が食い違う不一致条件では，回答すべき表示色（例：青色）の処理と，色名単語の意味内容（例：「赤」という単語の意味である赤色）の処理の競合が生じていると考えられる。ポイントは，この課題では表示色の回答しか求められておらず，色名単語の意味内容は無視して構わない課題であるということである。特に不一致条件では，単語の意味を無視できれば競合が避けられるにもかかわらず回答に遅延が生じることから，単語の意味処理は自動的になされていると推測できる。

　共感覚の自動性を確認する際にも，このストループ課題の枠組みが利用できる。色字共感覚の自動性を調べる共感覚ストループ課題では，ある文字を，その共感覚者にとっての共感覚色と同じ表示色（一致条件），または異なる表示色（不一致条件）で呈示し，その表示色が何色であるかをできるだけ早く回答するように求める（口絵図1-2）。例として，「A」という文字に赤色を感じる色字共感覚者の場合は，一致条件では赤色の表示色で「A」を，不一致条件では黄色など赤以外の表示色で「A」を呈示する。そうすると，不一致条件では一致条件よりも回答が遅延することが知られている（Dixon, Smilek, Cudahy, & Merikle, 2000; Mattingley, Rich, Yelland, & Bradshaw, 2001）。この課題では，文字の共感覚色を処理する必要はないのに，自動的に処理され，表示色の回答のための処理と競合するということである。ちなみに，非共感覚者がこの共感覚ストループ課題を行っても，一致条件と不一致条件で反応時間に差は生じない。これは，非共感覚者の場合は，「A」のような色名を表さない文字と特定の色との間に強い結びつきがないため，当然のことである。共感覚ストループや類似の課題は，色字共感覚以外にも，色聴共感覚（Ward, Huckstep, & Tsakanikos, 2006），空間系列共感覚（Sagiv et al., 2006），音楽に味を感じる共感覚（Beeli et al., 2005），文字に性別を感じる共感覚（Simner & Holenstein, 2007）など，さまざまな種類の共感覚の自動性を確かめるために使われている（第4章参照）。共感覚ストループ課題のほかに，直前に呈示された情報によって後続の刺激の処理が影響を受けるかどうかを調べるプライミング課題（Marcel, 1983など）も共感覚の自動性の確認によく使われる。たとえば，画面に呈示された四角の表示色をできるだけ早く判断するという単純な課題をする際に，色字共感覚者の場合は，その四角の直前に，四角の表示色と一致した共感覚色を感じる文字が無彩色で呈示されたときよりも（例：赤い共感覚色を感じる「A」という文字が無彩色で呈示され，消えた直後に，赤色の四角が呈示され，「表示色は赤色である」とい

う判断をする），不一致の場合（例：緑色の共感覚色を感じる「B」という文字が無彩色で呈示され，消えた直後に，赤色の四角が呈示され，表示色を判断する）のほうが回答が遅延することが知られている（Mattingley et al., 2001）。先行して呈示された文字の共感覚色が自動的に処理されるがゆえに，このような遅延が生じるという解釈である。時間的安定性テストと同様に，共感覚ストループ課題やプライミング課題も，共感覚の有無を客観的に判別するための貴重な手段として重宝されている。

❖意識的経験

　共感覚は励起感覚の意識的な経験を伴う（Simner & Hubbard, 2013; Ward, 2013）。色字共感覚の場合であれば，文字の共感覚色の印象は，物理的な色が付いたものを見たときに「色が付いたものを見ている」という意識を感じるのと似たような形で意識に上るということである。たとえば黒色で書かれた「竹」という文字を見たとき，色字共感覚を持っていない人でも，文字の意味を考えれば，竹の落ち着いた黄緑色やくすんだ薄茶色のイメージを思い浮かべることはできるだろう。しかし色字共感覚者の場合は，わざわざそのように連想し，思い浮かべようとしなくても，その共感覚者にとっての「竹」の文字の共感覚色が自動的に意識に上るのである（なお，先述のとおり，色字共感覚色の意識への上りかたには大きく分けて「投射型」と「連想型」の2タイプがある）。前項の自動性とこの意識的経験という基本的特徴から，共感覚は「知覚的（perceptual）」と形容されることもある（Ward, 2013）。これは，励起感覚が物理的な色などの知覚処理と似たような感じで自動的に処理され，意識に上るという意味である（ただし知覚処理と異なる点も多く存在する。第2章参照）。

　以上が，現在の共感覚の科学的研究において，共感覚の基本的特徴として挙げられることが多いものである（Simner & Hubbard, 2013; Ward, 2013）。これらの他にも，誘因刺激と励起感覚の関係の一方向性も特徴として挙げられることがある。これは，たとえば色字共感覚であれば，誘因刺激である文字の認知処理によって励起感覚である色が意識に上るが（文字→色という一方向のつながりはあるが），色の認知処理によって文字が意識に上るという逆方向の処理は生じないということである（ただし，少数ではあるが，Cohen-Kadosh et al., 2007 など，誘因刺激と励起感覚が双方向的に繋がった共感覚者についての報告もある）。また，

共感覚は感情を伴いやすいという指摘もある。たとえば色字共感覚であれば，自分の共感覚色と合う色で文字が書かれていると快く感じ，合わない色で書かれていると不快感や違和感を覚えるという研究報告がある（Callejas, Acosta, & Lupiáñez, 2007; Ramachandran & Hubbard, 2001）。著者らが研究する中でも，色字共感覚者からそのような言葉を聞いたり，自分自身の共感覚色の美しさについてうっとりと語ってもらえたりすることがしばしばある。第3章ではさまざまな共感覚者の生の声を紹介しているが，そこからもある程度感じ取ることができるだろう。

　「はじめに」で述べた通り，現在の共感覚の科学的研究においては，前掲のかなり大まかな定義に加えて，これらの基本的特徴を満たしているものを共感覚として扱っている。特に時間的安定性と自動性は，共感覚者と非共感覚者を区別するための貴重な客観的基準として重宝されている。これらの基準は決して盤石ではない。研究が進む中で，本人の話を聞く限りは共感覚を意識的に経験しているようであるにもかかわらず時間的安定性が低い人や，逆に，時間的安定性は高いけれども意識的な経験は否定する人も少なからず存在することが明らかになっており，これらの人を共感覚者としてみなすべきか否か，時間的安定性や意識的感覚は果たして共感覚の必要条件と言えるのかついては議論が生じている（Cohen Kadosh & Terhune, 2002; Eagleman, 2012; Simner, 2012a, 2012b; Lynall & Blakemore, 2013）。また，最近では，非共感覚者に特訓をして文字と色の組み合わせを集中的に覚えこませると，時間的安定性や自動性の面で（さらに，5週間の長期にわたって訓練した場合は意識的経験や脳活動の側面でも！）色字共感覚者と変わらないふるまいを見せることも報告されており（Colizoli, Murre, & Rouw, 2012; Meier & Rothen, 2009; Rothen, Wantz, & Meier, 2011; Rothen, Schwartzman, Bor, & Seth, 2018; 第5章で詳しく扱う），そのような訓練によって作られた「共感覚」と，特別な訓練を受けることなく幼少期から存在する共感覚は果たして同じなのかという興味深い問いも生じている。そもそも，上記の各特徴は「これまでの共感覚研究の歴史の中で，研究者たちが共感覚だと考えてきたものの多くに共通する特徴」であり，「その特徴を満たすものを共感覚として認定する」というのはどこか循環参照に陥っているようにも思われる（Simner, 2012a）。「共感覚とは何か」，すなわち共感覚をどう定義するのかについては今後も議論を重ねる必要がある。しかしそのような状態であったとしても，共感覚という主観的な現象を科学の俎上に載せるためには，可能な限り客

観的な基準をもって現象に線引きをするという作業は不可欠である。その観点から，ここに挙げた基本的特徴の数々は，共感覚の科学的研究をする人は常に考慮すべきものだと考えられる。

1.2 共感覚の時間的安定性の測定 ⋯⋯⋯⋯⋯⋯⋯⋯⋯⋯⋯⋯⋯⋯⋯⋯⋯⋯⋯

色字共感覚のように色を励起感覚とする共感覚の場合，共感覚の時間的安定性は，同じ誘因刺激（例：特定の文字）を時間を空けて2回呈示して共感覚色を答えさせたときの，2時点間での共感覚色の一致度（またはズレ）として測定することができる。大まかには（1）共感覚色の自由記述，（2）言語ラベルによる色の選択肢の呈示，（3）色パレットの使用の3つの方法が考えられる。

（1）の共感覚色の自由記述とは，「"あ"という字は少し臙脂色がかった赤色」のように，共感覚者に自分の言葉で自由に共感覚色を記述してもらう方法である。この場合，共感覚色に質感（ざらざらしている，硬いなど）や透明感（透明な赤色である）などの付加的な情報がある場合は，それについても知ることができるという利点があるが，回答の自由度が高く，同じ共感覚色について記述するにしても，どのような言語表現を用いるかは共感覚者に委ねられているため，2時点間での共感覚色の一致度の判定は必ずしも容易ではない。たとえば1回目は「臙脂色がかった赤色」と表現した色を，2回目は「暗めの赤」と表現することもありうる。そのため，このような自由記述で回答を得る場合は，複数人の評定者に独立に1回目と2回目の記述の類似性を判定させ，それらの結果に基づいて総合的に時間的安定性を判断したり（Baron-Cohen, Harrison, Goldstein, & Wyke, 1993 など），「記述が完全に一致していれば2点，部分一致ならば1点」などのように一定の基準を設けて類似度をスコア化したりする（Rich et al., 2005）ことが多い。類似度評定値の総和や，1回目と2回目で共感覚色が一致したと判断される刺激項目の割合や度数が時間的安定性の指標となる。この手法では2時点間での共感覚色のズレの大きさを指標化できず，また，安定性の判定に手間がかかるが，どのような励起感覚の共感覚の時間的安定性の判断にも用いることができるという利点がある。

（2）の言語ラベルによる色選択肢の呈示は，紙に「赤，黄，青，緑……」のように基本色名を言葉で書き，共感覚色の選択肢とする方法である（例：Nagai, Yokosawa, & Asano, 2016）。2時点間で全く同じ選択肢を選んだ刺激項目の割合

や度数を時間的安定性の指標とする。この方法は選択肢の数が少ないため粗い時間的安定性の指標となる上，具体的な色を呈示しないため，共感覚者がその言葉で表される色の中でも具体的にどのような色（明るい赤なのか，暗い赤なのかなど）をイメージして回答しているのかが把握できないなどの問題があるが，簡便であるという大きな利点がある。物理的な色を使用しない分，色の選択肢が質問紙やディスプレイ上で実験者が意図した通りの色で表示されているかなどを心配する必要もない。言語ラベルの代わりに，その色名の典型例と思われる色を質問紙やディスプレイ上に呈示するという方法もある（Simner et al., 2006; Simner et al., 2009; Matsuda, Okazaki, Asano, & Yokosawa, 2018）。この方法も色の選択肢が少ない，共感覚者は自分の共感覚色にあまり合わない色を選ばなければならない（例：本当は黄緑に近い色を選びたいのに，選択肢にはいわゆる緑しかない）などの問題はあるが，選択肢が直感的に分かりやすく，子供を対象とした実験などに適している。これらの方法は，質問紙を用いて一斉に実験を行う場合や，簡易的に時間的安定性を把握したい時などには有効な手段だと考えられる。

　上記 (1) や (2) の大きな問題点は，共感覚色の時間的安定性をあまりにも粗い単位でしか把握できないということにある。共感覚色は多くの場合「やや暗めの，少しオレンジがかかった赤」のようにとても細かく決まっており，共感覚色が「暗めの赤」から「明るめの赤」に変わっただけでも十分に大きな変化だとみなせる可能性があるが，(1) や (2) の手法ではそのような変化に適切に対応できず，時間的安定性が実際よりも高く出てしまう可能性がある。また，変化の幅を量的に扱うことも困難である。そこで色を励起感覚とする共感覚の研究で広く推奨されているのは，細かく色を選ぶことができる色パレットである。色をある程度離散的にし，138 色などに色数を絞ったパレットを用いた研究もあるが（Asano & Yokosawa, 2011, 2012, 2013），近年特に好まれるのは，一般的なディスプレイで表示可能な色数の上限である約 1678 万色（R, G, B それぞれ 256 階調で 256^3 色）を備えたパレットである（Eagleman et al., 2007）。このように細かく色を選べるパレットを用いる場合は，2 時間点での回答色間の色空間内における距離を指標にする。この際，RGB 色空間座標系での座標値を用いるよりも，CIE L*u*v* 色空間や CIE L*a*b* 色空間といった知覚的均等性を持った色空間の座標値を用いることが望ましい。RGB 座標系などでは色空間内での 2 点の距離が必ずしも人間が知覚的に感じる色の距離とは対応していないが，

知覚的均等性を持った色空間内であれば対応している（色空間内での位置によらず，同じ距離だけ離れた色は，同じくらい異なる印象の色として知覚される）ためである。CIE L*u*v* 色空間や CIE L*a*b* 色空間を用いた場合は，RGB 座標系などを用いた場合よりも，時間的安定性に基づいた共感覚者と非共感覚者の弁別精度が高いことも報告されている（Rothen et al., 2013）。

　共感覚者と非共感覚者を区別する目的で時間的安定性を測る場合，多色のパレットを使用しても問題は生じうる。たとえば，実際には文字に色を感じていない非共感覚者が何らかの記憶術を使って文字と色を結びつけ，高い時間的安定性を叩き出すこともありうる。このような場合には，対面インタビューを行い，時間的安定性以外の側面からも共感覚者らしいかを見極めることが必要である（Simner et al., 2006）。また，共感覚者や誘因刺激（文字など）によっては複数の共感覚色を生じるものもある（宇野・浅野・横澤，2019; Mankin, Thompson, Branigan, & Simner, 2016）。この場合は，複数色を回答できるようパレットを工夫したり，パレット上では「最も強く感じる色」1 色だけを選ばせ，複数色ある場合は別途報告させるなどの対応が必要である。

1.3　共感覚とは何ではないか ···

　共感覚のように輪郭が定まらない現象について探究する上で，少なくとも共感覚が何ではない（と考えられる）かを把握することは大事である。よく共感覚と混同されたり，類似性が指摘されたりするものについて見ていこう。

　まず，共感覚は病気ではない。何を持って病気や異常とするかにはさまざまな見解があるだろうが，共感覚は保有率の低い珍しい現象ではあっても，病気のように日常生活に支障をきたすようなものではない。妄想や幻覚でもない。妄想は，現実にそぐわない信念を持ち，しかし現実の認識能力が障害されているためにそれを妄想だと認識できないことを指すが（中島ら，1999，『心理学辞典』），共感覚者の場合は，励起感覚が物理的には存在しないことを正しく認識している。一般的に幻覚は，刺激入力がないのに知覚が生じることを指すが（中島ら，1999，『心理学辞典』），共感覚は誘因刺激の入力（その刺激について，物理的な入力を伴わずに考える場合も含む，第 2 章参照）がないと生じない。また，共感覚は，誘因刺激の入力により，誘因刺激から一般的に喚起される感覚や認知処理に加えて，励起感覚の経験も引き起こされる現象であるが，励起感覚の

処理によって本来の誘因刺激の処理が歪められたり失われたりすることはない。たとえば色字共感覚であれば，文字に共感覚色を感じることで文字自体の見えが歪んだり，文字が読めなくなったりすることはなく，あくまでも文字が問題なく読めた上で共感覚色も感じられるのである。したがって共感覚は，実際に入力された刺激自体の知覚・認知処理結果が何らかの形で刺激の物理的情報と顕著に食い違う錯覚（例：物理的には平行線なのに傾いて見える）とも区別される（Ward, 2013）。共感覚は保有率が低く，世間一般に広く知られた現象とも言い難いため，周囲からの偏見や無理解にさらされ，傷つくなどの形で共感覚が日常生活上の支障になるケースは実在し，それは深刻な問題であるが，それは共感覚を持つことによる二次的な影響であり，共感覚自体の弊害とは言えない。

　共感覚者が主観的に経験している世界は，非共感覚者にとっては体験することもできなければ，客観的に内容を確かめることもできない，魔訶不思議な世界である。そのため，共感覚者が非共感覚者から「本当は文字に色を感じたりはしていないのにもかかわらず，風変わりなことを言って，他人の気を引きたいだけではないか」などと疑われることもあるようである。しかし，共感覚はそのような「人の関心を引きたいための嘘」ではない。たとえば無彩色の文字を見ているとき，色字共感覚者の脳内では，非共感覚者とは違い，有彩色の処理において重要な役割を担う（しかし一般的には無彩色の刺激には反応しない）側頭葉の V4 が活性化することが知られている（Hubbard, Arman, Ramachandran, & Boynton, 2005）。同様に，聞いた（音声の）単語に対して色を感じるタイプの共感覚者が単語音声を聞くと，一般的には音声に反応しないはずの色関連脳領域（V4 と V8）が活性化することが知られている（Nunn et al., 2002）。この研究では，非共感覚者に対して「単語音声を聞いた時に色のことを考えるように」と指示してもそれらの領域は活性化しないことも確かめられている。つまり，共感覚者が共感覚色を経験しているときには，脳活動としても「色を見ている」のであり，共感覚者は嘘をついているわけではない。

　メスカリン，LSD など幻覚作用のある薬物の使用によって生じる多感覚的な幻覚は，音の聴取によって色や幾何学図形の視覚的イメージが意識に上ったりするなど，しばしば共感覚との類似性が指摘され，古い研究の中には共感覚の範囲に含めているものもある（Simpton & McKeller, 1955）。しかしこのような「薬物誘導性共感覚（drug-induced synesthesia）」は，同じ音を聴いていても感じる色が時々刻々と変わって行くなど時間的安定性が低い。そのほかにも，いわ

ゆる共感覚の場合は文字や音楽，月日などの概念（それも，順序情報を持ち，学習を繰り返すような系列）が誘因刺激になりやすいのに対し，薬物誘導性共感覚の場合は感覚への刺激はなんでも誘因刺激になるなど，共感覚とは質的に異なる（Sinke, Halpern, Zedler, Neufeld, Emrich, & Passie, 2012）。また，幼少期からの共感覚を持たない人でも，事故や病気による脳の損傷の影響で共感覚に似た経験をするようになった事例も存在するが（「後天的共感覚（acquired synesthesia）」と呼ばれる），共感覚に比べるとやや時間的安定性が低い。また，（音楽ではなく，順序情報なども持たない）シンプルな音が誘因刺激になるという報告例が多く，その点でも共感覚と異なる（Sinke et al., 2012）。これらの他にも，推定される神経基盤を含め，さまざまな違いが指摘されているため（Sinke et al., 2012），薬物誘導共感覚や，脳損傷による後天的共感覚は，いわゆる共感覚とは区別されるべきである。区別のため，幼少期から存在するいわゆる共感覚は「発達性共感覚（developmental synesthesia）」と呼ばれるときもある。特別に断り書きがない限りは，本書で扱う共感覚は発達性共感覚を指す。

　明るい色をした物体と暗い色をした物体が目の前にあったとき，どちらのほうが高い音を発しそうかと問われれば，多くの人は「明るい色をしたほう」と答えるだろう。また，大柄な怪獣に「ティンカーベル」という名前がついていたり，小さく可憐な妖精に「ゴジラ」という名前がついていたりしたら，ミスマッチだと笑ってしまう人も多いだろう。本来，物体の色とそれが発する音の高さは無関係のはずであるし，架空の生物にどんな名前を付けようが自由である。しかし実際には，人間は自然と，明るい－高音，暗い－低音のように，光の明るさに音の高さを特定の形で対応づけたり，「い」の母音に小さい印象を抱くなど，言語音の響きに特定の視覚的イメージを感じ取ったりすることがよくある。このような異なる特徴情報間の非恣意的な（つまり特定のパターンを持った）結びつきは「感覚間協応」と呼ばれる（その中でも，言語音と何らかの感覚的イメージの非恣意的な結びつきは「音象徴」と呼ばれる）。感覚間協応は，「明るい声」「静かな気分」のような感覚をまたいだメタファーの基盤になっていると考えられる。感覚間協応は，無関係だと思われる特徴情報間に非恣意的な結びつきが見いだされるという点で共感覚に似ており，実際，感覚間協応は「共感覚的認知」と呼ばれることもあるし，感覚をまたいだメタファーは「共感覚比喩」（楠見・米田，2007）や「共感覚的表現」（矢口，2011）と呼ばれるときもある。しかし，1.1 節で述べた共感覚の基本特徴を満たすかどうかという

基準で考えると，いくつかの点において感覚間協応は共感覚とは異なる。まず，感覚間協応は人間一般に広くみられるため，「保有率の低さ」の基準を満たさない。また，感覚間協応は個人差が少なく（例：ほとんどの人が，「い」の母音に小さい印象を抱く），個人特異性の基準も満たさない。「意識的経験」の点も異なる。共感覚では誘因刺激を処理すると自動的に励起感覚が意識に上るが，感覚間協応はそうではない（たとえば，明るい物体を見ると，実際に高い音を聞いているのに似た感覚が自動的に意識に上るという人はほとんどいないだろう）。したがって，多感覚的なメタファーを含め，感覚間協応は共感覚とは基本的には別物だと考えるのが適切だと思われる（浅野，2018; Deroy & Spence, 2013）。ただし，両者には類似点や接点があることも確かであり，両者の位置づけにはさまざまな議論がある。感覚間協応については第 6 章で詳しく扱う。

　なお，芸術や人文学の分野では，本章で述べているよりもはるかに緩やかな基準で，複数の感覚を同時に体験するような現象を広く指して「共感覚」という言葉が用いられることが多い。具体的には，これらの分野では，認知心理学の分野で呼ぶところの「多感覚統合（クロスモーダル処理）」，「感覚間協応」，「メタファー」など，共感覚（発達性共感覚）とは別種だと考えられる現象に対しても区別なく「共感覚」という言葉が使われていることがある。学問の分野が異なれば，用語の意味範囲が異なるケースが出てくるのは当然のことである。本書ではあくまでも科学的な研究対象としての共感覚（発達性共感覚）を扱う。芸術や人文学の分野における「共感覚」については本書の対象としないが，北村（2016）で多彩な視点からの論説に触れることができる。

1.4　共感覚を持つのはどのような人か

　共感覚を持つに至るかどうかには遺伝と環境の両方の影響があることは，すでに 1.1 節で簡単に述べた。また，それらの詳細については第 2 章で触れる。ここではより広範囲に，共感覚者の特徴との関連が議論されやすいものや，それに対する科学的な検証結果について紹介する。

❖性差は存在するか
　共感覚研究の論文を読むと，研究に協力した共感覚者の男女比が女性に大きく偏っていることが多い。たとえば新聞広告で共感覚者を募集した Baron-

Cohen et al.（1996）のイギリスの研究では，応募し，色字共感覚や色聴共感覚の時間的安定性テストにも合格して共感覚者と認められた人の男女比は1：6であった。Rich et al.（2005）によるオーストラリアでの新聞広告を用いた研究でも同様の男女比が報告されている。著者らの日本での研究でも，Webサイトを用いて共感覚者を募集しているが，応募者は圧倒的に女性が多い。このようなことから，過去には，共感覚が遺伝的に女性に多い（X連鎖性優性遺伝の）現象であるという仮説が力を持っていた時期があった（Baron-Cohen et al., 1996）。しかし現在では，共感覚の保有率に性差はないという見方が優勢である。その根拠として，新聞広告やインターネットで自発的な共感覚研究協力者を募るのではなく，イギリスの博物館の来館者に対して時間的安定性テストを行い，その中から共感覚者を特定した場合の男女比は1：0.9である（Simner et al., 2006）など，調査によっては男女比が見られないことが挙げられる（他にも，Rouw & Scholte, 2016のオランダでの大規模調査など）。特に，合計1万人以上のカナダとチェコの大学生を対象に共感覚の有無を調査したWatson et al.（2017）の研究では，最初の質問紙調査後，さらなる研究協力に応じてくれた人については女性のほうがやや多いという性差が見られたが，時間的安定性テストを経て最終的に共感覚者だと認められた人数に性差は見られなかった。これらを考え合わせると，共感覚の保有率自体に性差があるのではなく，研究協力の呼びかけに応じるかどうかに性差があると考えられる（Watson et al., 2017）。女性のほうが研究協力に応じやすい理由を特定するのは困難であるが，女性のほうが男性よりも自分の内面について他人に開示する傾向が強い（Dindia & Allen, 1992）ことなどが影響している可能性がある（Simner et al., 2006）。女性のほうが男性よりも，服や化粧品など，色について意識する機会が多い傾向にあることも関係しているかもしれない。

❖特定の知覚・認知能力との関係

　共感覚を持つ著名人として世界的に知られる人物の中に，驚異的な記憶力の持ち主として名を馳せたロシア（ソビエト連邦）のソロモン・シェレシェフスキー（Solomon Shereshevskii, 1892-1958）がいる。彼は，たとえば50の数字の系列をたった3分ほどで完璧に記憶し，しかもそれを数年後も正確に思い出すことができた。彼の能力は心理学者アレクサンドル・ルリヤ（Alexander Luria, 1902-1977）により詳細に研究され，たとえば数字の系列を覚える際にはそれら

の空間配置（すなわち数型）が用いられるなど，共感覚が記憶保持に利用され
ていることが明らかになった（Luria, 1968・天野 訳 2010）。シェレシェフスキー
の話が有名であるため，共感覚を持つことは高い記憶能力に繋がるのではない
かとの関心が寄せられることが多い。しかしながら近年の，複数の共感覚者を
対象とした研究では，共感覚者の記憶能力は非共感覚者と変わらないか（Rothen
& Meier, 2009），部分的に多少優れている（Rothen & Meier, 2010b; Yaro & Ward,
2007），という程度の結果しか得られておらず，シェレシェフスキーのような特
異的な能力の持ち主は共感覚者の中でもかなりの例外であることが示されてい
る。たとえば Rothen と Meier は，ウエクスラー記憶検査（Wechsler Memory
Scale-Revised, WMS-R）を用いて 44 名の色字共感覚者の記憶能力を様々な側
面から調べた。この記憶検査は，短期記憶，言語性記憶，視覚性記憶といった
多様な種類の記憶を調べるための様々な下位検査で構成されており，認知症を
はじめとする様々な記憶障害の検査のために国際的に使われているため，一般
人口における平均的な記憶成績のデータが豊富に揃っており，それと色字共感
覚者たちの記憶能力を比較することができる。検査の結果，呈示された数字の
系列を記憶し，すぐに呈示された順に（またはその逆順に）口頭再生する際，何
桁までの数字なら正確に再生できるかなどの短期記憶能力を調べる下位検査の
大半で，色字共感覚者の成績は一般人口の平均成績と統計的に差がないことが
示された。一方，単語対を記憶するなどの言語性記憶や，図形を記憶し紙に描
いて再生する，線画と色の組み合わせを記憶するなどの視覚性記憶については，
色字共感覚者の記憶成績は一般人口の平均よりも統計的に有意に優れていた。
しかしその差は，ほぼすべての下位検査において 1 標準偏差分に満たず（偏差
値で言えば，色字共感覚者の成績は 50 台半ばから 60 未満程度ということである），
「標準的」と考えられる域を出なかった。また，共感覚者の中にも当然ながら
個人差があり，個々人のレベルで見れば，記憶能力が一般人口の平均と変わら
ない人や，それを下回る人もいた（Rothen & Meier, 2010b）。このように，共感
覚と優れた記憶能力は多少関連している可能性はあるものの，「共感覚を持つ
人は天才的な記憶能力に恵まれる」といった強い関係にあるとは到底言い難い。
　記憶以外にも，共感覚者が非共感覚者に比べて（突出したレベルではないが）
高い能力を持つ可能性が指摘されているものがいくつかある。たとえば心の中
にイメージを鮮明に思い浮かべる能力である心的イメージ能力（Barnett & Newell,
2008; Chun & Hupé, 2016），色の識別能力（Banissy, Tester et al., 2013）などであ

る。また，複雑な図形の中に隠された単純な幾何学図形を探す埋め込み図形検
出課題や，ある画像（A）と，その中の 1 カ所のみを変化させた画像（A'）を，
ブランクを挟んで A → A' → A → A'…のように交互に呈示し，どの部分が変
化しているかを検出させる変化の見落とし課題など，視覚情報の細部に注意を
向けるような課題も共感覚者は得意であるという報告がなされている（Ward,
Brown, Sherwood, & Simner, 2018; van Leeuwen, van Petersen, Burghoorn, Dinge-
manse, & van Lier, 2019, 第 4 章参照）。これらの多くは視覚処理経路の中でも，
後頭葉から側頭葉に進む形で視覚対象の認識（対象が何であるかの分析）がなさ
れる腹側経路処理の中に位置づけられることから，共感覚は腹側経路処理の亢
進と何らかの関係があるのではないかと指摘する声もある（Rothen, Seth, & Ward,
2018）。その一方で，共感覚者は非共感覚者よりも，視覚的な運動情報処理（例：
ランダムな方向に動く点が多数散らばる中から，全体の 10% など少数の点が同一の
方向に動く「コヒーレント運動」を検出）など，背側経路処理で担われる視覚処
理に劣るという報告がある（Banissy, Tester et al., 2013; van Leeuwen et al., 2019）。
　以上のような知覚・認知能力の変調は，保持している共感覚に関連した感覚
モダリティに限定的に見られるという報告もある。たとえばイメージ能力に関
しては，色字共感覚者は視覚イメージ，色聴共感覚者は聴覚イメージなどに限
定的に高い能力が見られる（Spiller, Jonas, Simner, & Jansari, 2015）。他にも，1 日
の時間帯，1 年の月日，年代などに空間配置を感じるタイプの空間系列共感覚
者は，同じくイメージの空間的操作が関係する心的回転（心的な視覚イメージを
回転させ，さまざまな角度からの見た目を把握する操作）の能力が高いことを示し
た研究結果もある（Simner, Mayo, & Spiller, 2009）。1 つの研究内で複数の種類の
共感覚と記憶の関係について調べた Lunke & Meier（2018a）も同様に，共感覚
による記憶の促進は，その共感覚に関連した知覚・認知処理領域に限定的に生
じることを報告している（ただし，共感覚のタイプによらず，共感覚者は非共感覚
者よりもわずかながら知能が高いという報告もある：Rouw & Scholte, 2016）。

❖特定のパーソナリティとの関係

　Rouw & Scholte（2016）は，性別と教育レベルの観点でオランダの 18-25 歳
の人口構成を反映するように抽出された 368 人の参加者を対象として，共感覚
の有無とパーソナリティなどの関係について調べた。その結果，共感覚者と非
共感覚者は教育レベルや性別，利き手の左右に関しては違いが見られなかった

が，共感覚者のほうが，パーソナリティを構成する 5 大因子（ビッグ・ファイブ）のうちの，好奇心に富み新しい経験を好む「経験への開放性（openness to experience）」と不安やストレスに対する敏感さを示す「神経症傾向（neuroticism）」の得点が高く，目的を達成するために自己を統制し真面目に取り組む「誠実性（conscientiousness）」の得点が低いという結果が得られた。また，共感覚者のほうが感情を経験する強さや空想にふける傾向が強いことも示された。経験への開放性と空想傾向の強さはイギリスの共感覚者を対象に行われた Banissy, Holle et al.（2013）や，フランスの共感覚者を対象に行われた Chun & Hupé（2016）の調査結果とも一致している。これらのすべてを明瞭に解釈することは難しいが，経験への開放性や空想傾向の強さは先述の共感覚者のイメージ能力の高さや，後述の芸術的活動との親和性の高さと関連しているかもしれない。ただし，いずれにしても，これらの共感覚者と非共感覚者の差は統計的には有意であるが，大きなものではないことに留意する必要がある。

✤芸術的才能との関係

　共感覚の話題になると，画家のワシリー・カンディンスキーやパウル・クレー，詩人で童話作家の宮沢賢治，ミュージシャンのレディー・ガガなど，しばしば共感覚を持つ芸術家や作家の名が挙げられる。しかし，共感覚と芸術など創造性の高い活動の関係はあまり明瞭ではない。

　共感覚者の中で芸術的な職業についている人の割合は，一般人口における割合よりも高いことを示した研究結果がいくつか存在する。たとえば Rich et al.（2005）によるオーストラリアでの調査では，色字共感覚者を中心とした 150 人の共感覚者のうち 24％が芸術的な職業（特に視覚芸術に関連したもの）に従事していたのに対し，比較対象として調べた 50 人の非共感覚者の中で芸術的な職業の従事者はたった 1 人であった。Lunke & Meier（2018b）は，スイスにおいて，色字共感覚者，色聴共感覚者，色字と色聴の両方を持つ共感覚者，系列に空間配置を感じる（数型，月日に空間配置など）共感覚者を対象に調査を行い，共感覚者群と年齢，性別，教育レベルが同等になるように集めた非共感覚者群における結果と比較した。そうしたところ，共感覚者は，共感覚のタイプによらず芸術など創造的職業に就いている割合が高く，4 つの共感覚タイプを併せた 77 人中の 16 人であった（非共感覚者では 77 人中 3 人であった）。また，イギリスで行われた Ward, Thompson-Lake, Ely, & Kaminski（2008）の調査では，

職業の影響を統制しても，共感覚者のほうが非共感覚者よりも絵を描く，楽器を演奏する，絵画鑑賞をするなどの芸術的活動を楽しむ時間が長い傾向にある（同じ職業の従事者でも，共感覚者のほうが日常生活において芸術的活動をしている時間が長い）ことが示されている。このほか，Rothen & Meier（2010a）のスイスにおける調査では，芸術系大学の学生における共感覚の保有率は7％であり，芸術系大学の学生ではない人たちの共感覚の保有率の2％よりも高いことが報告されている。以上の結果を見ると，共感覚者の中でも芸術的な職業に従事する人は少数派ではあるものの，非共感覚者よりはその割合が高く，また，共感覚者はより芸術的活動に親しむ傾向が見られ，共感覚と芸術の間には一定の関係がありそうである。

　それでは，なぜ共感覚者は非共感覚者に比べて芸術的な活動への親和性が高いのか。可能性の1つとして挙げられるのが，共感覚を持つことが創造性（creativity）の高さに繋がっているという考えである。しかしこの可能性について実験的に検討した研究では，必ずしもこの考えは支持されていない。創造性は，新規で独創的なアイディアを生み出す拡散的思考と，いくつか与えられた前提から1つの解を導き出す収束的思考の2つの要素に分割することができる。拡散的思考能力の高さは，日常的な物体について新規性の高い用途を考え，思いつく限り挙げる代替用途テスト（Alternative Uses Test，例：新聞紙の新たな使い方を考える）などで測られることが多い。収束的思考能力を測る代表的な課題としては，"base"，"snow"，"dance" のように数個の単語が呈示され，それらすべてに関連する単語を答える遠隔連想テスト（Remote Association Test）が挙げられる（ここでの例の正解は "ball"）。これらや類似の課題で共感覚者と非共感覚者の創造性を調べた研究はいくつか存在するが，両者の間に差が見いだされなかったり，一部の課題でしか差が見いだされなかったりと，結果は明瞭でない上，一貫していない（Chun & Hupé, 2016; Lunke & Meier, 2018b; Ward et al., 2008）。以上を考え合わせると，共感覚者は非共感覚者よりも芸術的な活動への親和性が高いものの，共感覚が高い創造性をもたらし，それによって芸術的な活動が刺激されているとは考えにくい。先述のように，共感覚者は非共感覚者よりも視覚的イメージ能力や色覚処理能力，細部に注意を向ける能力など一部の知覚・認知処理能力が優れる傾向にあり，そのことが芸術的な活動の多さと関係している可能性もある（Lunke & Meier, 2018b）。

❖特定の疾患や障害との関係

　Baron-Cohen et al.（2013）は，自閉症スペクトラム障害（Autism Spectrum Disorder, ASD，以下，自閉症）を持つ成人における共感覚の保有率は18.9%であり，自閉症を持たない成人における保有率の7.22%を大きく上回ることを報告した。自閉症とは，社会的コミュニケーションや対人関係における困難さと，限局された興味や反復的行動，感覚過敏や感覚鈍麻を特徴とした発達障害である（DSM-5）。その後の研究では，自閉症がある人の中でも，自閉症などの発達障害や知的障害を持つ人が特定の分野に限って傑出した能力を示す，サヴァン症候群を併せ持つ人においてのみ色字共感覚の保有率が高く（10%），自閉症があってもサヴァン症候群は持たない人における色字共感覚の保有率（2.9%）は一般人口における保有率と変わらないことが明らかになった（Hughs, Simner, Baron-Cohen, Treffert, & Ward, 2017）。すなわち，自閉症自体よりはサヴァン症候群と共感覚の間に何らかの関連があることが示された形である。「ぼくには数字が風景に見える」（Tammet, 2006, 古屋 訳 2007）という本を書いたダニエル・タメットも自閉症かつサヴァン症候群と共感覚の持ち主で，人の感情を読み取るのは苦手だが，円周率を22500桁まで暗唱できたり，新しい言語の学習が得意だったりする。

　共感覚者は複雑な図形の中に隠された単純な幾何学図形を探す埋め込み図形検出課題や，画面中の変化を検出する変化の見落とし課題など，視覚情報の細部に注意を向けるような課題が非共感覚者よりも得意であることを先述した。実はこのような「細部への注意」は，自閉症の特徴としても挙げられる知覚・認知特性である。自閉症傾向の強さを測る質問紙である自閉症スペクトラム指数（Autism-Spectrum Quotient, AQ）は，「社会的スキル」「注意の切り替え」「細部への関心」「コミュニケーション」「想像力」の5つの側面（下位尺度）から構成されているが，共感覚者の場合はこのうち特に「細部への関心」において高いスコア（自閉症傾向の強さ）を示す（van Leeuwen et al., 2019; Ward et al., 2017; Ward et al, 2018）。また，最近では，多くのタイプの共感覚を併せ持つ人ほど自閉症傾向が高まるという「用量効果（dose effect）」の存在も報告されている（Ward et al., 2018, 第4章参照）。

　以上の知見は，共感覚と自閉症がメカニズムの一部を共有している可能性を示唆しており，それぞれの神経基盤を知る上で興味深いものである。自閉症と共感覚はいずれも多数の要素が絡み合った複雑な現象であるが，社会的・対

人的コミュニケーションにおける困難と細部への関心を含む限局的な興味・関心等を特徴とする自閉症と，主に細部への注意において強い傾向を示す共感覚の脳の構造や活動など，神経科学的な側面における特徴を比較することで，不明な部分の多い双方のメカニズムの解明に近づくことが期待される。ただし，共感覚者では自閉症傾向が高いとは言っても，以上で挙げた研究の中で示されている共感覚者のAQやGSQ（Glasgow Sensory Questionnaire，グラスゴー感覚尺度）といった主要な自閉症傾向尺度のスコアはカットオフ値（治療が必要な可能性があるかどうかの判断基準となる値）を下回っており，非共感覚者との値の差もわずかなものである。また，最も共感覚と関連が強いと考えられるサヴァン症候群を持つ人であっても，そのうち共感覚を併せ持つ人は10％に過ぎない（Hughs et al., 2017）。すなわち，「共感覚者は自閉症を持つ」「自閉症者は共感覚を持つ」のような拙速な理解は禁物である。

1.5　共感覚を持つことの損得

　共感覚を持つことは何らかの役に立つのだろうか。古い研究では，Calkins（1895）が色聴共感覚者に「共感覚は記憶の助けになるか」と「色聴があることに喜びを感じるか」の2つの質問をしている。1つ目の質問に対しては，全92人中16人が「はい」，57人が「いいえ」と答えている（残りの19人は無回答）。2つ目の質問に対しては，92人中51人が「はい」，4人が「いいえ」，24人が「どちらでもない」と答えている（残りは無回答。また，「はい」と「いいえ」の両方に答えた人が5人いた）。記憶に役立つという自覚を持っている人は多くはなく，しかしある程度は役に立っていると思う人もいて，共感覚を楽しんでいる人はやや多い——これは120年以上も前の調査結果であるが，著者らが現在研究をする中で，共感覚者に共感覚を持つことの損得について尋ねても，似たような回答が返ってくることが多い（具体例については第3章参照）。そもそも共感覚が珍しいということに気づいていない人も多い（Ward & Simner, 2005）。「記憶する限り共感覚を持たなかったことがないため，共感覚があることが損なのか得なのかがよく分からない」という言葉を聞くことも多々あるが，これは共感覚者ならではの正直な感想だろう。

　1.4節で述べた通り，共感覚は記憶能力の高さや芸術的な活動の多さ，自閉症傾向の高さなど，一般社会で望ましいと思われがちなものとそうではないも

のの両方との関連が指摘されつつある。しかしいずれの関連による能力や特性の変動も通常の域（normal range）を出ない，すなわち，共感覚があること自体によって劇的に特殊な能力や困難さが生じるわけではないと考えられる。

1.6　共感覚を科学的に研究することの意義 ·····························

「はじめに」とこの第1章で見てきた通り，共感覚という現象の輪郭はやや不確定である。「共感覚」と一口に言っても様々なタイプが存在し，また，同じタイプの共感覚を持つ人々の間にも大きな個人特異性が存在する。しかも完全に主観的な現象であるため，第三者がその存在を直接的に確認するすべはない。このような共感覚について深く理解したいと考えたとき，当事者（共感覚者）自身による内省に触れるという方法と，間接的ではあるが，第三者が客観的に共感覚の存在を確認でき，共感覚の性質が反映されていると思えるようなデータを積み重ねて検証する方法がある。前者の方法は共感覚を理解する上で重要である。共感覚の大きな特徴は保有率の低さと個人特異性にあり，そのような「人は十人十色の世界を認識している」という人間の不思議さが共感覚の最大の魅力だと言っても過言ではないだろう。当事者の手記（Tammet, 2006; 岩崎，2009）や作品に触れることで，共感覚を追体験し，理解につなげることができる。そのような観点から，本書の第3章でも，日本語を母語とする色字共感覚者の生の声をできる限り多く紹介することにした。

　一方で，後者，すなわち，第三者的視点からの客観的な検討も重要である。共感覚は個人特異性を持つがゆえに，とある個人の共感覚について深く理解しても，他の個人の共感覚についての理解が深まるとは限らない。数多くの事例を検討し，その中から個人特異性を超えた共通性を多くの人が客観的に確認できる方法で抽出し，描き出す，科学的なアプローチが必要となる。多数の事例から浮かび上がった共通点はある程度の普遍性を持つと考えられ，特に主要なものは共感覚の基本的特徴として扱われるようになり，共感覚という現象全体の輪郭をより明確にするような働きをする。また，共感覚を構成する様々な要素のうち，どこまでが異なる共感覚者間で共通し，どこからが個人特異的であるかを見極めることは，人間の認知処理の平均像と個人差のバランスを知る上で示唆に富むはずである。

　客観性を保つためには，データを可能な限り定量的に示す必要がある。定量

的に示すことの利点として，このほかにも，共感覚と他の知覚・認知能力や特性との関係を，「関係がある／ない」の二値的にではなく，「どの程度関係があるか」という度合いで示すことができるという点が挙げられる。たとえば1.3節で述べた通り，共感覚者は非共感覚者に比べて，部分的には優れた記憶能力を持つという知見があるが（Rothen & Meier, 2010b），その記憶能力の高さは，一般人口の分布の中では標準的と考えられる域を出ないものである。このようなとき，優れている度合いを正確に記述せずに，ただ単純に「共感覚者は記憶能力に優れている」と表現してしまうと語弊がある。共感覚者における自閉症傾向の強さしかり，芸術的傾向の強さしかり，である。実際，一般社会において，そのような単純化された言説に後押しされて，共感覚がまるで超能力や病気であるかのように扱われていることがあり，当事者である共感覚者たちに無用の不安を与えている可能性がある。共感覚のように少数派の認知特性を扱う領域においては，現象のメカニズムの解明だけでなく，客観性の高い定量的な情報を当事者や社会に還元し，少数派に対する誤解を防ぐことも，科学的な研究の使命である。

第2章　色字共感覚

2.1　色字共感覚をめぐる研究領域 ···

　文字（書記素（grapheme），数字を含む）に色を感じる色字共感覚は，多くの
タイプが存在する共感覚の中でも，もっとも研究が進んでいるタイプの共感覚
である。色字共感覚の研究が特に進んでいる理由として，共感覚全体の中では
一般人口における保有率が高いと推定されることや（Simner et al., 2006 のイギ
リスの統計では 1.4%），音や味，三次元的な空間配置などが関係する共感覚と違
い，誘因刺激（文字）と励起感覚（色）の両方が紙やコンピュータ画面上に表
示しやすく，実験的検討がしやすいことが挙げられる。「はじめに」や第1章
で述べた共感覚の定義や特徴など，今日共感覚の説明として語られることの多
くは，色字共感覚についての知見に依拠していると言っても過言ではない。も
ちろん色字共感覚の知見が他の種類の共感覚にも当てはまる保証はないが，そ
のようなタイプ間の違いの発見もまた，共感覚という複雑な現象のメカニズム
の解明のための手掛かりとなりうる。色字共感覚についての知見は年々充実す
る一方であり，さまざまな異なる観点からの研究が行われている。本章では，
色字共感覚についての知見を様々な観点に分けて紹介する。

2.2　色字共感覚を持つようになる原因 ···

❖遺伝的要因

　色字共感覚に限らず，共感覚の有無には遺伝の影響があることが知られてい
る。古いところでは，1917 年に Jordan という研究者が，自分自身と自分の息
子のアルファベット文字に対する共感覚色を *Science* 誌の論文に掲載しており，
その中で，色字共感覚が遺伝する可能性を指摘している（Jordan, 1917）。共感
覚が遺伝する可能性は，1990 年代以降，共感覚者の家系の調査研究で支持され
てきた。Baron-Cohen らの 1996 年の研究では，共感覚者 6 名の家系（それぞれ

別の家系なので，合計6つの家系）を調査した結果，その共感覚者の1親等の親族の48.6％が共感覚（種類はさまざま）を持っていた（Baron-Cohen et al., 1996）。この研究では，一般人口における共感覚の保有率は0.05％と推定されており（この保有率の低さは，新聞や雑誌の広告で共感覚者を募集しており，その配布数を分母にして計算しているためだと考えられる），それに比べると，1親等以内に共感覚者がいる割合はかなり高いと言える。Barnettら（2008）の研究でも，共感覚者53名（過半数が色字共感覚など，言語刺激に色を感じるタイプの共感覚を保持）のうちの22名（42％）が，1親等以内に共感覚者がいると答えている。そのうちの7割がたは同じ言語刺激に色を感じるタイプの共感覚を持っていたが，残る3割程度は色聴や味に色を感じるなど，異なるタイプの共感覚を持っていた。興味深いことにこの研究では，同じように言語に色を感じるタイプの共感覚を持つ1親等の親族同士であっても，文字や単語等と色の組み合わせは一致しないことや，投射型と連想型（2.3節参照）の色字共感覚者が混在しうることが報告されている（Barnett et al., 2008; Baron-Cohen et al., 1996）。すなわち，遺伝の影響があるのは「共感覚を持つかどうか」までで，具体的な共感覚の種類や誘因刺激と励起感覚の組み合わせにまではその影響は及ばないものと考えられる。

　双生児研究からも，共感覚の有無に遺伝の影響があることが示されている。BosleyとEaglemanは，文字や数字，曜日，月（1月から12月）に色を感じる（系列−色（colored-sequence））タイプの共感覚者で，かつ，双子のきょうだいがいる人を対象とした研究を行った（Bosley & Eagleman, 2015）。その結果，一卵性双生児のきょうだいでは，73.9％（研究に協力した全23ペア中17ペア）が2人揃って系列−色タイプの共感覚を持っていたのに対し，二卵性双生児のきょうだいでは36.4％（全11ペア中4ペア）にとどまった。一卵性双生児のきょうだいは100％同じ遺伝情報を持つのに対し，二卵性双生児のきょうだいは平均して50％同じ遺伝情報を持つことを踏まえると，一卵性双生児のペアでの共感覚の保有率の高さは遺伝の影響によるものだと解釈できる。

　それでは，「共感覚の遺伝子」というものが存在するのだろうか。実のところ，そのような遺伝子を探す試みはこれまでに行われてきているものの，色字共感覚を含む系列−色共感覚でも（Tomson et al., 2011），色聴共感覚など他の種類の共感覚でも（Asher et al., 2009; Tilot et al., 2018），単一の遺伝子の特定には至っていない。いくつかの共感覚者家系間で共有されている遺伝子が見つかることはあるものの，すべての家系で共有されているわけではなかったり，研究

間で結果が一致しなかったりしている。これらのことから，共感覚には複数の遺伝子がそれぞれ独立に関与している可能性も指摘されている（Bosley & Eagleman, 2015）。

✜環境的要因

　先述の通り，共感覚の有無には遺伝的要因が関わっていると考えられる。しかし，遺伝だけでは説明がつかないこともまた事実である。たとえばBosley & Eagleman（2015）の双生児研究では，まったく同じ遺伝情報を持つ一卵性双生児のきょうだいがいる色字共感覚者のうち，73.9％はきょうだいも共感覚を持っていたものの，残りの30％弱は共感覚を持っていなかった。他の研究でも，一卵性双生児のきょうだいの片方だけが共感覚を持つというケースが報告されている（Smilek, Dixon, & Merikle, 2005; Smilek, Moffatt, Pasternak, White, Dixon, & Merikle, 2002）。つまり，同じ遺伝子情報を持っていたとしても，同じように共感覚を持つとは限らないのである。このような報告から，共感覚の有無には遺伝だけではなく，環境的要因も影響すると考えられる。

　具体的にどのような環境的要因が共感覚の有無を左右するのかについての研究は，現在のところほとんど存在しない。アメリカ人の色字共感覚者を対象とした研究では，アルファベット文字の共感覚色が，幼少期に持っていた色付きの文字（ABC…）マグネットの色とほぼ一致している共感覚者が一定数いることが報告されており（Witthoft & Winawer, 2006, 2013; Witthoft, Winawer, & Eagleman, 2015），幼少期に色付きの文字を見た経験が共感覚色に影響する可能性は十分にある。しかし，一般人口のうちの多くの人が幼少期に色付き文字のマグネットやおもちゃに触れると考えられるのに対し，色字共感覚の保有率は1-2％に過ぎないことから，「マグネットやおもちゃを介して，幼少期に色付きの文字をよく見ていたから色字共感覚者になる」という単純な説明は成立しない。

　興味深いことに，近年，幼少期の言語環境が共感覚（色字共感覚に限らない）の保有率を左右する可能性が指摘されている。幼少期に苦労して第二言語を学習する必要があったり，母語が文字と音韻の対応関係が複雑な言語だったりすると，そうでない場合よりも共感覚の保有率が高くなる傾向にあるという報告である（Watson, Chromý, Crawford, Eagleman, Enns, & Akins., 2017）。この研究については2.5節で詳しく扱う。

2.3 文字の共感覚色を経験する際に生じる処理 ·····························

第1章で述べた通り，共感覚色の処理は自動的であることが知られている。文字の表示色を答える課題において，文字をその色字共感覚者自身の共感覚色とは不一致の物理色で表示すると，一致した物理色で呈示した場合よりも反応が遅れる共感覚ストループ（Mattingley et al., 2001）などの現象がその好例である。それでは，文字に共感覚色を感じる際の処理は，特定の物理色で書かれた文字の知覚処理と同様のものなのだろうか。たとえば，黒色で書かれた「あ」という文字を見るとき，「あ」に赤色を感じる共感覚者の脳内では，物理的に赤色で書かれた「あ」を見ているときと同じ知覚・認知処理が引き起こされるのだろうか。

この問いの答えは，色字共感覚の神経基盤の推定に大きく関わる。まず，ごく大まかに，文字と物理色それぞれの一般的な視覚処理過程を説明しよう。文字の視覚情報（光）が目に入ると，網膜上の視細胞によって電気信号に変換され，さらに間脳の視床にある外側膝状体，大脳皮質の後頭葉にある初期視覚野へと至る過程で輪郭線の抽出やその傾きの分析などが行われる。ここまでは文字に限らず，視覚刺激全般に共通した処理の流れであるが，その後，左側頭葉の下部にある紡錘状回の視覚性単語形状領野（visual word form area: VWFA）では，文字の形態情報に特化した処理が行われる（Dehaene & Cohen, 2011, ただしVWFAの機能に関する異論としてPrice & Devlin, 2011）。形態処理に続けて，さらに側頭葉の上部や前頭葉の下部での音韻処理や，脳内の様々な部位を巻き込んだ意味処理（村上，2010）へと続く。一方，物理色の知覚処理過程は次の通りである。目に入った色の情報は，網膜から外側膝状体，第一次視覚野（V1），第二次視覚野（V2），第四次視覚野（V4）といった初期視覚野，さらに下側頭皮質へと伝えられ，これらの各部位に存在する色選択性細胞によって段階的に処理されるが，特にV4から下側頭皮質にかけては色刺激に特に選択的に反応する領域があることや，これらの領域を損傷すると色覚に重篤な障害が生じることから，V4付近は色覚中枢として扱われることが多い（小松，2015; Zeki & Marini, 1998）。

RamachandranとHubbardらの研究グループは，色字共感覚は誘因刺激と励起感覚のそれぞれに関わる脳領域の処理の「混線」によって生じるという交差

活性化（cross-activation）仮説を提唱している（Ramachandran & Hubbard, 2001a;
Hubbard, Brang, & Ramachandran, 2011）。具体的には，色字共感覚者の場合は遺
伝などの原因により，文字の知覚・認知処理に関わる脳領域と，色覚中枢であ
る V4 との間に一般的にはないような神経線維連絡が存在し，誘起刺激である
文字の情報が脳内で処理されると，それによって励起感覚である色の処理を担
う V4 が直接的に活性化されるという考え方である。Ramachandran らは特に，
V4 が文字の形態処理を担う VWFA のある紡錘状回に隣接していることに注目
した。物理的に隣接しているのであれば，二領域間に神経線維連絡が生じ，文
字の形態処理と色覚処理の「混線」である色字共感覚が生じるのも納得できる，
というわけである。ただし彼らは，色字共感覚者の中には，文字の形態情報で
はなく意味概念が共感覚色に結びついていると思われるケースも把握しており
（例：アラビア数字の「4」とローマ数字の「IV」のように形状はまったく異なるが同
じ概念を表す文字に対し同じ共感覚色を感じる），そのようなケースでは，文字や
数字の概念の処理を担う脳領域（数字の場合は，側頭頭頂接合領域にある角回を想
定）と V4 の間に「混線」が生じていると考えた。ポイントは，色字共感覚者
の場合は，（VWFA であれ角回のような概念処理領域であれ）文字処理領域と色処
理領域である V4 との間に，一般的には存在しない直接的な神経接続が存在す
ると考える点にある。もしこの仮説が正しければ，共感覚色の処理は V4 で担
われるような色の知覚処理と同様のふるまいを見せるはずである。一方，この
予測が支持されない場合は，V4 以外の脳領域の中心的関与など，異なるメカニ
ズムを仮定する必要が出てくる（Grossenbacher & Lovelace, 2011 や Cohen Kadosh,
Henik, Catena, Walsh, & Fuentes, 2009 の脱抑制フィードバック（disinhibited feed-
back）仮説，Chiou & Rich, 2014 の概念媒介（conceptual-mediation）仮説など）。こ
のように，共感覚色と物理色の性質の比較は色字共感覚の神経基盤を推定する
上で示唆に富むため，さまざまな研究が行われてきた。ここでは主に行動実験
の研究を紹介する（共感覚の神経基盤に関する研究および仮説の詳細は第 5 章で扱
う）。

❖共感覚色の処理と物理色の知覚処理は同様の性質を持つか

　物理色の知覚は，その色の周囲にある色や照明の色，直前に見ていた色の影
響を受ける。たとえば私たちの皮膚表面から透けて見える静脈は青っぽく見え
るが，実は物理的には黄色がかった灰色である（静脈錯視。北岡, 2017）。それ

が周囲の皮膚の色との対比により青っぽく知覚されるのである（色の同時対比効果）。また，白い紙の表面で反射する光は，物理的には，青っぽい照明下では青っぽく，黄色っぽい照明下では黄色っぽい光になるが，知覚的には同じ白色に感じられる（色の恒常性）。これは逆に言えば，環境光（照明）が変わっても同じ物体の色は一定に感じられるよう，環境光の色味を考慮する形で，色の見えが物理色とは異なる色に調整されているということである。また，赤いものを 10 秒ほど見つめた（赤色に順応した）後に白い壁を見ると，赤色の補色である緑がかった残像が見える（色残効）。色の対比，恒常性，順応のいずれにも，V4 の働きが深く関与していると考えられている（Derefeldt, Swartling, Berggrund, & Bodrogi, 2004）。しかし共感覚色では，物理色とは違い，色の同時対比効果も（Nijboer, Gebuis, te Pas, & van der Smagt, 2011），色の恒常性（文字を取り囲む環境光の影響）も（Erskine, Mattingley, & Arnold, 2013），色順応も（Hong & Blake, 2008）生じないことが報告されている。たとえば Hong と Blake の色順応の実験では，色字共感覚者たちに，コンピュータ画面上に呈示された四角の色を，赤色と緑色の割合を調整することで混じりけのない（赤みがかっても緑みがかってもいない）黄色にするという課題を行った。この色調整課題の直前に物理的に赤い文字が多数散らばった画面（順応画面）を 5 分ほど見続けさせると，物理的に緑色の文字が多数散らばった画面を見続けさせた場合に比べて，色調整課題において，四角をより赤みがかった黄色に調整してしまう傾向が見られた。これはすなわち，物理的に赤い画面を見続けたことによって色順応が生じた（赤色に対する感度が下がった）ことを示唆する。しかし，順応画面の文字を，その共感覚者にとって赤色を感じる（物理的には）無彩色の文字に置き換えた場合は順応効果が見られなかった。つまり，「物理的に赤色の文字」と違い，「赤色の共感覚色を持つ文字」は知覚的な色順応を引き起こさないということである。

　一方，共感覚色が物理色と類似したふるまいをみせるという報告もある。たとえば Kim & Blake（2005）は，一般的には物理色で見られる水彩効果（Pinna, Brelstaff, Spillmann, 2001）が共感覚色でも生じたことを報告している。水彩効果とは，口絵図 2-1 のように，図形の輪郭線を外側は濃い色，内側を薄い色で描くと，図形の内部の実際には何も色が塗られていない部分に，内側の輪郭線の色が淡く滲み出て，まるで水彩絵の具で薄い色を付けたかのように知覚されるというものである。輪郭線の外側を薄い色，内側を濃い色にすると水彩効果は

生じない（口絵図 2-1a）。Kim & Blake（2005）は濃い色と薄い色の共感覚色を
持つ文字（いずれも物理的には灰色）を使い，(1) 薄い共感覚色の文字が輪郭線
の内側，濃い共感覚色の文字が外側を成す円と，(2) (1) の文字を入れ替え，
薄い共感覚色の文字が輪郭線の外側を成す円を作成したところ，物理的には灰
色の文字だけで構成された円であるにもかかわらず，研究に協力した 2 名の色
字共感覚者から，(1) の円では内側の文字の共感覚色（薄い色）が円の内部に
淡く広がって感じられるとの内観を得た（口絵図 2-1b）。しかしこれは主観的な
報告に過ぎない。そこで Kim らはさらにこの現象の存在を客観的な指標によ
っても示すため，(1) の円が 3 つと (2) の円が 1 つ（またはその逆）の合計 4
つの円で構成された画面の中から 1 つだけ異なる円を検出させる課題を行った。
これらの 4 つの円は物理的にはすべて灰色であり，非共感覚者にとっては見分
けがつきにくい。しかし，もし共感覚色によって水彩効果が生じるのであれば，
水彩効果が生じる円は内部に色がついて知覚され，そうでない円は内部が白い
ままになるため，色字共感覚者は効率的にこの課題を遂行できるはずである。
実験の結果，予測通り，色字共感覚者は非共感覚者よりも短い反応時間でこの
課題を遂行できることが分かった。

　この水彩効果の研究以外にも，Kim と Blake らのグループは，運動方向が曖
昧な運動刺激において，共感覚色が物理色と同様に，運動方向の解釈にバイア
スを掛けることなども報告している（Kim, Blake, & Palmeri, 2006）。また，Smilek
らの研究グループからは，無彩色の数字を 32 ミリ秒間瞬間呈示し，その数字
が何であるかを答えさせる課題において，数字の背景の物理色を，その数字の
共感覚色と同じ色で塗った場合（一致条件）は，異なる色で塗った場合（不一
致条件）よりも正答率が下がるという実験結果が報告されている（Smilek, Dixon,
Cudahy, & Merikle, 2001）。非共感覚者がまったく同じ配色の画面を見た場合は
一致条件と不一致条件で正答率に差が生じないことから，一致条件ではたまた
ま背景の物理色のせいで無彩色の文字が見づらかったという解釈は当てはまら
ない。この結果は，同色の共感覚色と物理色は区別がつきづらいことを示唆し
ており，共感覚色が物理色と同様に処理されているという仮説を支持するもの
である。

　以上のように，共感覚色の処理は物理色の知覚的処理とは異なるという研究
結果と類似しているという研究結果が混在しているのが現状である。ただし，
研究に協力した色字共感覚者の数は，前者の研究群（Nijboer et al., 2011; Erskine

et al., 2012; Hong & Blake, 2008) は各 4-12 人，後者（Kim & Blake, 2005; Kim et
al., 2006; Smilek et al., 2001) に至っては各 1-2 人と少なく，特に後者については
結果の一般化可能性を疑問視する声もある（Chiou & Rich, 2014; McErlean &
Banissy, 2017)。

✣文字に対する注意処理の必要性

　図 2-2 左を見てほしい。この図中にはデジタル数字の「5」が多数散らばっ
ているが，よく見るとデジタル数字の「2」もいくつか含まれている。それら
の「2」は，正方形，長方形，三角形，菱形の 4 種類の図形のうち，いずれの
形に並んでいるだろうか。一般的に，このような無彩色文字で構成された画面
中の埋め込み図形の視覚探索課題（画面内から標的を探す課題）は難しい。1 つ
1 つの文字に注意を向けて「5」と「2」のようなよく似た文字を見分け，標的
となる「2」を見つけたら，さらにそれらがどのような形に並んでいるかを判
断しなければならないためである。しかし Ramachandran & Hubbard（2001a,
b）は，色字共感覚者はこの課題を好成績でこなすことができると報告した。
Ramachandran & Hubbard（2001b）の同様の課題（画面の構成文字はデジタル
数字ではなく英字であった）では，このような画面を 1 秒間だけ呈示し，埋め込
み図形の形を 4 択で当てさせたところ，40 人の非共感覚者の平均正答率は 59.4%
に留まったのに対し，2 名の色字共感覚者の平均正答率は 81.25% であったとい
う。Ramachandran と Hubbard はこの結果を，共感覚色が物理色と類似の性
質を持つためであると解釈した。色字共感覚者には画面中の無彩色の文字が共
感覚色によってカラフルに知覚され，まるで文字を異なる物理色で塗り分けた
とき（図 2-2 右）のように埋め込み図形が周囲とは異なる色で浮かび上がった
（「ポップアウトした」）ため，探索が容易になったのではないかという考えであ
る。Ramachandran & Hubbard（2001a）はこの実験結果を，交差活性化仮説
を支持する強力な証拠の 1 つとして挙げた。

　この実験結果は研究者たちに大きなインパクトを持って迎えられ，そして，
共感覚色と注意の関係についての議論を巻き起こした。まず，1 秒間という短
時間で画面内の多数のアイテム（数字や文字）の 1 つ 1 つに注意を向けること
は不可能である。そのため，Ramachandran と Hubbard の解釈通りに埋め込
み図形が共感覚色によって「浮かび上がる」ためには，個々の文字に注意を向
け，それぞれが何の文字であるかが十分に認識できる前に共感覚色が活性化す

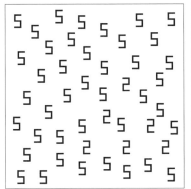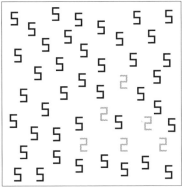

図 2-2　埋め込み図形に対する共感覚（Ramachandran & Hubbard, 2001a）

る必要がある。「何の文字であるかが分かる前に共感覚色が分かる」というこ
とはありうるのだろうか。Mattingley や Rich らのグループの一連の研究結果
はこの可能性に対して否定的である。Mattingley et al.（2001）はプライミング
課題を用いて，文字の意識的な認識と共感覚色の生起の関係を調べた。具体的
には，無彩色の数字や英字（先行刺激）を 28 ミリ秒，56 ミリ秒，または 500 ミ
リ秒のいずれかの長さだけ呈示し，視覚的マスクを掛けたのち，色パッチを呈
示して，その色の名前をできるだけ早く答えさせるという課題である。色パッ
チの色に関して，先行刺激の英数字の共感覚色と一致している条件と不一致の
条件があった。先行刺激の呈示時に共感覚色が活性化されれば，一致条件では
不一致条件よりも色パッチの命名が促進されるはずである（プライミング効果）。
実験の結果，先行刺激を 500 ミリ秒呈示した条件ではプライミング効果が見ら
れたが，28 ミリ秒条件と 56 ミリ秒条件では見られなかった。この結果は，500
ミリ秒という，英数字を意識的に認識するのに十分な時間が与えられた場合は
共感覚色の情報が活性化するが，28 ミリ秒や 56 ミリ秒という短時間呈示で英
数字の意識的な認識が困難な状況下では共感覚色の情報は活性化しないことを
示唆する。その後の研究でも，類似のプライミング課題において，先行刺激と
なる英数字の呈示中に二重課題を課したり（Mattingley, Payne, & Rich, 2006），注
意の瞬き現象を利用したりして（Rich & Mattingley, 2010）英数字に十分な注意
が向けられない状況にするとプライミング効果が減少することが示されており
（他にも眼球運動を用いた Nijboer & van der Stigchel（2009），経頭蓋磁気刺激（TMS）

を頭頂葉に与えて文字に対する注意の配分を阻害した Esterman, Verstynen, Ivry, & Robertson（2006）や Muggleton et al.（2007）でも同様の結果），共感覚色の情報が脳内で活性化するためには，文字にしっかりと注意を向け，意識的に何の文字であるかを認識することが不可欠であると考えられる。関連研究として，8 つの文字が 100 ミリ秒の短時間だけ無彩色で呈示され，その直後に，そのうちの 1 つ（その文字が呈示された位置に印が出される）が何であったかを答えるという，視覚性感覚記憶を部分報告法によって調べる実験では，文字が何であったかが意識に上ったとき，すなわち，文字に十分な注意が向けられた時のみ，非共感覚者よりも色字共感覚者のほうが正答率が高くなることが報告されている（Rothen, Seth, & Ward, 2018）。この研究は共感覚色の活性化について調べたものではないが，このような研究結果もまた，色字共感覚の有無が課題成績に影響をもたらすためには，文字に注意が向けられる必要があることを示唆している。

　また，Ramachandran & Hubbard（2011a, b）の埋め込み図形の視覚探索課題に関しては，「埋め込み図形が色付きで浮かび上がるように知覚される（ポップアウトする）」という主張についても疑問視する研究が多い。Ward, Jonas, Dienes, & Seth（2010）は色字共感覚者と非共感覚者各 36 人を対象に Ramachandran らと同様の埋め込み図形探索課題を行った。その結果，正答率は共感覚者群のほうが非共感覚者群よりも高い（それぞれ 41.4%，31.5%）という点では Ramachandran らの研究結果を再現できたものの，共感覚者たちに内観報告を求めたところ，共感覚者 36 人中 17 人は探索課題中に共感覚色の印象をまったく感じなかったと答え，少しでも共感覚色の印象を感じたという共感覚者であっても，探索画面内では平均で 3 割程度のアイテム（数字）にしか色がつかなかったと答えた。これは「埋め込み図形が色付きで浮かび上がる」という状況には程遠い。さらに，「ポップアウトする」という表現の適切さについても注意が必要である。一般的な視覚探索では，標的刺激（見つけるべきアイテム）が妨害刺激（その他のアイテム）と異なる物理色を持つときに，個々のアイテムに注意を向けなくても短時間で標的を見つけることができる（Treisman & Gelade, 1980）。この際，標的の検出に要する時間は画面内のアイテム数の多寡（セットサイズの大きさ）に関係なくほぼ一定になる（探索関数が平坦になる）ことが知られ，これをもってポップアウトが生起したと判断するのが一般的である（河原・横澤，2015）。Rich & Karstoft（2013）は Ramachandran らの埋め込み図形探索課

題を改変し，セットサイズをさまざまに変えて実験を行ったところ，色字共感
覚者は非共感覚者よりも正答率が高いという結果は再現できたが，両群ともに
おいてセットサイズが増えるほど検出時間は長くなった。すなわち，共感覚色
によるポップアウトの生起を示唆する結果は得られなかった。標的を埋め込み
図形ではなく単独の文字にした視覚探索課題（例：たくさんの無彩色の「5」の中
から，1つだけある無彩色の「2」を探す）でも，共感覚者は非共感覚者よりも検
出率や検出時間において好成績を示すものの，セットサイズに応じて検出時間
が長くなること，すなわちポップアウトはしないことが複数の研究で報告され
ている（Edquist, Rich, Brinkman, & Mattingley, 2006; Palmeri, Blake, Marois,
Flanery, & Whetsell, 2002; Sagiv, Heer, & Robertson, 2006）。また，標的となる文
字が視野の中心近くにあるとき，すなわち注意が向けられやすい位置にあると
きにのみ，共感覚色による視覚探索の促進が生じるという報告もある（Laeng,
Svartdal, & Oelmann, 2004）。

　以上をまとめると，共感覚色は文字の認識後に活性化するものであり，その
ためには文字に十分な注意を向ける必要がある。また，視覚探索場面において
は，物理色と違い，共感覚色ではポップアウトは生起しない。探索画面内の文
字に十分な注意を向けた場合は，その文字に関しては共感覚色が活性化されう
る。共感覚者が視覚探索をする際に，標的のポップアウトはしないまでも探索
の促進が見られる理由として，探索画面中から最初に標的を見つけ出す段階で
はなく，注意を向けて認識したアイテムを群化して埋め込み図形の形を確認し
たりする際に共感覚色が役に立っている可能性がある（Rich & Karstoft, 2013）。

❖文字の意味概念処理の影響

　共感覚色の印象の生起は，形態情報よりも，より高次の認知処理を必要とす
る意味概念の情報によって引き起こされることを示唆する研究結果が多数報告
されている。たとえば，図2-3のように，デジタル数字の「5」の形の図形は，
「34567」のように数字の文脈中に置かれると「5」として読まれやすいが，
「MUSIC」のようにアルファベット文字の文脈中に置かれると「S」として読
まれやすい。Dixonらはこのような文脈によって読まれ方が異なる曖昧な形状
の文字を使って研究を行った。その結果，物理的な形状は同一であるにもかか
わらず，「5」として読まれたときには「5」の，「S」として読まれたときには
「S」の共感覚色が生起するというように，その場で何の文字として認識された

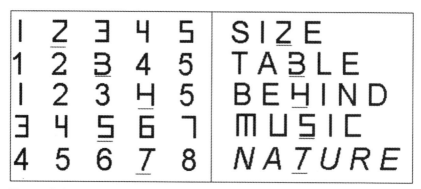

図2-3　文脈により数字やアルファベット文字に見えるデジタル文字の例（Dixon, Smilek, Duffy, Zanna, & Mattingley, 2006）

かが活性化される共感覚色を決定することが明らかになった（Dixon, Smilek, Duffy, Zanna, & Mattingley, 2006）。また，「M」という字を時計回りに回転させると，90°ほど回転させた時点で「3」のように見え，180°付近では「W」，270°付近では「E」に似て見える。このように色字共感覚者の目の前で文字を少しずつ回転させて，その都度感じる共感覚色を報告させると，文字の見えの変化に応じて，共感覚色も「M」の色→「3」の色→「W」の色→「E」の色というように変化することが報告されている（Bridgeman, Winter, & Tseng, 2010; Kim, Blake, & Kim, 2013）。類似の話題として，日本語文字の中にはカタカナの「カ」と漢字の「力」のように，別の字でありながら物理的にはほぼ同一のものがいくつか存在するが，やはりここでも，カタカナの「カ」として認識した場合は緑色で，漢字の「力」として認識した場合は茶色，などのように，何の文字として認識されたかが共感覚色を左右することが知られている（Asano & Yokosawa, 2012）。なお，多少の個人差もあるが，文字のフォントの違いは基本的には共感覚色に影響しない（異なるフォントで書かれていても，同じ文字だと認識されれば同じ共感覚色が感じられる）ことが知られている（Grossenbacher & Lovelace, 2001; Witthoft & Winawer, 2006）。

　文字の物理的形状ではなく，どのような意味概念の文字として認識されるかが共感覚色を規定するという結果は，小さな文字を並べて大きな文字を形作るNavon図形を用いた実験でも示されている（Palmeri et al., 2002; Rich & Mattingley, 2003）。Palmeriらの研究に協力した共感覚者WOは，図2-4のような

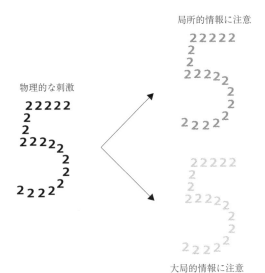

図 2-4 Navon 図形と共感覚色の例（Palmeri et al., 2002）

小さな「2」で構成された大きな「5」の Navon 図形を見た際，大局的情報である「5」としてみると「5」の共感覚色が感じられるが，局所的情報である「2」に注意を向けたとたんに共感覚色が「2」の色に切り替わると報告している（Palmeri et al., 2002）。Rich と Mattingley は 14 人の共感覚者を対象としてさらに厳密な行動実験を行い，注意を向けていない情報階層（局所／大局）の文字の共感覚色は弱くしか活性化しない（しかしまったく活性化しないわけではない）ことを明らかにしている（Rich & Mattingley, 2003）。

　実は，共感覚色の情報を活性化させるためには文字の意味概念情報さえあれば十分で，文字の視覚入力は必要ない――Dixon, Smilek, Cudahy, & Merikle（2000）は，"Five plus two equals yellow（5＋2＝黄色）"と題された論文の中で，口絵図 2-5 に示すような暗算を用いたエレガントな実験を行い，そのような驚くべき事実を証明して見せた。彼らの実験は，画面にまず「5＋2」のような簡単な数式を呈示し，それに続けて色のパッチを呈示して，それが何色であるかをできるだけはやく回答させるというものであった。その結果，色パッチの色が暗算結果の数字（5＋2であれば「7」）の共感覚色と一致しているときは，一致していないときよりも反応時間が短くなった（プライミング効果による促進が

生じた)。すなわち，暗算によってとある数字（「7」）の概念を思い浮かべると，
その数字を物理的には見ていないにもかかわらず，その数字の共感覚色の情報
が脳内で活性化したのである。さらに Jansari, Spiller, & Redfern（2006）は，
同じ課題の数式部分を Dixon らのような視覚呈示ではなく音声呈示にしても同
様の実験結果が得られることを確認している。これらの研究結果は，共感覚色
が文字の視覚的な形態情報ではなく意味概念情報に結びつけられていることを
強く示唆するものである。

　なお，「共感覚色は文字の意味概念情報によって活性化される」と聞くと，
共感覚は単なる文字からの色の連想や比喩に過ぎないのではないかと考える人
もいるかもしれない。しかし，第1章で述べた通り，共感覚は励起感覚の意識
的な体験が自動的に生じるという点で，それらとは性質が異なるということに
注意が必要である。

❖感情の生起

　色字共感覚者に文字の共感覚色について尋ねると，しばしば，ただ単に「何
色か」を尋ねているにもかかわらず，その色の美しさや醜さ，心地よさなどを
熱弁してもらえることがある。共感覚色の体験がしばしば感情を伴うことはよ
く指摘されてきた（Cytowic & Eagleman, 2009）。特に，文字がその人の共感覚
色とは異なる物理色で塗られている場合の話になると，（感情の強さには個人差
があるようだが）「なんだか落ち着かなくて嫌だ」，「ああ，変な色，本当はそん
な色じゃないのに，と残念に思う」など，ネガティブな感情が語られることも
多い。Callejas らの研究に協力したスペイン在住の色字共感覚者 MA は，その
ような状況について，"It is wrong. It's like coming into a room and finding all
the chairs upside-down and everything out of place. I can't stand it. It is just
wrong."（「これは間違っている。まるで，部屋に入ったら椅子が全部ひっくり返っ
ていて，あらゆるものの位置がでたらめになっていた時のような感じ。我慢できない。
こんなの，ただただ間違っている」）とまで語っている。Callejas らはこの色字共
感覚者 MA を対象に，このような共感覚色と物理色の不一致によるネガティブ
な感情がどのくらい自動的に生起するのかを行動実験によって調べた（Callejas,
Acosta, & Lupiáñez, 2007）。具体的には，参加者にさまざまな単語を呈示し，そ
の意味がポジティブがネガティブかをできるだけ早くキー押しで判断させると
いう単純な実験であった（MA は文字だけでなく単語にも共感覚色を感じる共感覚

者だが，この課題は共感覚色については一切回答を求めないものであった）。その結
果，単語が MA の共感覚色とは異なる物理色で呈示された条件では，一致する
物理色や黒色（＝中立色）で呈示されたときに比べて，ポジティブな意味を持
つ単語に対して正しく「ポジティブ」と判断するのに時間がかかり，誤答も増
えることが分かった。これは共感覚色と物理色の不一致によるネガティブな感
情が，「ポジティブ」という反応の生成と競合したためだと考えられ，共感覚
色に対する感情の生起が自動的であることを示唆している。

　以上をまとめると，共感覚色が物理色と類似の性質を持つことを示唆する研
究結果はいくつかは存在するものの，それに反する研究結果も多い。後者の結
果は，色字共感覚が文字情報処理と V4 での色情報処理の領域間の過剰接続に
よって生じると考える交差活性化仮説（Ramachandran & Hubbard, 2001a, Hub-
bard et al., 2011）とはうまく合わない。そのことを踏まえ，Grossenbacher &
Lovelace（2001）や Cohen Kadosh et al.（2009）の脱抑制フィードバック（disin-
hibited feedback）仮説や Chiou & Rich（2014）の概念媒介（conceptual-media-
tion）仮説など，色字共感覚者と非共感覚者の脳の間に器質的な違い（共感覚者
の脳内でのみ特別な神経線維連絡があるなど）の存在を仮定せず，また，概念など
の高次処理の関与を想定したタイプの仮説も多く提唱されている（第 5 章参照。
ちなみに交差活性化仮説に関しても，Brang, Hubbard, Coulson, Hung, & Ramachan-
dran（2010）や Hubbard et al.（2011）により，高次認知処理からのフィードバック
の存在等を考慮した改訂版である Cascaded Cross-Tuning モデルが提案されている）。
それでは（もっとも単純な形での）交差活性化仮説はもう否定され，過去のもの
となったのだろうか。実はそう簡単に話は終わらない。行動実験研究では交差
活性化仮説を支持する結果は少ない一方で，脳機能計測など認知神経科学的研
究（第 5 章参照）では交差活性化仮説に有利な実験結果も報告されているため
である（Chou & Rich, 2014; Weiss, Greenlee, & Volberg, 2018）。また，共感覚色
の活性化には，文字の物理的形態情報よりも意味概念情報が強く関わっている。
さらに，共感覚色の生起はときに感情を伴う。以上のように，色字共感覚のメ
カニズムをめぐる議論は複雑化しており，全貌はいまだはっきりとしない。1
つ確実に言えることは，色字共感覚はさまざまな要素が絡んだ複雑な現象であ
り，行動実験と認知神経科学的研究の両面からアプローチする必要があるとい
うことである。

❖ 共感覚色の感じ方の個人差

　色字共感覚者に文字を見せ，共感覚色がどのような場所に感じられるかを聞くと，見せられた（共感覚者にとって外界の）文字の付近を指さす人もいれば，色は外界にあるようには感じられないが頭の中で感じられる（心の目（mind's eye）では色が「見える」）と答える人もいる。Dixon, Smilek, & Merikle（2004）は前者を投射型（projector），後者を連想型（associator）と名づけ，このように，共感覚色の経験のしかたには色字共感覚者間でも大きな個人差があることを指摘した。投射型の中にも，共感覚色が文字と空間的にぴったりと重なる位置に「見える」ように感じられる人もいれば，共感覚色が文字の少し上にフィルタのような形で浮かんでいるように感じるなど，文字と共感覚色の空間的位置が多少ずれる人もいるなど，多少のバリエーションがある。同じく連想型の中にも，頭の中で共感覚色が文字と同じ形をして浮かぶ人もいれば，そうではなく共感覚色は色のかたまりのような形で感じられる人，頭の中に色の印象が広がるというよりは，その文字の色を知識として知っているような感覚を覚える人など，様々なタイプの人がいる（Skelton, Ludwig, & Mohr, 2009）。投射型と連想型は明確に二分されるものではなく，連続的な存在であるとみなす研究者も多い（Skelton et al., 2009; van Leeuwen, den Ouden, & Hagoort, 2011）。ちなみに，Ramachandran & Hubbard（2001a）は共感覚色が文字の形態といった低次の情報に対応づけられるタイプの色字共感覚を lower synesthesia，意味概念といった高次の情報に対応づけられるタイプの色字共感覚を higher synesthesia と分類したが，この分類と投射型／連想型の分類は軸が異なることが明らかになっている（Ward, Li, Salih, & Sagiv, 2007）。

　投射型か連想型かの判別，もしくは投射型／連想型傾向の強さの判定は，Skelton らが開発した Illustrated Synaesthetic Experience Questionnaires（IS-EQs, Skelton et al., 2009）や，Rothen らが開発した Coloured Letters and Numbers（CLaN, Rothen, Tsakanikos, Meier, & Ward, 2013）などの，自らの主観に基づいて回答するタイプの質問紙を用いて行われることが多い。課題における反応時間などの客観指標によって投射型と連想型を区別する試みも行われてきたが，これについては研究間で安定した結果が得られていない。Dixon et al.（2004）の共感覚ストループ課題の実験では，一般的な「文字の（共感覚色を無視して）物理色を答える」という条件に加えて，「文字の（物理色を無視して）共感覚色を答える」という条件でも課題を行ったところ，物理色と共感覚色の一

致・不一致によらず，投射型の色字共感覚者は後者，連想型の色字共感覚者は
前者のほうが反応時間が短い，すなわち，投射型の共感覚者の場合は物理色に
比べて共感覚色のほうがより自動的に活性化し，投射型の場合はその逆である
ことを示唆する結果が得られた（同様の報告として，Ward et al., 2007）。しかし
ながら，文字や数字を用いた視覚探索課題を行った Edquist et al.（2006）や
Sagiv et al.（2006）の実験では，投射型と連想型の色字共感覚者間で課題成績
に差は見られなかった。神経心理学研究でも，これら 2 つの型の共感覚者間で，
白質や灰白質の量などの脳の構造や（Rouw & Scholte, 2007, 2010），脳領域間の
接続性（van Leeuwen et al., 2011），脳領域の興奮性の強さ（Terhune, Murray,
Near, Stagg, Cowey, & Cohen Kadosh, 2015）に違いが見られることを報告した研
究がある一方で，脳の活性化（fMRI, van Leeuwen et al., 2010）や脳波のパター
ン（Gebuis, Nijboer, Maarten, & Smagt, 2009）では違いが見られないという報告
もあり，結果は一致していない。一方，共感覚色の規定因を調べた研究では，
投射型傾向の強い共感覚者ほど，共感覚色が文字の形態情報の影響を強く受け
る可能性や（Brang, Rouw, Ramachandran, & Coulson, 2011），連想型傾向の強い
共感覚者ほど，共感覚色に文字の親密度や文字系列内の順序がより強く影響す
る可能性など（Hamada, Yamamoto, & Saiki, 2017），共感覚色に影響を強く及ぼ
す要因が共感覚色の感じ方のタイプによって異なる可能性が指摘されている。
また，最近の日本語母語話者の共感覚者を対象とした研究では，投射型のほう
が連想型よりも漢字に感じる共感覚色の数が多くなる傾向にあることが示され
ている（宇野・浅野・横澤，2019）。漢字は複数の形態的要素（部首）に分かれる
ことが多いため，もし Brang らの研究通りに投射型傾向の強い共感覚者は文字
の形態情報の影響を受けやすいと仮定すると，投射型傾向が強い場合に漢字の
共感覚色の数が増えるという結果は納得できるものである。これらの多様な結
果をどのように統一的に解釈するかや，そもそも投射型と連想型の違いは本質
的には何を意味するのか（両者は質的に異なる群なのか，それとも 1 つの連続体の
両端に位置するのか，はたまた，投射型と連想型はそれぞれ別軸として存在し，一人
の共感覚者の中に両方の性質が併存しうることがあるのか）など（Anderson & Ward,
2015; Eagleman, 2012），今後解決すべき問題は多い。

2.4　誘因刺激と励起感覚の対応関係 ┈┈┈┈┈┈┈┈┈┈┈┈┈┈┈┈┈┈┈┈┈┈┈┈┈┈┈┈┈┈

✢文字の共感覚色の規定因

　それぞれの文字の共感覚色はどのようにして特定の色に定まるのか。その規定因が分かれば，色字共感覚が脳内でどのように形成されているかを推測する手掛かりとなる。しかし，色字共感覚者に「なぜその文字はその色なのですか」と聞いても，多くの場合は首を傾げ，「なぜかは分からないけれどもこの色なのです」という答えを返してくれるばかりである。さらに，文字と色の対応関係は個人特異的であるということが，この作業の大きな障壁となる。たとえば「う」という文字の共感覚色は，色字共感覚者のAさんにとっては薄ピンク色でも，色字共感覚者のBさんにとっては水色であったりする。この際，もしAさんにとってなぜ「う」が薄ピンク色であるかを突き止めることができたとしても，その知見をBさんなど他の色字共感覚者に一般化して当てはめることは難しい。そのため，個人差を超えて当てはまる規定因の特定が重要となる。そこで，複数人の共感覚者の共感覚色を調べ，文字の属性と共感覚色の関係を探る研究が行われてきた。これまでの研究では，特に言語処理に関連した規定因の存在が多く明らかにされている。ここではそのような規定因の数々を紹介するが，言語や文化によって規定因が異なる可能性があることや，複数の規定因が同時に共感覚色に影響する可能性があることに注意が必要である。

文字の出現頻度や親密度

　さまざまな言語の色字共感覚において，文字の出現頻度（frequency）が共感覚色に影響を与えることが報告されている。出現頻度とは日常生活でその文字に触れる頻度のことであり，多くの場合，その言語圏において一定期間内に発行された新聞記事や書籍，インターネット上の文書などを大量に集積してデータベース化した言語資料（コーパス）に基づいて算出される。類似した概念として文字の親密度（familiarity）があるが，これは文字に対する主観的な馴染み深さの評定値である（日本語では，天野・近藤（1999）など）。多くの場合，両者には強い正の相関関係が存在する。

　文字の出現頻度による共感覚色への影響の与え方は幾通りか存在するが，その1つが，出現頻度の高い数字や文字ほど輝度が高い，あるいは彩度が高い共

感覚色と結びつけられやすいというものである（ドイツ語圏での検討：Beeli, Es-slen, & Jäncke, 2007; 英語圏（カナダ）での検討：Smilek, Carriere, Dixon, & Merikle, 2007）。口絵図 2-6 は Beeli らの実験結果をまとめたものであるが，19 人の色字共感覚者の共感覚色が個人特異的でありながら，そのような個人差を超えて，出現頻度が高い数字や文字ほど明るい，または鮮やかな共感覚色を持つ傾向にあることが見て取れる。ただし数字に関しては，0，1，2，…9 の順に日常生活でよく使われる，すなわち，小さい数量（マグニチュード）を表す数字ほど出現頻度が高いという関係が強く存在することから，実は数字の出現頻度とではなく，数字が表す数量の大きさと共感覚色の輝度の間に関係があるのではないかという指摘もある（Cohen Kadosh, Henik, & Walsh, 2007, 2009）。共感覚者に限らず一般的に「小さいものほど明るい」という大きさと輝度の感覚間協応が広く見られることを踏まえると，共感覚と感覚間協応の重なりの存在を匂わせる興味深い指摘である。

　また，出現頻度や親密度の高さが似ている文字ほど共感覚色（輝度のみ，彩度のみ，あるいは輝度，彩度，色相の 3 要素を統合した色彩）が類似するという研究結果も複数報告されている（英語圏（カナダ）での検討：Watson, Akins, & Enns, 2012; 日本語圏での検討：Asano & Yokosawa, 2013; Hamada et al., 2017）。これらの知見は，先述の出現頻度が高い文字ほど輝度や彩度が高くなるという知見と矛盾するものではない。

　以上とは異なる形での出現頻度の影響のしかたとして，出現頻度が高い文字ほど，出現頻度が高い色語の色（その色を表す単語の出現頻度が高い色）と結びつけられやすいという指摘もある（英語圏（それぞれイギリスとオーストラリア）での検討：Simner et al., 2005; Simner 2007; Rich, Bradshaw, & Mattingley, 2005）。たとえば「a」のように出現頻度が高い文字は，「赤」という出現頻度の高い色語で表される赤色の共感覚色と結びつけられやすいということである。Simner & Ward（2008）は，先述の Beeli らの「出現頻度が高い文字や数字ほど輝度や彩度が高くなる」という研究結果も，この色語の出現頻度で説明が可能であると指摘している。このように，研究によってデータの解釈が分かれる部分はあるものの，全体的に見れば，文字の共感覚色は文字や数字の出現頻度に左右される部分があると考えてよいだろう。このほか，文字の出現頻度は Berlin & Kay の色類型と関係しているという指摘もある。Berlin & Kay の色類型とは，言語に色語彙が導入される際の順序についての規則性を述べたものである（Berlin

& Kay, 1969)。Berlin と Kay は世界中の言語を調べ，言語によって基本的な色語の数は 2 語から 11 語と大きく異なるが，色語が少ない言語であっても白と黒を表す色語彙が必ずあり，次いで赤，その次に緑か黄色，そして青……という順序で色語彙が導入されることが多いことを明らかにした。Simner et al. (2005) は，出現頻度が高い文字ほど，この Berlin & Kay の色類型の上位の色と結びつけられやすいことを報告している。

文字系列内での順序

　あいうえお順や ABC 順など，文字にはその系列内での順序が与えられていることが多い。このような系列内での順序 (ordinality) も共感覚色に影響する。具体的には，文字系列内での順序が近い文字ほど共感覚色が類似しやすいことが知られている（日本語話者の色字共感覚者のひらがなの共感覚色の場合：Asano & Yokosawa, 2013，日本語話者の色字共感覚者の英語アルファベットの場合：Asano & Yokosawa, 2013; Hamada et al., 2017，英語話者の英語アルファベットの場合：Watson, Akins et al., 2012）。たとえば，英語アルファベットの 26 文字の総当たりでペアを作り，ペアを成す文字間の順序差と共感覚色差を算出すると，両者の間に正の相関がみられる。

　ところで，英語の「A」，オランダ語の「A」，スペイン語の「A」，日本語のひらがなの「あ」，朝鮮語のハングルの「ㄱ」の共感覚色はいずれも，色字共感覚者によらず赤色であることが多い。文字と共感覚色の対応関係は個人特異的であることが知られる中で，珍しく個人差がかなり少ない文字だと言える。これらの文字の共通点は何だろうか。まず，「A」と「あ」と「ㄱ」は見た目がまったく異なることから，共通点は形態情報ではない。英語，オランダ語，スペイン語の「A」と日本語の「あ」はいずれも /a/ という発音に関係するものの，朝鮮語の「ㄱ」は /k/ や /g/ の音を表すことから，音韻情報（発音）でもない。実はこれら 5 文字の共通点は，系列の 1 番目の文字であることである。Root, Rouw, Asano, Kim, Melero, Yokosawa, & Ramachandran (2018) は，このように，英語，オランダ語，スペイン語，日本語，朝鮮語の 5 つの言語における色字共感覚の比較研究により，特定の言語によらず，系列の 1 番目の文字の共感覚色は赤色になりやすいことを明らかにした。さらにこの研究では，1 番目の文字の色が赤であるか否かによらず，1 番目の文字には，系列内の他の文字とは特に異なる（色空間上で離れた位置にある）色が結びつけられる傾向に

あることも明らかにされている。たとえば1番目の文字が赤色である場合は他の文字には赤っぽい色が使われにくく，1番目の文字が青色である場合は他の文字には青っぽい色が使われにくい。「A」や「あ」のような系列の1番目の文字というのは，文字の中でも目立つ特別な存在であり，そのような文字には「特別な」色が結びつけられているのかもしれない。「特別な」色として特に赤色が選ばれやすい理由は憶測の域を出ないが，Berlin & Kay の色類型でも赤は無彩色の白，黒に次ぐ高順位につけているなど，赤色は有彩色の中でも特に基本的な色として扱われやすい可能性があることや，赤色は熟れた果物や優位性，発情などと関連が深く進化的に重要な色である可能性などが考えられる（Root et al., 2018）。興味深いことに，音名（ドレミファソラシ）に色を感じるタイプの色聴共感覚の研究でも，先頭の音である「ド」の共感覚色は赤になりやすいことが報告されている（日本での検討，Itoh, Sakata, Kwee, & Nakada, 2017）。

形　態

　文字の視覚的形状，すなわち形態も文字色の規定因になりうることが知られている。まず，視覚的に類似した形態の文字には類似した共感覚色が結びつけられやすい（日本語話者の色字共感覚者のひらがなの共感覚色の場合：Asano & Yokosawa, 2013; 日本語話者の色字共感覚者の英語アルファベットの場合：Asano & Yokosawa, 2013; Hamada et al., 2017; 英語話者の英語アルファベットの場合：Brang et al., 2011; Watson, Akins et al., 2012; ドイツ語話者のドイツ語アルファベットの場合：Jürgens & Nikolić, 2012）。この際の視覚的類似性は，文字間の主観的な類似度評定値（ペアで出された文字の形が主観的にどのくらい似ていると思うか）や，一瞬だけ画面に同時呈示された2つの文字の異同判断時の間違いやすさ（見分けのしづらさ）によって測られた認知的な類似性であり，必ずしも「2文字を重ねた時に線がどのくらい重複するか」などのような物理的な類似性ではない。文字を構成する線分の物理的情報ではなく，より抽象的，概念的な文字の形態が共感覚色と結びついている可能性が高いことは，共感覚色がフォントの違いに左右されにくいこと（Grossenbacher & Lovelace, 2001; Witthoft & Winawer, 2006）からも伺える。2.3節において述べたように，文字の物理的形態情報ではなく，何の文字として認識するか（例：「カ」という文字をカタカナの「ka」として認識するか，漢字の「ちから」として認識するか）が共感覚色を左右する。特定の文字として認識されたうえで，その抽象的，概念的な形態情報が（場合によって

は）共感覚色を左右するものと考えられる。

　「丸い」「直線的」のような文字のシンプルな形態的特徴が共感覚色を左右する可能性も指摘されている。たとえばアルファベットの「O」や「I」に白（や黒），「X」や「Z」に黒や灰色の共感覚色を感じる共感覚者は多い（Rich et al., 2005; Simner et al., 2005; Spector & Maurer, 2011）。ハングル文字の「○」に白色を感じる朝鮮語話者の色字共感覚者も多い（Root et al., 2016）。研究によっては，「O」にも「I」にも，白と黒の両方の共感覚色が結びつけられやすいという報告がなされていたりと（Simner et al., 2005），「円形＝白，直線＝黒」のような単純な対応関係に要約することは難しいが，シンプルな形状だと無彩色の共感覚色が結びつけられやすいなどの可能性がある。数字の「0」や「1」の共感覚色が，系列の最初のほうにあるにもかかわらず，赤ではなく白や黒であることが多いのには（cf. Beeli et al., 2007），このような形態情報の影響もあるのかもしれない。一方，日本語漢字を用いた研究では，形態の複雑性が高い文字（例：「鑑」）の共感覚色は低い文字（例：「句」）よりも暗い色になりやすい（輝度が低い）ことが示されている（Yokosawa, Takahashi, & Asano, 2016）。

　日本語や中国語の漢字の場合，視覚的な構成部品，すなわち部首も共感覚色を左右する要因となる。Hung, Simner, Shillcock, & Eagleman（2014）は中国語話者の色字共感覚者を対象として，「櫻」のように左右に分割できる中国語漢字の共感覚色は，左右の構成要素を単独の文字として見た時の共感覚色，すなわちこの例では「木」と「嬰」のどちらの色により強く影響されているかを調べる実験を行った。その結果，右の構成要素（この例では「嬰」）の輝度は文字全体（「櫻」）の輝度により強い影響を与えること，文字の意味カテゴリの情報を担う部首（「櫻」の場合左側の「木」，「鸚」（オウム）の場合は右側の「鳥」。ちなみに「嬰」の部分は文字全体の音韻 /ying/ の情報を担っている）が文字の左側にあるときは，右側にあるときよりも文字全体の共感覚色の彩度に影響を与えやすいことなど，部首の位置や担う情報カテゴリが複雑に共感覚色に影響することが明らかになった。日本語話者の共感覚者を対象とした日本語漢字の共感覚色の研究では，「数」「教」「救」のように同じ部首を持っていてもそれらの共感覚色は類似しないことが明らかになっており（Asano & Yokosawa, 2012），部首の影響は「部首が同じだから同じ共感覚色になる」というほど強いものではないと考えられるが，詳細に検討すれば中国語漢字と類似の結果が得られる可能性がある。また，宇野・浅野・横澤（2019）による日本語母語話者の共感覚

者の研究では、「元」のように左右に分割できない漢字に比べて、「池」のように左右に分割できる漢字には複数の共感覚色を感じる共感覚者が多いことが明らかにされている。このことは、文字に含まれる形態的なまとまりの情報が、共感覚色の色味（色相、輝度、彩度）だけでなく、共感覚色の数にも影響することを示唆している。

音 韻

　英語圏の色字共感覚では、"cat"（/kʼæt/）の "c" と "cite"（/sȧɪt/）の "c" は発音が異なっても同じ共感覚色を誘発しやすく、一方、"cite"（/sȧɪt/）の "c" と "site"（/sȧɪt/）の "s" は同じ発音であるのに異なる共感覚色を誘発しやすいことから、共感覚色は文字の音韻情報よりも形態情報に結びつけられていると考えられてきた（Simner, 2007）。しかし日本語圏の色字共感覚の研究では、口絵図 2-7 に示すように、対応するひらがなとカタカナ（例：「あ」と「ア」）や同じ読みの漢字（例：「視」「詩」「史」）のように、音韻情報を共有する文字間では、形態情報が異なるにもかかわらず、共感覚色が類似する（それぞれの文字の共感覚色を CIE L*a*b* などの知覚的均等性を持った色空間上にプロットし、その間の距離を色差として測定したとき、色差が小さくなる）という傾向が強くみられる（Asano & Yokosawa, 2011, 2012）。さらにひらがなでは、五十音表の同じ「行」に属する文字（例：か行―「か」「き」「く」「け」「こ」）や「段」に属する文字（例：あ段―「あ」「か」「さ」「た」「な」）は共感覚色が類似しやすい傾向もあり、子音や母音の単位の音韻情報が共感覚色を規定していると考えられる（Asano & Yokosawa, 2011）。その後、Kang らの研究により、朝鮮語圏でも、同音もしくは類似の音韻情報を持つ文字には似た共感覚色が結びつけられることが明らかにされている（Kang, Kim, Shin, & Kim, 2017）。特に Kang らは音声学の調音（発音）の分類に基づいた詳細な検討を行っており、/t/ や /s/ のように舌先を上顎の歯茎に近づけて発音する音（歯茎音）同士や、/n/ や /m/ のように鼻にかかった発音をする音（鼻音）同士など、調音のしかたが共通した音韻情報を持つ文字同士は似た共感覚色を持つ傾向にあることを確認している。

　文字ごとに色を感じるのに加えて、単語単位での共感覚色も感じる色字共感覚者は多い。そして、単語単位の共感覚色は、単語の最初の文字もしくは最初の母音の色が単語全体の色になりやすいことが知られている（英語圏での検討, Rich et al., 2005; Ward, Simner, & Auyeung, 2005）。たとえば "cat" という単語

であれば，"c"，"a"，"t" を 1 文字ずつ見ればそれぞれ黄色，赤，茶色のように異なる共感覚色が感じられるが，"cat" という 1 単語として見た場合は，単語全体が語頭の "c" の黄色，もしくは母音である "a" の共感覚色である赤で覆われているように感じられやすい。しかし Simner, Glover, & Mowat（2006）は英単語の共感覚色の研究を行い，最初の文字や母音だけでなく発音のアクセントが置かれた文字も，単語全体の共感覚色の決定に大きな影響力を持つことを示した。たとえば，第 1 音節にアクセントが置かれる "august" という単語の場合は，アクセントが置かれ，かつ最初の文字／母音である "a" と同じ共感覚色が結びつけられやすいが，第 2 音節にアクセントが置かれる "advice" の場合は，語頭にはないがアクセントの置かれた "i" という母音の共感覚色が単語全体の共感覚色になりやすいということである。英語は音の強弱（強勢アクセント）が単語の認識に大きな影響を及ぼす言語であるため，共感覚色にも影響をもたらすのかもしれない。

　以上の研究はいずれも文字を黙読しているときに経験する共感覚色についての研究であり，耳から聞いたり自分で発音したりした音声に共感覚色を感じているわけではない。しかし，一般的な文字や単語の認知処理の研究では，黙読時でも音韻情報が内的に活性化していることが知られており（Van Orden, 1987），色字共感覚者が文字を黙読する際も，音韻情報が活性化されるのは当然だと考えられる。なお，耳で文字や単語を聞いたときにも，頭の中で文字に変換することで色を感じられると話す色字共感覚者は多い。色字共感覚者とは別に，文字ではなく言語音声自体に色を感じるタイプの共感覚者も存在するが，色字共感覚者に比べると報告例が少ない（Simner, 2007）。

意味概念

　同じ意味概念を持つ文字には類似した共感覚色が結びつけられやすい。たとえば日本語の色字共感覚では，「5」と「五」のように対応するアラビア数字と漢数字の共感覚色はよく似ていることが多い（Asano & Yokosawa, 2012）。朝鮮語を母語とし，英語，日本語，中国語も話せる色字共感覚者を対象とした研究でも，同じ数字や（例：8 を表すハングルの「팔」，英単語の "eight"，日本語・中国語漢字の「八」，そしてアラビア数字の「8」），同じ曜日（例：月曜日の「月」を意味するハングルの「월」，英語の "Monday"，日本語の「げつ」，日本語・中国語漢字の「月」）を表す文字や単語の共感覚色は類似しやすいことが明らかにされて

いる（Shin & Kim, 2014）。これらの結果は，共感覚色は文字自体よりは，その文字が表す意味概念に結びつけられていることを示唆する。

　また，典型色を持つ事物を表す文字には，その意味通りの共感覚色が結びつけられることが多い。たとえば日本語漢字の色字共感覚では，「赤」という字には赤色，「青」には青色，「桜」には淡いピンク色，「血」には暗い赤の共感覚色が結びつけられやすい（Asano & Yokosawa, 2012）。

　漢字のように1文字1文字が意味を持つ表意文字とは違い，ひらがなや英語等のアルファベットなどの表音文字は音韻情報のみを表していて，個々の文字は特定の意味を持たない。しかし，そのような表音文字の英語アルファベットであっても，共感覚色が意味概念の影響を受けている可能性が指摘されている。たとえば，古くから"R"という字の共感覚色は赤色，"Y"は黄色，"B"は青色，"G"は緑色である共感覚者が多いことが知られており，それぞれ"Red"，"Yellow"，"Blue"，"Green"という色名単語の頭文字だからではないかと推測されてきた（Rich et al., 2005）。このような「その文字が頭文字として使われる単語の意味内容が共感覚色に影響する」という可能性を客観的な手法により検証するため，Mankin & Simner（2017）は次のような実験を行った。彼女らの実験ではまず，英語圏の非共感覚者たち300名超に，「"A"と言えば……（"A" is for...）」という形で，それぞれのアルファベット文字から連想する単語を聞き（単語産出課題），そこで産出数がトップ3だった単語を各文字について選んだ。たとえば，"A"という文字からは"apple"（りんご），"animal"（動物），"aardvark"（ツチブタ）という単語を連想する参加者が多かった。次に，単語産出課題に協力したのとは異なる非共感覚者たちに，各単語から連想する色を答えてもらい（例：「"apple"は赤色」），それに基づいて，各文字に（連想単語を介して）最も結びつきやすい色を推定した。そしてその文字と色の組み合わせと，異なる色字共感覚者間で共通して見られやすい文字と共感覚色の組み合わせを比較したところ，両者が偶然よりも高い確率で一致することが分かった。つまり，「"A"は"apple"の"A"であり，apple は赤いので，"A"という文字の共感覚色は赤い」というわけである。このように，アルファベットのような表音文字であっても，その文字から連想されやすい単語の意味が共感覚色に影響することが分かっている（ただし，その影響度は言語によって異なる可能性がある。たとえばオランダ語圏やスペイン語圏の色字共感覚では，"A"が赤色である共感覚者が多いが，"A"からもっとも連想されやすい単語は，オランダ語では「サ

ル」を意味する "aap"，「青」を意味する "azul" であり，Mankin らと同じ分析をしても同様の結果は得られない。cf. Root et al., 2018）。

　さらに英語圏の研究では，"red" という単語は赤色，"banana" という単語は黄色の共感覚色を持つなど，単語単位の共感覚色にも意味の影響が強くみられることが報告されている。先述の通り，単語単位の共感覚色は，先頭の文字や先頭の母音の共感覚色がそのまま単語全体の共感覚色になることが多いが，その「1 文字目ルール」を意味の影響が上回ることもある（Rich et al., 2005）。たとえば "t" という文字に緑，"2" という数字に黄色の共感覚色を感じる場合，"2" と同じ意味を持つ "two" という単語には，1 文字目の "t" の緑ではなく，"2" の黄色を感じるなどである。単語の意味内容が典型色を持つ場合には特に意味の影響が強いと推測され，時には，「"b"，"a"，"n" の共感覚色はいずれも黄色くないのに，"banana" という単語の共感覚色は黄色」というように，部分と全体の色が食い違う興味深い現象もみられる（Rich et al., 2005）。ただし，では色字共感覚者は単に意味内容から連想される色を単語の共感覚色として答えているのかというと，そうとは言い切れない。たとえば "red" という単語に青色の共感覚色を感じるなどのように，意味内容と共感覚色が食い違うエイリアン色効果（alien color effect）もしばしば報告されるためである（Gray, Parslow, Brammer, Chopping, Vythelingum, & Ffytche, 2006）。意味概念，1 文字目ルール，その他の要因と，さまざまな要因が組み合わさったり，時によって強い影響を持つ要因が異なったりしながら，単語の共感覚色が決定されていると推測される。Goodhew & Kidd（2017）は，さまざまな単語について，潜在意味解析（latent semantic analysis, LSA）と呼ばれる言語統計解析の手法により，大規模言語コーパス内でその単語と特定の色語が同一文脈上で用いられる頻度（共起頻度）を算出した。そして，そのような一般社会での言葉の使用における単語（その意味概念）と色の結びつきの強さの推定値と，その単語の先頭の文字に色字共感覚者が典型的に結びつけやすい色（Simner et al., 2005; Simner 2007 の研究に基づく）の両方が，その単語の共感覚色に影響することを明らかにしている。

　ところで日本語漢字の共感覚色に話を戻すと，漢字は文字単位で意味を持つが，「赤」「桜」のように色や具象物を表す文字ばかりではない。むしろ，「上」「東」「若」など，抽象的な意味概念を表す文字のほうが圧倒的に多い。そのような抽象的な意味概念を表す漢字の共感覚色はどのように決まるのだろうか。

意味概念間の相対的な関係性，たとえば「上」と「下」は対立的な意味を持つというような情報は共感覚色に反映されるのだろうか。この疑問に答えるため，Asano, Takahashi, Tsushiro, & Yokosawa（2019）は，「上」と「下」，「東」と「西」，「男」と「女」，「送」と「迎」，「愛」と「憎」のような対義語の関係にある漢字を 36 ペア（72 文字）用意し，各文字の共感覚色を調べた。意味の対立的な関係性が共感覚色にも反映されるとしたら，対義語を成す文字ペアの共感覚色の色差は，チャンスレベル（回答に使われた 138 色のパレットからランダムに 2 色を選んだ場合の色差）よりも大きくなることが期待される。しかし期待に反して，実験の結果，チャンスレベルよりも有意に大きな色差が見られたのは「昼」と「夜」のペアだけであった。その一方で，興味深いことに，文字（対義語ペア）の学習学年と対義語ペア間の色差の間に負の相関関係が見られた。低学年で学ぶ対義語ペアほど色差が大きい，つまり，低学年で学ぶ対義語ペアの共感覚色は意味の対立的な関係性の影響を比較的強く受けるが，学習学年が上がるにつれてその影響が弱まることを示唆する結果である。さらなる分析では，高学年で学ぶ対義語ペアほど文字の音韻情報が共感覚色に強く影響していることも示された。なお，非共感覚者を対象に同じ（文字に直感的に合うと思う色を答えてもらう）実験を行った結果，学習学年によらず一貫して，色字共感覚者よりも非共感覚者のほうが対義語文字ペアに対照的な色を結びつけていた。非共感覚者は共感覚色を持たないため，「"男"は黒か青，"女"は赤」「"愛"は赤などの暖色，"憎"は暗くて汚い色」のような一般社会においてよくあるイメージカラーを用いて回答し，その結果，全体的に色差が大きくなったと推測される。これらの結果をまとめると，抽象的な意味概念を表す漢字の場合，色字共感覚者は非共感覚者とは異なり，一般社会においてその意味概念に結びつけられやすい色を単純に文字に結びつけているわけではないことや，意味だけでなく音韻など他の要因も共感覚色の決定に関わり，しかもそれらの重みづけが発達に応じて変わる可能性が示唆される。

文字にまつわる幼少期の記憶や経験

以上の (i)〜(v) はいずれも，文字の使用頻度・親密度や系列内での順序，形態，音韻，意味概念と，言語処理に密接に関わる要因であり，色字共感覚と言語処理が密接に関係することを強く印象づけるものである。その一方で，より単純に，「子どもの頃にその文字が特定の色で書かれているのをよく見てい

たから」のような，幼少期の経験とその記憶が文字と共感覚色の対応関係を形成しているという指摘もある。具体的には，よく子どもが遊ぶ，色付きの文字マグネットや，文字について書かれた絵本の色が共感覚色に影響しているのではないかという指摘である。Witthoft et al. (2015) は，アメリカで 6588 人もの色字共感覚者に英語のアルファベット大文字 26 文字の共感覚色を聞き，そのうちの 400 人（全体の 6%）においては，26 文字中 10 文字以上の共感覚色が，とある大手メーカーの ABC マグネットの色と一致していることを突き止めた。特に興味深いのは，その ABC マグネットが発売される約 5 年以上前に生まれた色字共感覚者の中にはそのメーカーのマグネットとの色の一致率が高い人は皆無であるのに，それ以降に生まれた色字共感覚者では一致率が高い人が急増し，生まれ年によっては 15% に達している点である。この結果は，文字を学習する 5 歳頃の文字と色の組み合わせに関する経験が共感覚色に影響を与えることを明確に表している。

　ただし，このようにおもちゃの色と共感覚色の関係性を明白に突き止めることのできる色字共感覚者は少数（Witthoft らの研究でも 6%）であるということに注意が必要である。その理由の 1 つとして，幼い頃に接するおもちゃなど，幼少期の経験は人それぞれであり，その一つ一つを学術的研究の中で把握することの難しさが挙げられるが，他の理由として，文字と共感覚色の組み合わせのすべてが経験の影響で説明できるわけではないという可能性も挙げられる。これは，日本語話者の色字共感覚者は何千もの漢字に色を感じることが多いけれども，幼少期にそんなにもたくさんの漢字を色付きで見たことがあるとは思えないことを考えれば明白だろう。出現頻度や順序，音韻，形態，意味など，他の様々な要因の影響も考慮する必要があると考えられる。また，幼少期に色付きの文字のおもちゃや絵本に接する人は多いと推測されるが，色字共感覚の保有率はたったの 1-2% である。そのため，このような幼少期の経験は，「その人が色字共感覚者であった場合，どの文字にどの共感覚色が結びつくか」を左右するものではあっても，「その人が色字共感覚者になるかどうか」を決めるものではないと考えられる。

共感覚色に影響を及ぼすその他の要因

　文字の共感覚色の時間的安定性は高いことが知られているが（Eagleman, Kagan, Nelson, Sagaram, & Sarma, 2007），幼い子供の色字共感覚者の場合は，大人

よりも時間的安定性が低いことが報告されている。Simner, Harrold, Creed, Monro, & Foulkes (2009) は，イギリスの21の小学校の615人の生徒（色字共感覚の有無は不明）を対象に，6-7歳時点と7-8歳時点の文字と色の対応づけの安定性を調査した。小学校低学年の児童が相手なので，アルファベット26文字にアラビア数字10文字を加えた36文字に対し，13色の基本色のパレットから直感的に合う色を選んでもらうという簡単な実験である。この実験を，1回目の実験の10秒後に抜き打ちで再度行い，1回目で答えた文字色と比較することで時間的安定性を測定した。さらに簡易なインタビューの結果も踏まえて判断した結果，約1.3%の児童が色字共感覚者であると推定された。この数値はイギリス人の大人を対象とした調査の結果（Simner et al., 2006）とほぼ同じであり色字共感覚者かどうかは6-7歳の時点で決まっていることを示唆する。ただし，これらの6-7歳の色字共感覚者たちの共感覚色の時間的安定性は，大人の共感覚者のそれよりもかなり低かった。1年後，すなわち彼らが7-8歳時点の調査では，6-7歳児よりも時間的安定性が向上していたが，大人のレベルには到達していなかった。これらの結果は，共感覚色と文字の対応関係は発達の過程で時間をかけて固定されていく可能性を示している。

　一方，年を重ねた場合はどうだろうか。近年の研究では，文字の共感覚色が加齢に伴い変化する可能性が指摘されてきている（Meier, Rothen, & Walter, 2014; Simner, Ipser, Smees, & Alvarez, 2017，いずれもイギリスで行われた研究）。これらの研究はいずれも，10代後半から90代までの色字共感覚者のアルファベット文字や数字の共感覚色やその安定性を調べたもので，年齢が上の共感覚者ほど，色字共感覚を失うわけではないものの，鮮やかな共感覚色の文字が減ったり，輝度や彩度が低い共感覚色の文字を中心に共感覚色の時間的安定性が低下したりすることが示されている。

　また，気分の状態も共感覚色に影響するようである。Kay, Carmichael, Ruffell, & Simner (2015) は，「苦悩している」などのネガティブ感情を強く抱えたり，不安傾向が高かったりする色字共感覚者の共感覚色は，そうでない共感覚者の共感覚色よりも輝度が低い，くすんだ色になる傾向があることを報告している。

✤一次的マッピングと二次的マッピング

　前項では，文字と共感覚色の対応関係の規定因には様々なものがあることを紹介した。その中で，「"Y"に黄色を感じる共感覚者が多い」など，異なる共

感覚者間で同じ文字と色の組み合わせが生じやすいケースがあることにも触れた。それを読んで，共感覚の特徴の1つは個人特異性の大きさ，すなわち，人によって誘因刺激と励起感覚の特徴が異なることではなかったのか，と訝しんだ読者もいるかもしれない。これまでに見てきた先行研究を総括すると，文字と共感覚色の対応関係には個人特異性が大きいものも小さいものも存在する。その背景には，次のような要因が関係していると考えられる。

　共感覚色と文字の対応関係のありかたは，一次的マッピングと二次的マッピングの2種類に分類できる（Watson, Akins et al., 2012）。一次的マッピングとは，その文字の特定の情報や性質が色空間内の特定の色と絶対的な関係で対応づけられることを言う。たとえば「Y」という字は yellow という英単語の頭文字なので黄色い共感覚色と対応づけられる，小さいときに持っていたおもちゃに青色で「2」と書かれていたので「2」の共感覚色が青色になる，などが一次的マッピングの例である。一方，二次的マッピングとは，特定の側面での文字間の相対的な関係（とある特徴次元における類似度など）が，それらの文字間の共感覚色の相対的な関係（共感覚色の類似度）に反映されることを言う。たとえば「E」と「F」のように形態が類似している文字ほど似た共感覚色を持つとすれば，形態情報と共感覚色の間に二次的マッピングが成立していると言える。いわば，何らかの点で類似している文字同士が類似した共感覚色を持つという状態が，二次的マッピングが存在する状態である。一次的マッピングと二次的マッピングは併存しうる。

　一次的マッピングの場合，同じ言語や文化，経験を共有していれば，異なる色字共感覚者間でも共通した文字と共感覚色の組み合わせが生じやすくなると考えられる。たとえばその言語圏ではYという文字が黄色を意味する単語（たとえば "yellow"）の頭文字であり，しかもその単語の出現頻度が高ければ，Yの共感覚色が黄色い色字共感覚者は多くなるだろう。一方，二次的マッピングの場合は，文字間の相対的な関係性と色間の相対的な関係性の間に対応関係があるため，異なる共感覚者間でマッピングのルール自体は共有されていても，具体的な共感覚色の色味までは一致するとは限らない。たとえば形の似た "E" と "F" が似た緑色になる共感覚者もいれば，似たピンク色になる共感覚者もいるというように，共感覚色は個人特異的になりやすい。このように，一次的マッピング（および言語や文化，経験の共有度）と二次的マッピングのような共感覚色の規定因の違いが，文字間や言語間での共感覚色の個人特異性の度合い

の違いの一因になると考えられる。

❖文字習得過程仮説

　前項では，文字の共感覚色には実にさまざまな規定因があることを述べた。しかし，このように規定因が多数存在するなかで，それぞれの規定因同士は互いにどのように位置づけられ，どうやって最終的に共感覚色が1色に絞られるのだろうか。

　Asano & Yokosawa（2013）による文字習得過程仮説は，幼少期に文字を習得する発達過程を考慮に入れることにより，この問題に取り組んだものである。この仮説では，色字共感覚者の脳内において，次のような3段階の過程が生じると考える。(1) 幼少期，文字を覚える以前の段階で，言語音や数などの基本的な概念や単純な図形特徴などの情報と，色の情報が結びつく。(2) その結びつきが初期に学習する文字の共感覚色に反映される。(3) (2) の色が，その後に学習する文字の共感覚色に，音韻や形態情報などを媒介して汎化する。

　(1) に関しては，現在のところ直接的な証拠は存在しない。しかし，ひらがなの場合は，文字で表されている音の単位（母音と子音の組み合わせ）とは異なり，母音や子音ごとに共感覚色が類似する傾向にあることから（Asano & Yokosawa, 2011），文字を学習する以前に，母音や子音の単位の音韻情報に色の印象が結びつけられていた可能性が考えられる。また，アラビア数字の色と，対応する英単語や漢数字（たとえば「2」に対する "two" や「二」）の共感覚色が同じになりやすいという先行研究を踏まえると，文字習得以前に数の概念と色の間に結びつきが存在する可能性がある（Asano & Yokosawa, 2012; Rich et al., 2005）。また，生後2-3カ月児が○や△などの単純な図形特徴と色を組み合わせて処理している可能性を示した研究も存在する（Wagner & Dopkins, 2011）。

　(2) の段階では，文字の学習時に，(1) で形成された，各特徴情報と色の結びつき（のうちの1つ）が，その文字の共感覚色に反映される。たとえば「あ」という文字には，/a/ という音韻情報，「1番目の文字である」という順序情報，水平線や上向きの曲線など複数の基本図形特徴の情報が関連づけられている。これらの特徴情報には，文字習得以前にすでにそれぞれ色が結びつけられており，そのいずれかの色が「あ」の共感覚色になるということである。文字習得過程仮説のポイントは，このとき，文字との対応関係がシンプルな特徴情報ほど，共感覚色に影響しやすいと考える点にある。ひらがなの場合は，文字（例：

「あ」）は，音韻情報（/a/）や順序情報（1 番目）とそれぞれ 1 対 1 対応のシンプルな関係にあるが，形態情報（水平線，上向きの曲線，線の交差…）とは 1 対多対応の複雑な関係にある。そのため，ひらがな文字の共感覚の色字対応には，形態情報よりも音韻情報や順序情報がより強く影響すると予測される。しかし，違う文字種について考えた場合は，異なった予測が得られる。たとえば英字アルファベットの場合は，ひらがな同様，文字（例：「C」）は順序情報（3 番目）と 1 対 1 対応の関係にあり，形態情報（上向きの曲線，下向きの曲線…）とは 1 対多対応の関係にある。しかし音韻情報に関しては，英字の場合は多対多対応の関係にある（たとえば「C」という文字は /si:/, /s/, /k/ など複数の音韻情報と対応づけられ，/s/ という音韻情報は「C」や「S」など複数の文字と対応づけられる）。そのため，ひらがなとは異なり，英字の共感覚の色字対応には音韻情報は影響しにくいと予測される。

　この文字習得過程仮説の妥当性を確かめるため，Asano & Yokosawa（2013）は，日本人色字共感覚者のひらがなと英字アルファベットの大文字の共感覚色について，Watson, Akins et al.（2012）の二次的マッピングの考え方を用いて，音韻，順序，形態，文字親密度の 4 要因の相対的な影響度を重回帰分析により調べた。すなわち，文字系列内での順序が近い文字同士，また，「か」と「き」のように音韻が類似した（子音や母音を共有している）文字同士，文字の形態が主観的に類似している文字同士，文字親密度が似た文字同士がそれぞれ似た共感覚色を持つかどうかを調べることにより，各要因の影響度の強さを測った。その結果，ひらがなでは 4 要因すべてが統計的に有意に共感覚色に影響し，中でも順序と音韻情報の影響が強かったことに対し，英字アルファベットの場合は共感覚色に有意な影響を及ぼしたのは順序情報のみで，音韻情報が与える影響は小さいことが分かった。以上の結果は，仮説からの予測を支持するものであり，文字の音韻情報の影響が日本語色字共感覚では強いことや（Asano & Yokosawa, 2011, 2012），英語の色字共感覚では弱いことを指摘した先行研究（Simner, 2007; Watson, Akins et al., 2012）とも整合的である。

　口絵図 2-8 に示すような文字習得過程仮説は，文字との対応関係がシンプルな（1 対 1 対応の）特徴情報ほど，共感覚色に強く影響すると主張するものである。そのような特徴情報は，見方を変えれば，その文字を他から弁別する際の弁別特徴として有効な情報である。共感覚色は，その文字の弁別特徴の“ハイライトマーカー”のような存在なのかもしれない。文字というのは線分を恣意

的に組み合わせてできた記号であり，幼い子どもにとっては学習負荷の高いものであると推測される。その際，「この文字は1番目の文字である」「この文字の音韻は /a/ という音を含んでいる」などの文字の弁別特徴が色で "ハイライト" されていれば，学習の助けになるであろう。Asano & Yokosawa（2013）の研究では，順序，音韻，形態，親密度の4種類の二次的マッピングの要因しか検討されていないが，もし「小さい頃に遊んだおもちゃの色」という経験や，「赤という意味を表す字」といった意味概念のような一次的マッピングの要因がその文字の弁別特徴となりうる場合は，その要因の情報が共感覚色を決定づけるものと考えられる。

　Asano & Yokosawa の文字習得過程仮説の（3）の段階では，ひらがなのように最初期に学習した文字の共感覚色が，音韻や形態，意味概念などの情報を媒介して，カタカナや漢字などの後から学習した文字の共感覚色に汎化すると考えられているが，実際この可能性を支持する知見が多く存在する。この点については次項で述べる。

❖新しい文字の学習と共感覚色

　多くの人はまず幼少期に母語の文字を学ぶが，その後も外国語の学習時など，新しい文字を学ぶことは多い。また，文字種の多い日本語の場合は，同じ母語内でも，ひらがなの後にカタカナ，漢字と学ぶ。さらにアルファベットなどの外国語の文字も学ぶ。知らない文字は単なる線分の塊にしかすぎず，文字として認識されないため，基本的に共感覚色は感じられないが，学ぶことによって文字として認識されれば共感覚色を感じるようになる。新しく学ぶ文字の共感覚色はどのように決まるのだろうか。

　バイリンガルなど，複数言語を操る色字共感覚者を対象とした研究結果からは，母語などの既知の文字の共感覚色が，音韻や形態などの情報を媒介して，後から学習した外国語などの文字の共感覚色に汎化する傾向があることが明らかになっている。たとえば母語が英語で，外国語としてロシア語を学んだ色字共感覚者の共感覚色の研究では，英語アルファベットの "R" とロシア語アルファベット（キリル文字）の "Я"（/ya/ と発音する）のように（音韻は異なるが）形態が似た文字同士や，英語アルファベットの "F" とキリル文字の "Ф"（/f/ と発音する）のように（形態は異なるが）音韻が似た文字同士は似た共感覚色を持ちやすいことが報告されている（Mills, Viguers, Edelson, Thomas, Simon-Dack,

& Innis, 2002; Witthoft & Winawer, 2006)。韓国語を母語とし，日本語や英語を話せる多言語話者でも，ハングル，ひらがな・カタカナ，英語アルファベットといった文字種の垣根を超えて，似た発音の文字は似た共感覚色になりやすいことが報告されている (Kang et al., 2017; Shin & Kim, 2014)。

　類似の共感覚色の転移は，日本語のさまざまな文字種間にも見られる。たとえば「し」，「シ」，「詩」，「視」など，読みが同じひらがな，カタカナ，漢字は似た共感覚色を持つことが多いが，これは，最初に学習するひらがなから，後に学ぶカタカナや漢字に，音韻情報を介して共感覚色が転移したためだとみなすことができる (Asano & Yokosawa, 2011, 2012)。さらに日本語母語話者の場合，「かきくけこ」とアルファベットの「K」の共感覚色が類似しやすいなどのように，ひらがなの共感覚色が音韻を介して外国語文字である英語アルファベットの文字色にも汎化する傾向もみられることがある (Asano & Yokosawa, 2011)。「5」と「五」のようにアラビア数字と対応する漢数字の共感覚色が類似しやすいという知見 (Asano & Yokosawa, 2012) も，先に学習したアラビア数字から後に学習する漢数字への，意味概念を媒介した共感覚色の汎化だとみなせるかもしれない。このように，最初期に学ぶ文字群とは異なり，その後に追加で学ぶ文字は，音韻，形態，意味概念などの共通性を手掛かりに既知の文字に対応づけ，そこから共感覚色を転移させることによって，文字と共感覚色の対応関係が形成されていると考えられる (Asano & Yokosawa, 2013)。

　このような既知の文字から新奇な文字への共感覚色の転移はどのくらいの時間を掛けて形成されるのだろうか。驚くべきことに，たった10分程度の新奇文字の書き取り訓練で転移するという研究結果がある。Mroczko, Metzinger, Singer, & Nikolić (2009) は，ドイツ語話者の色字共感覚者たちに新奇文字として，9世紀ごろに使用されていたスラブ文字であり，現在の西ヨーロッパ人はほとんど読めないグラゴール文字を覚えてもらった。図2-9に示すように，まず「このグラゴール文字は“A”に相当する文字です」というように既知文字（ドイツ語のアルファベットや数字）と対応づけて新奇文字を学び，何回か書き取りをした後，覚えたグラゴール文字を交えてドイツ語単語を書いてみるなどの訓練を10分程度行った。そうしたところ，たったそれだけで新奇文字であるグラゴール文字に，対応づけられた既知文字の共感覚色が転移した。さらに，学習したグラゴール文字を使って共感覚ストループ課題を行ったところ，共感覚ストループ効果（画面上の文字の表示色が共感覚色と一致している条件と不一致

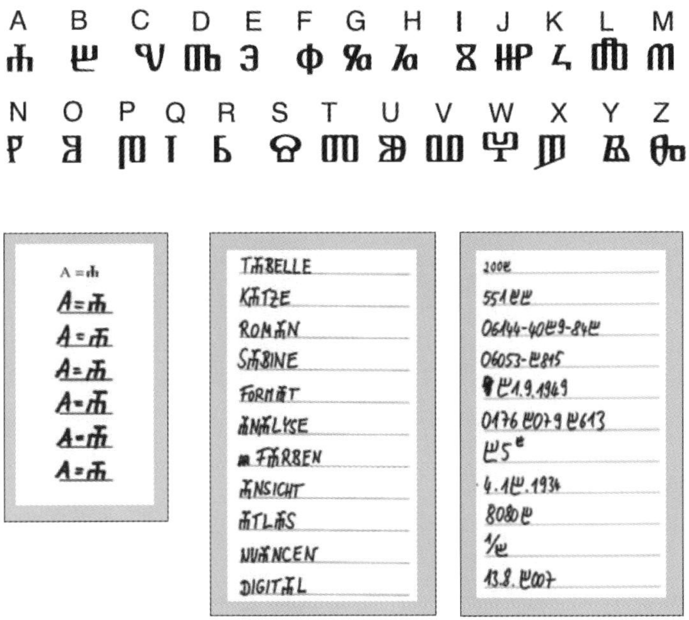

図 2-9　既知文字と対応づけた新規文字の学習（Mroczko et al., 2009）

の条件の間の反応時間の差）も生じるようになった。グラゴール文字の学習前に
まったく同じ課題を行ったときには一致条件と不一致条件の間に反応時間の違
いは見られなかったことから，新奇文字であっても，10 分程度の書き取りによ
って，自動的に共感覚色が活性化するようにまでなるということである。

　Mroczko et al.（2009）は，既知文字と対応づけて学習させると，既知文字の
共感覚色が転移する形で新奇文字に色を感じるようになることを明らかにした
が，Uno, Asano, Kadowaki, & Yokosawa（2020）は，色字共感覚の保持者に 6
つの新奇文字（未知のタイ文字）を呈示し，それぞれに異なる既知文字（ひらが
な）を 1 文字ずつ（合計 6 文字）対応づけて学習させるとき，既知文字 6 文字
の共感覚色が互いに異なる（多様な）色である条件と，既知文字すべてが似た
（一様な）共感覚色を持つ条件を比較することで，共感覚色の転移の違いを調
べた。実験の結果，既知文字 6 文字の共感覚色が互いに異なる色であった場合
に比べて，口絵図 2-10 のように，既知文字すべてが似た共感覚色を持つ場合

は転移が起こりにくかった。後者の条件では，仮に共感覚色を転移させると，新奇文字すべてに似た共感覚色が付くことになって，文字間の区別がつきにくく，覚えにくくなると推測される。これを防ぐために，転移が起こりにくいものと考えられる。この結果は，共感覚色が文字の学習時に文字の弁別に使われ，学習を補助するという仮説と整合的である。

　母国語であれ，外国語であれ，言葉を学習すると，知っている文字の数が増えるだけではなく，既知の文字に関する知識も増えたり変化したりする。たとえば日本語の漢字であれば，新しい読みや意味を覚えたりすることがある。共感覚色が音韻や意味概念の情報に左右されるのであれば，このように文字についての新しい知識を獲得した場合には，共感覚色は更新されるのだろうか。この問いに答えるため，Asano et al. (2019) は，日本語を母語とする大人の色字共感覚者に，すでによく知っているさまざまな漢字について，その人が勉強したことのない中国語での読みや意味を学習してもらうという実験を行った。たとえば，「祖」という漢字は日本語では /so/（ソ）と発音するが，中国語では /zǔ/（ヅゥウ）と発音する。また，「坊」という漢字は，日本語ではお坊さんなどの意味であるが，中国語では主に街という意味を表す。色字共感覚者にこのような文字の新しい読み，または意味を教え，すらすらと新しい読みや意味が言えるようになるよう，30 分程度の暗記課題に励んでもらった。その結果，文字の新しい読みや意味の学習により，その文字の共感覚色がわずかながらも統計的に有意に変化することが分かった。新しい知識を学ばなかった文字ではそのような変化は見られなかったことから，この共感覚色の変化は，文字についての新しい知識の学習によるものだと言える。一般的に共感覚色は時間的安定性が高いことが知られるが，この研究結果を踏まえると，それぞれの文字についての知識の最新の状態を反映するような形で更新もされうると考えられる。共感覚色が長期的には変動しうるという研究結果は，チェコ語圏で同じ共感覚者を 16 カ月にわたって追跡調査した研究（Chromý, Borůvková, Malá, & Sudzinová, 2019）でも報告されている。

　以上で見たように，色字共感覚は一般的な（共感覚の有無に関係なく行われる）言語処理と密接な関係にある（Asano et al., 2019; Mankin, Thompson, Branigan, & Simner, 2016; Simner, 2007）。言語処理過程は言語によって異なる部分があり，言語が異なれば，それと密接に関わる色字共感覚のふるまいも変わりうる。そのため，さまざまな異なる性質の言語間での比較研究を行い，共通点や相違点

を整理することで，共感覚色がいったい何を反映しているかがより明確に見え
てくると考えられる。現状では色字共感覚の研究は英語圏で行われたものが多
いが，そのような観点から，多言語間比較の重要性も認識され始めている（Root
et al., 2018; Watson, Chromý, Crawford, Eagleman, Enns, & Akins, 2017）。そのよう
な中で，語族や書記体系の面でユニークな特徴を多く持つ日本語の色字共感覚
の研究は，多くの貴重な知見をもたらしてくれる。たとえば文字一つとっても，
英語ではアルファベット 26 文字と数字 10 文字の合計 36 文字のみが使われ，そ
れらをすべて幼少期に習得するのに対し，日本語ではひらがな 71 文字（濁音や
半濁音を含む）と数字 10 文字を覚えた後はカタカナ 71 文字を学び，その後，何
年もかけて 2,000 文字以上の常用漢字，それ以外の漢字，アルファベットと，
何千もの文字を段階的に習得していくという珍しい特徴を持ち，1 つの言語の
中で，音韻，形態，意味概念や，言語の習得過程が共感覚色に及ぼす影響を調
べるための材料が豊富に揃う。日本語話者の色字共感覚者は，色字共感覚研究
において注目すべき存在なのである。

2.5　色字共感覚と他の認知処理との関係 ································

❖学習と共感覚

　2.4 節では，色字共感覚における文字と共感覚色の対応関係が，言語処理や
幼少期の記憶によって形作られることを説明した。言語も生まれてから学習す
るものであることを踏まえると，総じて，色字共感覚は学習・経験によって培
われる側面があると言える。一方，Asano & Yokosawa（2013）の文字習得過
程仮説のような知見は，文字の学習が色字共感覚によって助けられるという，
逆方向の影響が存在する可能性も示唆している。

　色字共感覚に限らず，共感覚全般を見渡すと，誘因特徴となる情報は，文字，
数字や単語，曜日や月日，音階など，複雑で，多くの場合は系列的構造を持っ
た，人工的な概念的情報が多いことに気づく。このような人工物に対する知識
は当然，生まれながらにして身につけているものではなく，多くの場合は幼少
期に苦労をして学ぶものであり，そこに共感覚が結びつきやすいという事実は，
共感覚が学習の助けになっているという考えを後押しするものである（Watson,
Akins, Spiker, Crawford, & Enns, 2014）。実は，共感覚が学習に役立つという指
摘は古くからなされてきた。色字共感覚の色や数型の形などが文字や数字の記

憶を助けるのではないかという指摘である。たとえば Calkins（1893）は色字や
色聴などの共感覚について，脳の変容などの神経生理学的な要因が関与してい
る可能性を踏まえつつ，"... such color-associations are either useful or pleas-
ant, so that, ..., their continuance, both in the individual and in the family, is
largely due to attention and to cultivation.（そのような色との結びつきは便利だ
ったり心地よいものだったりする。そのため，そのような結びつきに注意を向けたり，
それを培ったりして，（共感覚者）個人や家系の中で共感覚が維持され続けるところ
が大きいと考えられる）"と述べている。しかし，共感覚研究がその後 50 年以上
の冬の時代を迎えた上，20 世紀末からの研究は遺伝や神経生理学的側面に関心
が向けられがちであったため，共感覚が学習に与える影響について再び注意が
向けられたのは最近のことである（Watson et al., 2017）。本節では色字共感覚に
注目し，色字共感覚を持つことが言語学習や，それを下支えする記憶能力に影
響を及ぼすかを調べた実証的研究について扱う。

❖色字共感覚は学習を助けるか

　色字共感覚に限らず，共感覚が学習を助ける可能性を実証することには困難
が付きまとう。Watson et al.（2014）は，その理由としていくつかのことを挙
げている。まず，共感覚の励起感覚を第三者が直接的に観察することは不可能
であるため，実証的な研究が難しい。また，何かを学習するための手段は複数
あることが多く，共感覚がその手段の1つであったとしても，「共感覚がない
と学習できない」という状況にはなかなかならない。そのため，学習の促進が
観察されたとしても，それがどこまで共感覚のおかげなのかを見極めることは
困難である。さらに，後述のように，共感覚は学習を促進しうる一方で，状況
によっては阻害要因にもなりうる。最後に，共感覚の励起感覚は複雑であると
いうことである。たとえば色字共感覚の場合は，文字に色を感じるだけでなく，
同時に質感（ざらざら，つるつるなどの手触りや，ゼリーのような光沢感，透明さ
など）を感じたり（Eagleman & Goodale, 2009），パーソナリティ（年齢や性格な
ど，Amin et al., 2011）など，色以外の感覚等も経験する色字共感覚者も一定数
存在する。そうした場合，励起感覚のどの側面が学習を促進したかを特定する
のは容易ではない。

　そのような困難さはあるものの，色字共感覚が言語等の学習を促進する可能
性を示す実証的研究がいくつか行われている。その1つの流れが人工文法の学

習である。Rothen, Scott, Mealor, Coolbear, Burckhardt, & Ward（2013）や
Forest, Lichtenfeld, Alvarez, & Finn（2019）は，文字を一定の規則（人工文法）
に従って並べることで作られた新奇単語群を実験参加者（色字共感覚者や非共感
覚者）に呈示し（接触フェーズ），その後，接触フェーズで見た単語と同じ人工
文法に則って作られた未知の新奇単語と，異なる（参加者が知らない）人工文法
に則って作られた未知の新奇単語を混ぜてランダムな順で呈示して，接触フェー
ズの単語と同じ文法規則に従っていると思うかを判別させる課題を行った。
その結果，色字共感覚者は非共感覚者よりも判別成績が高いことが示された。
ただし，色字共感覚者が色を感じない文字（~，>，?，&，≠）で新奇単語が構
成されていた場合は色字共感覚者の成績は向上しなかった（Rothen, Scott et al.,
2013）。これらの結果は，共感覚色がある場合は何らかの形で人工文法の規則が
把握しやすくなり，文法学習を促進したと解釈できる。このほかにも，無彩色
で表示された文字のペアをカテゴリ分けする課題において，文字の共感覚色が
うまくカテゴリの区別に役立つような状況下では，色字共感覚者は高い成績を
収めることが報告されている（Watson, Blair, Kozik, Akins, & Enns, 2012）

　まったく異なるアプローチで色字共感覚が言語学習を促進する可能性を示し
た研究もある。Watson et al.（2017）は，幼少期に難しい言語学習を要求され
ると考えられる言語環境では，そうでない言語環境においてよりも，一般人口
中における色字共感覚者の割合が高いという仮説を立てた。もし色字共感覚が
言語学習を助けるのであれば，この予測通りの結果が得られると考えられる。
そこで彼らは，大きく言語環境の異なるカナダのサイモン・フレーザー大学の
学生 6,405 人とチェコのカレル大学の学生 4,999 名を対象に，質問紙調査で各
種の共感覚の有無，使用言語とその習得年齢などを尋ね，共感覚者だと自己申
告した人に対しては時間的安定性も確認するという，とても大規模で手間のか
かる研究を行った。そして，幼少期に第二言語を学習する人が多いチェコの学
生たちのデータを精査した結果，1 歳までに第二言語を習得した人のなかでの
共感覚（種類を問わない）の保持率は 1.4% だったのに対し，2 歳以降に第二言
語を習得した人の場合は 3.5% と倍以上であることが分かった。2 歳以降など，
母語がある程度身についた後のほうが，その前よりも，外国語学習は困難にな
る傾向がある。これを踏まえると，幼少期に苦労して第二言語を習得しなけれ
ばならなかった人ほど色字共感覚を含む共感覚の保有率が高いということにな
り，共感覚が学習を助けるという仮説と整合する。また，文字と音韻が 1 対 1

対応に近い単純な関係で結ばれる「透明性の高い（transparent）」書記体系を持つ言語圏（例：朝鮮語）に比べると，複雑な対抗関係で結ばれる「透明性の低い（opaque）」書記体系を持つ言語圏（例：英語やフランス語）では，共感覚の保有率が高い傾向にあることも明らかにした。透明性が低い書記体系の場合は文字の学習に苦労すると推測されるため，これも仮説に沿う結果である。ちなみに日本語では，透明性が高いひらがなやカタカナと，透明性の低い漢字の両方が使われており，Watson らの研究では「透明性が低い言語」として扱われている。そして，彼らの研究で精査されている 17 言語の中では，日本語母語話者の共感覚の保有率がもっとも高いという結果が示されている。

　一方で，色字共感覚を持つことで学習が阻害されるケースについての報告もある。Brang, Ghiam, & Ramachandran（2013）は，色字共感覚者や非共感覚者に，色と新奇文字（その人が知らない外国語の文字）をランダムに組み合わせたものを呈示し，覚えてもらった。その結果，色字共感覚者は非共感覚者よりも学習成績が低いという結果が得られた。Brang らはこの結果について，色字共感覚者の中では文字の形と色の間にもともと結びつきがある程度形成されており，新奇文字であってもその結びつきが存在するため，それと矛盾した（ランダムに割り当てられた）色を新奇文字に結びつけるのが困難になるのではないかと解釈している。このような「お仕着せの色」が覚えにくいという話は，著者らも色字共感覚者から聞くことがある。たとえば，ケーキ屋でアルバイトをした経験がある色字共感覚者は，ケーキの見かけの色（たとえばイチゴのタルトであれば赤）と値段の数字の共感覚色が食い違うと，ケーキの値段が覚えにくいとこぼしていた。

　「共感覚が学習を促進する」と言ったとき，そのことは必ずしも「共感覚がないとうまく学習ができない」ということを意味しないことに注意が必要である。先述の通り，何かを学習するための手段は 1 つではない。通常は複数存在し，共感覚を持つ人は共感覚をその手段の 1 つとして数えることができるが，共感覚がなければ他の手段を使うことで学習を達成できるはずである。また，「共感覚を持ってさえいれば自動的に高い能力が示される」というわけでもない。たとえば Hughes, Gruffydd, Simner, & Ward（2019）は，日付や年月に空間配置を感じるタイプの空間系列共感覚の保持者に，日付から曜日を計算する方法（たとえば，「2019 年 10 月 16 日は何曜日？」と急に言われて，その場で計算によって曜日を答えられるようにする方法）を教えたところ，学習の最初の頃は時

間－空間共感覚者と非共感覚者で成績に違いがなかったものの，日付を空間的に捉えられることが助けとなって，最終的には共感覚者のほうがよりよく計算方法を身につけることができたことを報告している。これはつまり，共感覚をただ持っているだけでは成績は高くならず，ある程度学習を進める中で共感覚を生かせる余地が生じた場合にはじめて共感覚による恩恵が生じるということである。

❖色字共感覚は記憶を助けるか

　学習を下支えする重要な認知機能として記憶が挙げられる。第1章で，色字共感覚者を中心とした共感覚者の記憶能力は，非共感覚者と変わらないか（Rothen & Meier, 2009），部分的に多少優れている程度（Rothen & Meier, 2010; Yaro & Ward, 2007）ということを紹介した。色字共感覚者の記憶能力が多少なりとも優れているとして，それはどのようなメカニズムによるのだろうか。

　一般的な記憶研究の知見では，情報は言語的情報と非言語的情報の両方など複数種類の情報によって冗長に符号化されたときのほうが，単一種類の情報によって符号化されたときよりもよく記憶に保持されることが知られている（Pavio の二重符号化理論に基づく考え。Clark & Pavio, 1991 など）。この考え方に従えば，色字共感覚者が文字を記憶する際には，文字の言語的情報と共感覚色の両方の情報を使って符号化できるため，言語的情報しか利用できない非共感覚者よりも優れた記憶成績を収めることができると考えることができる。しかし，近年の研究結果はこのような単純な説明に対してやや否定的である。Terhune, Wundarczyk, Kochuparampil, & Cohen Kadosh（2013）は n-back 課題を用いて色字共感覚者と非共感覚者のワーキングメモリ能力を比較した。n-back 課題とは，文字などの刺激を1つずつ順番に画面に呈示し，目の前に呈示された刺激が n 個前の刺激と同じかどうか（たとえば，同じ文字かや，同じ色か）を判断するという課題である。n に入る数が大きくなるほど，ワーキングメモリ内で保持しなければならない情報が増え，正答するためにはワーキングメモリ能力の高さが要求される。Terhune らは物理的に色が塗られた文字を刺激として使い，n 個前の文字と同じ色かどうかを判断する課題を行ったところ，刺激が共感覚色を感じる文字である場合だけでなく，共感覚色を感じない文字（記号など）の場合であっても，色字共感覚者のほうが非共感覚者よりも成績が良いという結果が得られた。また，文字の物理色が共感覚色と一致している場合でも不一致

の場合でも，色字共感覚者の成績は変わらなかった。これらの結果は，色字共感覚者の成績のよさは「文字の言語的情報と共感覚色の両方が記憶に利用できるから」生じるのではないことを示している。色字共感覚者は色の識別能力が非共感覚者よりも高いことが知られており（Banissy et al., 2013），Terhune らはそのような知覚能力の違いが色字共感覚者の記憶能力の高さの原因なのではないかと考察している。ただしその後，色の系列の記憶実験を行った Teichmann, Nieuwenstein, & Rich（2017）の研究では，色字共感覚者はどのような状況下でも色の記憶成績が良いわけではないことが指摘されている。具体的には，1つずつ順に呈示された5つの色の順番を覚える課題において，刺激の色がその色字共感覚者の数字の共感覚色と対応しており，しかも色を数字に置き換えたときに「1，2，3，4，5」や「7，6，5，4，3」などのように分かりやすい構造で数字が並んでいる場合は色字共感覚者のほうが非共感覚者よりも記憶成績が良いが，「5，8，1，6，2」のようにランダムな場合は群間差は見られないという結果である。このように，記憶と共感覚の関係についてはまだ不明な点が多く，さらなる研究の進展が期待される。

2.6　共感覚者と非共感覚者の関係

　色字共感覚を持つことはどのくらい特殊なことなのだろうか。色字共感覚を持つ人は一般人口の 1-2% であり（Simner et al., 2006），割合で考えるとかなり珍しい認知特性であることは確かである。しかし近年，さまざまな研究で，非共感覚者が直感的に文字と色を結びつけた場合でも，2.4 節で紹介した色字共感覚者の文字と共感覚色の対応づけルールの多くによく似た傾向を示すことが報告されている。

　このような研究の嚆矢は Simner et al.（2005）の研究である。Simner らはイギリス（非共感覚者に関してはさらにドイツでも）で，70 名の色字共感覚者と 317名の非共感覚者を対象に，文字に色を結びつけてもらう実験を行った。非共感覚者はもともと文字に色を感じないため，文字を見て直感的に思い浮かんだ色を答えてもらった。その結果，統計的に偶然よりも高い頻度で生じた文字と色の組み合わせが共感覚者では 48 対，非共感覚者では 30 対以上見いだされ，しかも，"a" が赤，"b" が青，"c" が黄色になりやすいなど，共感覚者と非共感覚者で共通した組み合わせが多く見つかった。これらの結果は，非共感覚者で

あっても文字と色の組み合わせには一定の傾向が見いだされること，そしてさらに，その傾向は部分的に共感覚者と共通していることを示唆する。似たような研究結果は他の言語圏でも示されている。Nagai, Yokosawa, & Asano（2016）は日本人の非共感覚者に，アラビア数字および漢数字各 10 文字（0-9，一〜十）と，ひらがな・カタカナ各 5 文字（あ，い，う，え，お，ア，イ，ウ，エ，オ），英語アルファベット大文字・小文字各 5 文字（A, I, U, E, O, a, i, u, e, o）に直感的に合うと思う色を尋ねた。その結果，数字に関しては，出現頻度の高い文字ほど Berlin & Kay の色類型の高順位の色に結びつけられるという相関関係が見いだされた。これは，Simner et al.（2005）の共感覚者の英語アルファベットの結果と類似している。また，「あ」と「ア」のように対応するひらがなとカタカナや，「1」と「一」のように対応するアラビア数字と漢数字には同じ色が結びつけられやすいという，日本人の色字共感覚者と同様の傾向（Asano & Yokosawa, 2012）も見られた。さらに，非共感覚者にひらがなとカタカナの全文字の色を尋ねた研究（永井・横澤・浅野，2019）では，五十音順で早い位置にある仮名文字ほど，Berlin & Kay の色類型の上位の色や，出現頻度が高い色語の色，直感的な色順位（基本色 11 色を言葉で参加者に呈示し，それらに直感的な順位をつけさせたもの）において上位の色を結びつけやすいこと，また，直感的な色順位と文字の使用頻度や親密度の間にも正の相関関係があることも明らかにされている。これらの研究結果は，細かくは一致しない部分があるものの，色字共感覚者の文字と色の対応づけに，文字の使用頻度や，何らかの観点での色の序列が影響するという知見と共通するものがある。出現頻度の高い文字ほど出現頻度の高い色語の色と結びつけられやすかったり，文字系列内での順序が早い文字や数字ほど Berlin & Kay の色類型で高い順位の色と結びつけられやすかったりするという傾向は，van Leeuwen, Dingemanse, Todil, Agameya, & Majid（2016）のアラビア語話者の非共感覚者を対象にした研究でも見られている。異なる言語間で非共感覚者の文字や曜日と色の対応づけを比較した研究もある。Rouw, Case, Gosavi, & Ramachandran（2014）は，オランダ語，英語，ヒンドゥー語話者の非共感覚者を対象に調査を行った。その結果，先述の英語や日本語での研究と同様に，それぞれの言語圏で非共感覚者の文字・曜日と色の対応づけにはある程度の規則性が見いだされたほか，3 つの言語圏で共通して，"A" に相当する文字には赤が結びつけられやすい，月曜日には赤か青，日曜日には白が結びつけられやすいなどの傾向が見られた。以上をまとめると，

さまざまな言語圏での研究で，非共感覚者であっても，直感的に文字と色を結びつけるように指示された場合はランダムではなく一定の規則性を持った形で対応づけを行うこと，そしてその規則性は色字共感覚者のそれと共通する部分があることが示されている。さらに部分的には，言語圏を跨いだ規則性が存在する可能性も指摘されている。

　以上のように，文字と色の対応づけの規則性という観点から見ると，色字共感覚者と非共感覚者の境界線はあまり明瞭ではない。そして実は，共感覚者かどうかを判別する客観的指標として扱われている時間的安定性に関しても，色字共感覚者と非共感覚者の境界線は不明瞭である。色字共感覚者と非共感覚者が質的に異なる集団であれば，時間的安定性も，「色字共感覚者であれば高く，非共感覚者であれば低い。両者の間には明確な溝がある」というような離散的な分布になることが期待される。しかし，共感覚者と非共感覚者の両方にまたがった大人数の参加者の時間的安定性を測定した研究の結果を見ると，非共感覚者の中には時間的安定性が低い人から高い人までさまざまな人が連続的に分布し，高いほうの端の非共感覚者は，色字共感覚者とほぼ変わらない時間的安定性を示している（Simner et al., 2006; Rothen, Seth, Witzel, & Ward, 2013 など）。中には何らかの記憶術を用いて文字と色の組み合わせを覚え，高い時間的安定性を実現している人もいる可能性があるが，そのような要因だけで非共感覚者の時間的安定性が連続的に分布するとは考えにくい。それに，時間的安定性が高くても，文字に色を自動的に感じることはないと答える非共感覚者も存在する。その一方で，自覚としては文字に色を感じると報告しており，その点では色字共感覚者のようであるものの，時間的安定性が低い人もいる（Simner, 2012a）。現在の共感覚の研究の標準的な手続きに従えば，その人は共感覚者ではないと判断されることになるが，「文字に色を感じる」というその人の意識を無視してもよいかについては議論の余地がある。このような実情から，時間的安定性は共感覚の有無の絶対的な判別基準になりうるか，もしなりえないのであれば，何によって共感覚を定義すべきかについての議論も巻き起こっている（Cohen Kadosh & Terhune, 2012; Eagleman, 2012; Simner, 2012a, b）。

　時間的安定性だけでは共感覚の有無が判別できないとしたら，何で判別したらよいのか。そもそも共感覚とは「あり・なし」で捉えるものではなく，「まったくない」から「少しある」などの中間段階を経て「ある」へと至るスペクトラム状のものなのか。時間的安定性の面では共感覚者と非共感覚者の境界が

不明瞭であるという事実を踏まえると，スペクトラムとして捉えるという考え方にも一理あるように思われる。しかし，それでは「文字に色を感じる」という意識の有無はどこから来るのか。色字共感覚の研究は年々大規模化し，同時に非共感覚者についての研究も充実してきているが，そのように研究が進展し，多様な人の存在が明らかになるほど，「色字共感覚はどのように定義されうるか」という根本的な謎が深まるばかりである。

第3章　日本人の色字共感覚

3.1　日本人色字共感覚者に対する実験方法 ……………………………………

　第2章では主に，個人差を超えて，色字共感覚者に普遍的に認められる性質
について紹介した。しかし色字共感覚者一人一人に話を聞くと，具体的な文字
と色の組み合わせかた，共感覚色の感じかたなどは驚くほど人それぞれであり，
このような個人差の大きさもまた，色字共感覚の，無視してはならない重要な
一側面である。個人差の大きさは一般的に，背後にあるメカニズムを探る上で
の障壁となる。しかし第2章で述べたように，色字共感覚には様々な要因が複
合的に関係していると考えられ，この現象の真の理解のためには，普遍性と個
人差の両側面をしっかりと視野に捉えることが必要であろう。

　本章では18人の日本人色字共感覚者それぞれが，様々な文字種から成る300
文字に感じると答えた色の一覧と，彼らに対して行ったインタビューの内容を
紹介する。普遍性も個人差もたっぷりと含んだ18人の「生の声」を感じ取っ
ていただくこととする。

　この章で紹介されているのは，2009年3月から2013年11月までの間に東京
大学文学部心理学研究室（横澤一彦研究室）にて，色字共感覚の研究に協力した
色字共感覚者のデータである。色字共感覚者の募集は，当研究室が運営する色
字共感覚者募集用のWebサイトを通じて行われた。研究協力（実験とインタビ
ューへの協力）は東京都にある当研究室で行われたため，実際に研究協力をし
た共感覚者の多くは首都圏在住であったが，中には広島や岩手といった遠隔地
からの協力者もいた。なお，2009年のWebサイト開設から2020年6月現在の
間に研究協力をした色字共感覚者は150人を超える。このほかに，スケジュー
ル調整が困難であったり，遠隔地在住であったり，年齢が「18歳以上」という
募集条件を満たさなかったりしたなどの事情で，応募があったものの研究協力
は実現しなかったケースも多数存在する。さらにこのWebサイトには，研究
協力への応募ではなく，問い合わせのみをするためのフォームも設置されてお

り，そのフォームもよく利用されている。その問い合わせ内容はさまざまであ
るが，色字共感覚以外のタイプの共感覚の保有者からの問い合わせ（さらには，
将来的に当研究室でそのタイプの共感覚についての研究が開始された場合は研究協力
をするという申し出）も多い。

　共感覚者はひとりずつ別々に研究に協力した。研究協力は主に，アンケート
への回答，様々な文字に感じる共感覚色を回答する「文字色回答課題」への参
加，そしてインタビューで構成されていた。共感覚色の安定性を測るため，1
人の共感覚者には，可能な限り，複数回研究協力を求めた。ここで詳しく紹介
されているのは，上記期間内に2回以上研究協力をした共感覚者のみについて
のデータである（後述）。2回目以降の研究協力は，アンケートを実施しないこ
とを除いては，1回目と同内容であった。1回目と2回目の研究協力は，最低
でも3週間あけて行われた。

❖アンケート

　アンケートでは，性別や年齢といった基本事項のほか，どのような共感覚を
自覚しているか（共感覚色を感じる文字種，色字共感覚以外の共感覚の有無），色
字共感覚を自覚した年齢や，芸術的な活動歴などを問うた。

❖文字色回答課題

　文字色回答課題では，ひらがな全71文字，カタカナ全71文字，英大文字全
26文字，英小文字全26文字，アラビア数字10文字（0-9），漢字96文字（内訳
は以下の共感覚者の回答結果，および Asano & Yokosawa, 2012 を参照のこと）から
なる全300文字について，それぞれの共感覚色を回答するように求めた。この
ようにさまざまな種類の文字を用いることにより，音韻，形態，意味，系列内
での順序，使用頻度など，文字のさまざまな属性と共感覚色の関係を調べるこ
とが可能になる。なお，漢字96文字は，漢数字，色名を表す漢字，典型色を
持つ物体を表す漢字，共通の読み（/kou/, /shi/）を持つ漢字，共通の部首（さ
んずい，のぶん）を持つ漢字，カタカナのような部品でできた漢字から構成され
た。漢数字を含めた狙いは，対応するアラビア数字と共感覚色を比較すること
で，意味概念情報が共感覚色に与える影響を調べるためである。たとえば「5」
と「五」のように，形態が大きく異なるが同じ意味概念を表す文字（数字）間
で共感覚色が類似する傾向が見られれば，意味概念が共感覚の規定因の1つで

あると推定することができる。色名を表す漢字や典型色を持つ物体を表す漢字
も，意味内容に合った共感覚色が励起されるかを調べることで，意味概念の影
響を推定するために刺激に含めた。共通の読みを持つ漢字は音韻情報の影響，
共通の部首を持つ漢字やカタカナのような部品でできた漢字は形態情報の影響
を調べることを目的として刺激に含めた（さらなる詳細については第2章および
Asano & Yokosawa, 2012 を参照のこと）。

　この課題は，暗室内でパソコンを用いて行われた。暗室で行ったのは，画面
に外部からの光に邪魔されることなく正確に色を表示するため，そして文字や
色以外の余計な情報が回答に影響しないようにするためである。パソコンのデ
ィスプレイ上には，図3-1のような138色からなるパレットが文字色の回答画
面として表示された。共感覚者は138色の中から，その文字に感じる共感覚色
に最も近いものを選び，回答した。「O（オー）」と「0（ゼロ）」など，紛らわし
い文字を混同してしまうのを避けるため，回答は文字種ごとに別々のブロック
に分けて行われた。各文字種ブロック内では，文字は（50音順など決まった順
ではなく）ランダムな順に呈示された。なお，パレットにある138色は，一般
的な Web ブラウザにおいて，「#FF0000」のような16進数のカラーコードだ
けでなく「red」のような色名でも表示指定が可能な色である。すなわち，1つ
1つの色には「red」「maroon」「teal」などの名前が結び付けられている。この
ように異なる名前で呼び分けられている色は，人間が日常生活の中でカテゴリ
カルに異なると認識している色であると考えられるため，この138色を採用し
た。一般的なディスプレイで表示可能な色数は約1678万色であるが，使用色
を138色に絞ることで，分析が容易になるなどの利点が生まれる（ただし，研究
によってはより厳密な色の差異が問題になることもある。当研究室でも，研究の性質
に応じて約1678万色から選択が可能なパレットを使用することがある）。

❖インタビュー

　インタビューは，その共感覚者が実際にどのように共感覚を感じているかを
捉えるために行ったもので，文字色回答課題に参加した感想のほか，日常生活
で共感覚（色字共感覚のほか，あれば他のタイプの共感覚についても）をどのよう
に感じているかを自由に話してもらった。以下で紹介するうちの「共感覚色の
感じかた」や「色字共感覚で得をすること，損をすること」という項目の記載
内容は，このインタビューで聞いた内容に基づくものである。また，初回の研

究協力時には，このインタビューに入る直前に，Skelton らの開発した「投射型―連想型判定質問紙」(Skelton, Ludwig, & Mohr, 2019) を実施し，その共感覚者の色字共感覚のタイプ（投射型または連想型，第2章を参照のこと）を判定した（数名についてはこの質問紙に未回答のため，インタビュー内容から判断した）。「共感覚の感じかた」のうちの「どこに色を感じるか」には，この質問紙の回答結果（と，それに関連するインタビューでの回答）が反映されている。

　この研究の協力者は，色字共感覚者であることを自覚し，インターネットを通じて研究協力に応募してきた人々である。そのため，その協力者が本当に色字共感覚者であるかどうかの確認が必要である。ここではその確認方法として，文字に対して感じる色が常に安定しているか（共感覚色の時間的な安定性）を調べた。具体的には，2回以上研究に協力した共感覚者が1回目に回答した文字の色と，2回目に回答した文字の色のずれの度合い（各文字に対して1回目と2回目に答えた色の間の，CIE L*a*b* 色空間内での距離。全く同じ色を2回とも選んでいれば，この距離は0になる）を調べるというものであった。色字共感覚者ではない人（非共感覚者）が本研究の文字色回答課題を2週間あけて行うと，同じ文字に対して「合う」と答える色が1回目と2回目で大きくずれる，すなわち時間的安定性が低いことが知られている（Asano & Yokosawa, 2011, 2012; 関連する研究として，Eagleman, Kagan, Nelson, Sagaram, & Sarma, 2007）。ここで紹介されている18人の共感覚者においては，1回目と2回目の間での文字色のずれが非共感覚者のそれよりも十分に小さい，すなわち文字と色の対応づけの時間的安定性が十分に高いことから，いずれも本当に色字共感覚者であるとみなしてよいと考えられる。

　この章で紹介されているデータの一部を元にした研究結果は第2章で紹介されているとおりである（Asano & Yoksowawa, 2011, 2012, 2013）。それらの研究は共感覚者の普遍的な傾向を明らかにすることを目的としたものであり，そのため共感覚者それぞれの個性は考慮されていない。しかしここでは，それぞれの個性を含め，日本人の色字共感覚の生の姿を伝えることを目的としているため，さまざまな周辺情報も掲載してある。掲載年齢や職業・身分は初回の研究協力時のものである。職業・身分については，把握している（そして個人が特定されない）範囲で掲載した。

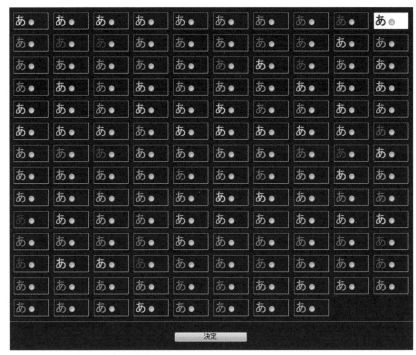

図 3-1 文字色回答課題の画面（全 138 色のパレット）。これは「あ」についての回答画
面の例。いずれかの色（の付いた文字）を選択すると，画面の背景いっぱいにそ
の色が広がり，色を確認できるようになっていた。共感覚者はその文字に合う色
を 138 色の中から選び，「決定」ボタンを押すことで回答した。ぴったりの色が
ない場合は，極力近い色を選ぶように求めた。そのうえで，選択した色がぴった
りではない，その文字に複数の共感覚色がある，質感など色以外の感覚も感じる
など，この回答画面では回答しきれなかった部分については，横に置かれたボイ
スレコーダーに自由に吹き込むことによって補足してもらった。その文字に色を
感じない場合は，右上の「黒色」のボタンを押してもらった（なお，その文字に
黒色を感じる場合も同じボタンを使用するように教示したため，以下で紹介する
共感覚色のうちの黒色のものについては，「黒色を感じる」と「全く共感覚色を
感じない」の両方が混在していることに注意されたい）。

3.2　日本人色字共感覚者18名の個別結果 ·····················

❖ 色字共感覚者1（21歳，女性）

プロフィール

・職業・身分：大学生（心理学専攻）
・芸術的な活動歴（習い事，学校の部活動を含む）：ピアノ（3-13歳）
・共感覚の自覚年齢：6歳ごろの時点では文字に色があった。周囲の人は文字
　に色が付いていないと気付いたのは小学校に入ってから。
・色を感じる文字種：数字，仮名，英字，漢字
・色字以外の共感覚を持っているか：なし

共感覚色の感じかた

・どこに色を感じるか：外界（投射型）。文字と同じ形をした色が，自分の頭の
　中というよりは，実際に見ている文字の付近に感じられる（けれども，「目に
　見えている」というよりは「感じている」という感覚が近いので，具体的な位置を
　伝えづらい）。実際の文字の物理的な色は，それはそれできちんと見えている。
・1文字に感じるのは1色だけか：複数の色を持つ字もある（「Y」は黄色か緑，
　など）。複数の色がパーツごとに分かれたり，混ざったり，まだら模様にな
　ったりしているのではなく，時と場合によってどちらの色かが変わる。特に
　漢字は複数の色を持っているものが多く，どのような音で読むかや，どのよ
　うな文脈，熟語に含まれるかで色が変わる（「藤」を1文字だけで見た場合は薄
　紫色だが，「佐藤」のように人名の一部として見た場合は緑色，など）。
・文字に対して色以外の感覚も感じるか：質感がある（金属にやすりを掛けた感
　じなど）。また，色はべた塗りではなく，色鉛筆で強弱をつけて塗った時のよ
　うに，1文字の中でも濃い部分とぼやけたり，かすれたりしている部分があ
　る。
・色を感じやすい字，感じにくい字はあるか：数字と漢字は同じくらい色を見
　やすい（ぱっと見て色が付く）。その次に見やすいのが英字。ひらがなとカタ
　カナは，「あ」行や「さ」行などの一部を除いて，色をやや捉えにくい（特
　に濁点の付いた文字は具体的な色を答えにくい）。日常的によく見る文字は色が
　はっきりしている気がする。知っている文字の中で，色を全く感じないと思

ひらがな・カタカナ

あ い う え お　　は ひ ふ へ ほ ば び ぶ べ ぼ ぱ ぴ ぷ ぺ ぽ
ア イ ウ エ オ　　ハ ヒ フ ヘ ホ バ ビ ブ ベ ボ パ ピ プ ペ ポ
か き く け こ が ぎ ぐ げ ご　　ま み む め も
カ キ ク ケ コ ガ ギ グ ゲ ゴ　　マ ミ ム メ モ
さ し す せ そ ざ じ ず ぜ ぞ　　や　　ゆ　　よ
サ シ ス セ ソ ザ ジ ズ ゼ ゾ　　ヤ　　ユ　　ヨ
た ち つ て と だ ぢ づ で ど　　ら り る れ ろ
タ チ ツ テ ト ダ ヂ ヅ デ ド　　ラ リ ル レ ロ
な に ぬ ね の　　　　わ　　　　を ん
ナ ニ ヌ ネ ノ　　　　ワ　　　　ヲ ン

英語アルファベット

A B C D E F G H I J K L M N O P Q R S T U V W X Y Z
a b c d e f g h i j k l m n o p q r s t u v w x y z

アラビア数字・漢数字

0 1 2 3 4 5 6 7 8 9
一 二 三 四 五 六 七 八 九 十 百 千

共通の部首を持つ漢字

海 酒 池 浜 涙 湯 法 決 漢 活 消 演
数 教 政 放 敬 故 救 散 敵 枚 致 敏

色名・典型色を持つ物体を表す漢字

赤 青 緑 黒 白 黄 紫 灰 桃 橙 金 銀
血 竹 葉 炭 雪 菊 藤 象 桜 柿 鈴 虹

カタカナのような部品でできた漢字

エ カ タ ロ 多 台 左 右 外 加 仏 品

共通の読みを持つ漢字

甲 郊 航 肯 講 校 抗 項 孝 硬 康 稿
死 資 師 詩 視 史 氏 士 支 脂 司 施

色字共感覚者1

う字はない（黒色だと回答した字はいずれも，色を感じないのではなく黒を感じる）。

・自分の中で文字の色は常に一定か：物心ついたときから一定だと思う。色が見えにくい日もあるが（そういう日もある，としか言いようがない），色自体は不変だと思う。

・なぜその文字にその色なのか：わからない。仮名は行ごとに色が決まっている気はする（「か」行や「た」行は黄色っぽく，「さ」行は青っぽいなど）。濁点の付いた仮名文字の色は濁った印象。

色字共感覚で得をすること，損をすること

・得をすること：特になし。

・損をすること：特になし。文字の色があるのは当たり前なので，読書などの邪魔だと思ったことはない（きっと，共感覚を持たない人が読書をするときに，活字が黒いことが気にならないのと同じ）。ただ，小学校のころに周囲に話しても分かってもらえず辛い思いをし，それからは文字の色のことを人に話さないようにしていた。

❖色字共感覚者2（21歳，女性）

プロフィール

・職業・身分：大学生（心理学専攻）

・芸術的な活動歴（習い事，学校の部活動を含む）：小さい頃から趣味で絵を描いている，音楽の演奏もしている。

・共感覚の自覚年齢：はっきりした年齢ではないが，小学生の頃から。

・色を感じる文字種：数字，仮名，英字，漢字

・色字以外の共感覚を持っているか：あり。音楽→色を感じるような気もする。

共感覚色の感じかた

・どこに色を感じるか：外界（投射型）。基本的には紙の上など，外界に見えている文字のところに色を「感じる」。共感覚色は本当に目に見えているような気もするが，物理的な文字の色は，それはそれできちんと見えている。共感覚色は，宙に浮かんでいる訳ではないが，文字の一層上にあるような，物理的な色と同じ座標に存在するんだけれども別物のような印象。共感覚色は，

ひらがな・カタカナ

あ い う え お　　　は ひ ふ へ ほ ば び ぶ べ ぼ ぱ ぴ ぷ ぺ ぽ
ア イ ウ エ オ　　　ハ ヒ フ ヘ ホ バ ビ ブ ベ ボ パ ピ プ ペ ポ
か き く け こ が ぎ ぐ げ ご　　ま み む め も
カ キ ク ケ コ ガ ギ グ ゲ ゴ　　マ ミ ム メ モ
さ し す せ そ ざ じ ず ぜ ぞ　　や ゆ よ
サ シ ス セ ソ ザ ジ ズ ゼ ゾ　　ヤ ユ ヨ
た ち つ て と だ ぢ づ で ど　　ら り る れ ろ
タ チ ツ テ ト ダ ヂ ヅ デ ド　　ラ リ ル レ ロ
な に ぬ ね の　　　わ　　　を ん
ナ ニ ヌ ネ ノ　　　ワ　　　ヲ ン

英語アルファベット

A B C D E F G H I J K L M N O P Q R S T U V W X Y Z
a b c d e f g h i j k l m n o p q r s t u v w x y z

アラビア数字・漢数字

0 1 2 3 4 5 6 7 8 9
一 二 三 四 五 六 七 八 九 十 百 千

共通の部首を持つ漢字

海 酒 池 浜 涙 湯 法 決 漢 活 消 演
数 教 政 放 敬 故 救 散 厳 枚 致 敏

色名・典型色を持つ物体を表す漢字

赤 青 緑 黒 白 黄 紫 灰 桃 橙 金 銀
血 竹 葉 炭 雪 菊 藤 象 桜 柿 鈴 虹

カタカナのような部品でできた漢字

エ カ タ ロ 多 台 左 右 外 加 仏 品

共通の読みを持つ漢字

甲 郊 航 肯 講 校 抗 項 孝 亜 康 稿
死 資 師 詩 視 史 氏 土 支 脂 司 施

色字共感覚者 2

「あらかじめ決まったものが存在していて，私はそれを知っている」という
感じ（「文字の読み方を知っている」というのと同じようなものかもしれない）。

・1 文字に感じるのは 1 色だけか：基本は 1 色だが，どのような単語に含まれ
　るかによって色が異なる文字もある。たとえば「藤」は単体の「藤」のとき
　は薄紫色。でも「藤原」の「藤」はそれよりももう少し濃い紫色で，「伊藤」
　「佐藤」などの「藤」は緑色。また，たとえば「炭」という字は，全体的に
　は暗い灰色だが，文字の中の「火」の部分だけほんのり赤い。

・文字に対して色以外の感覚も感じるか：特になし。

・色を感じやすい字，感じにくい字はあるか：数字が一番色を感じやすい（ぱ
　っと見てすぐに色が付く）。その次は漢字（意味があるので色がはっきりして
　る），英字。「"な"は"なす"の"な"→紫色」のように，その文字が含ま
　れる単語が文字の色を決めていると思われるときがあるが，ひらがなやカタ
　カナは色々な言葉の部品になるため，連想した単語によって色が違うときも
　あり，色を見極めるのが難しい気がする。

・自分の中で文字の色は常に一定か：物心ついたときから常時一定だと思う。
　日によっては，ひらがなやカタカナの色が見えにくい時もあるが（そういう
　日もある，としか言いようがない），日によって色が変わるわけではない。

・なぜその文字にその色なのか：「"なす"→"な"は紫色」のように，どのよ
　うな単語の一部に含まれるかや，（漢字の場合）どのような意味の文字かによ
　って決まっている文字がある。また，仮名の場合は「さ行は青っぽい」など，
　行ごとに色がある気がする。でも，なぜその色なのかが分からない文字も多
　い。

色字共感覚で得をすること，損をすること

・得をすること：特になし。

・損をすること：特になし。

✤色字共感覚者 3（23 歳，女性）

プロフィール

・職業・身分：大学院生（工学系）

・芸術的な活動歴（習い事，学校の部活動を含む）：ピアノ：3 〜 12 歳（絶対音感
　あり）

・共感覚の自覚年齢：不明，気がついたらあった（小さい頃からあったため，それで当然だと思っていた）。

・色を感じる文字種：数字，仮名，英字，漢字

・色字以外の共感覚を持っているか：あり。音→色，臭いや痛み→色や苦み（ベビーパウダーの匂いは柔らかいピンク系の色のもや。偏頭痛の痛みは苦く，さらに緑色のもや＋マンゴー色の棒状のものの印象）。音階→色。「ド」：赤，「レ」：橙，「ミ」：黄，「ファ」：黄緑，「ソ」：青に近い濃い水色，「ラ」：金色（金属光沢あり），「シ」：銀色（金属光沢あり）。幼い頃にそういう配色の音が鳴るおもちゃを持っていたのかもしれないが，記憶にはない。就学前にヤマハ音楽教室でピアノを習っていたが，その教材で音階に結びつけられていた色とは異なる。なお，「ラ」と「シ」は空間的に右上にある気がする（「ド」の鍵盤に1の指を置いたときの右で，上から光が降り注ぐ）。

共感覚色の感じかた

・どこに色を感じるか：外界（投射型）

・1文字に感じるのは1色だけか：漢字の場合は，偏や旁などパーツによって色が違う（でも，パーツごとの色とは別に，文字全体としての色があるときもある）。「さんずい」は白っぽいなど。また，「い」は朱色または黒色のように，共感覚色を2色持つ文字もある。

・文字に対して色以外の感覚も感じるか：色の光り方が文字によって違う。ひらがなの「ら」（薄い黄色）と「し」（薄い水色），カタカナの「ラ」（明るい黄色）と「シ」（薄い灰水色）の文字は，やわらかい後光のような光を発していて明るく感じられる。他のひらがなやカタカナは拡散反射をしているのみ（他から受けた光を反射するだけで，自らは発光しない）。ちなみに，文字ではなく音階の「ラ」の場合は金，「シ」の場合は銀色で光沢があり，どちらも金属の表面で反射した光が降り注ぐように感じられる。文字の「ら／ラ」「し／シ」の後光のような光の印象は，この音階時の金属光沢の印象に引きずられているのかもしれない。

・色を感じやすい字，感じにくい字はあるか：特に文字の色の感じやすさには差はない。

・自分の中で文字の色は常に一定か：基本的に一定。ただし複雑な形の知らない漢字は，最初は紺色だが，見ているうちにパーツごとに色が付くことがあ

ひらがな・カタカナ

あ い う え お　　　　　は ひ ふ へ ほ ば び ぶ べ ぼ ぱ ぴ ぷ ぺ ぽ
ア イ ウ エ オ　　　　　ハ ヒ フ ヘ ホ バ ビ ブ ベ ボ パ ピ プ ペ ポ
か き く け こ が ぎ ぐ げ ご　　ま み む め も
カ キ ク ケ コ ガ ギ グ ゲ ゴ　　マ ミ ム メ モ
さ し す せ そ ざ じ ず ぜ ぞ　　や 　ゆ 　よ
サ シ ス セ ソ ザ ジ ズ ゼ ゾ　　ヤ 　ユ 　ヨ
た ち つ て と だ ぢ づ で ど　　ら り る れ ろ
タ チ ツ テ ト ダ ヂ ヅ デ ド　　ラ リ ル レ ロ
な に ぬ ね の　　　　わ 　　を ん
ナ ニ ヌ ネ ノ　　　　ワ 　　ヲ ン

英語アルファベット

A B C D E F G H I J K L M N O P Q R S T U V W X Y Z
a b c d e f g h i j k l m n o p q r s t u v w x y z

アラビア数字・漢数字

0 1 2 3 4 5 6 7 8 9
. 一 二 三 四 五 六 七 八 九 十 百 千

共通の部首を持つ漢字

海 酒 池 浜 涙 湯 法 決 漢 活 消 演
数 教 政 放 敬 故 救 散 敗 枚 致 枝

色名・典型色を持つ物体を表す漢字

赤 青 緑 黒 白 黄 紫 灰 桃 橙 金 銀
血 竹 葉 炭 雪 菊 藤 象 接 柿 鈴 虹

カタカナのような部品でできた漢字

エ カ タ ロ 多 台 左 右 外 加 仏 品

共通の読みを持つ漢字

甲 郊 航 肯 講 校 抗 項 孝 硬 康 稿
死 資 師 詩 視 史 氏 士 支 脂 司 施

色字共感覚者 3

る。また，まれにだが，その日だけ，特定の文字が普段と全く違う色をしていて自分でもびっくりすることがある（「サ」は普段緑なのに，今日はなぜか赤紫っぽい色をしているなど）。しかし，このような現象が起きるのはごく一部の文字だけで（共感覚色を2パターン持っている文字に近い存在だと考えられる。たとえば「い」には赤と黒の2色がある），ほとんどの文字の色は常に同じ。また，「は」という文字は幼少期はトマトやリンゴのような色（赤で上に少しだけ緑）をしていた記憶があるが，いまでは薄いベージュのような色。「は」と言う文字が，途中であまり好きではなくなったことが影響しているかもしれない。

・なぜその文字にその色なのか：基本的にはよく分からないが，丸っこい文字（「3」など）はピンクになる傾向があるような気がする（でも「6」や「9」には丸っこいという印象がなく，そのせいかこれらの数字はピンク色ではない）。ひらがなとカタカナは基本的に似た色だが，カタカナのほうが色が明るく，文字の形に引きずられて色が決まりやすいと思う。英字の大文字と小文字は明るさが違うだけで色みが同じ。

色字共感覚で得をすること，損をすること

・得をすること：特になし。

・損をすること：特になし。

✤色字共感覚者4（32歳，女性）

プロフィール

・職業・身分：社会人

・芸術的な活動歴（習い事，学校の部活動を含む）：4歳からエレクトーン，20〜25歳までエレクトーン講師。

・共感覚の自覚年齢：30歳頃（物心ついた頃から文字に色はあったが，それが共感覚という稀な現象だと知ったのが30歳頃。長年来の友人に「実は文字に色がある」と打ち明けられ，「私もそうだよ」と答えたことで，実は2人揃って色字共感覚者だったことが判明した）。

・色を感じる文字種：数字，仮名，英字，漢字

・色字以外の共感覚を持っているか：音→形や質感（サックスの音を聞くと，ほわっとした丸とギザギザしたトゲのようなものの組み合わせを感じるなど。丸とト

ひらがな・カタカナ

あ　い　う　え　お　　　　　　　は　ひ　ふ　へ　ほ　ば　び　ぶ　べ　ぼ　ぱ　ぴ　ぷ　ぺ　ぽ
ア　イ　ウ　エ　オ　　　　　　　ハ　ヒ　フ　ヘ　ホ　バ　ビ　ブ　ベ　ボ　パ　ピ　プ　ペ　ポ

か　き　く　け　こ　が　ぎ　ぐ　げ　ご　　　ま　み　む　め
カ　キ　ク　ケ　コ　ガ　ギ　グ　ゲ　ゴ　　　マ　ミ　ム　メ

さ　し　す　せ　そ　ざ　じ　ず　ぜ　ぞ　　　や　　ゆ　　よ
サ　シ　ス　セ　ソ　ザ　ジ　ズ　ゼ　ゾ　　　ヤ　　ユ　　ヨ

た　ち　つ　て　と　だ　ぢ　づ　で　ど　　　ら　り　る　れ　ろ
タ　チ　ツ　テ　ト　ダ　ヂ　ヅ　デ　ド　　　ラ　リ　ル　レ　ロ

な　に　ぬ　ね　の　　　　　　　わ　　　　　を　ん
ナ　ニ　ヌ　ネ　ノ　　　　　　　ワ　　　　　ヲ　ン

英語アルファベット

A B C D E F G H I J K L　　N O P Q R S T U V W X Y Z
a b c d e f g h i j k l　　n o p q r s t u v w x y z

アラビア数字・漢数字

0　1　2　3　4　5　6　7　8　9
・　一　二　三　四　五　六　七　八　九　十　百　千

共通の部首を持つ漢字

海　酒　池　浜　涙　湯　法　決　漢　活　消　演
救　教　政　放　敬　故　牧　散　敵　故　致　敏

色名・典型色を持つ物体を表す漢字

茶　青　緑　黒　白　黄　赤　灰　桃　橙　金　銀
血　竹　葉　炭　雪　菊　藤　象　桜　柿　鈴　虹

カタカナのような部品でできた漢字

エ　カ　タ　ロ　多　台　左　右　外　加　仏　品

共通の読みを持つ漢字

甲　郊　航　肯　講　校　抗　項　孝　硬　康　稿
死　糸　師　詩　視　史　氏　士　支　脂　司　施

ゲのバランスなど，形は演奏者によって違う）。また，音楽の調性（コード）に
も色を感じる（Cのコードだと，文字「C」と同じ色，というように，文字の色
の影響があると思う）。時間の概念にも色（時計を見たりすると，その数字の色
が付いて見える）。

共感覚色の感じかた

・どこに色を感じるか：頭の中（連想型）。文字の色が外界（紙の上など）にあ
　るようにはあまり感じられないが，文字を頭の中で思い浮かべると，色付き
　の文字のイメージが出てくる。
・1文字に感じるのは1色だけか：漢字は部首ごとに色が分かれやすく，複数
　色になることが多い（特に偏の色の影響が強い）。
・文字に対して色以外の感覚も感じるか：質感がある。「さ」行はさらさら（紙
　を撫でているようなイメージ），「ら」行はつるっとなめらか。
・色を感じやすい字，感じにくい字はあるか：漢字は色を答えるのが難しい。
　文の中に漢字があれば，周囲の文字との比較ができて色が分かりやすい（文
　章になっていても，基本的には1文字ずつ独立に色が付いている。ただし漢字やひ
　らがなでできた単語の場合は，単語の1文字目の色が，単語全体の色にもなってい
　る印象もある）。しかし文字を単体で見ると，部首ごとに崩壊してしまって色
　の印象が良く分からなくなってしまう。
・自分の中で文字の色は常に一定か：常時一定。
・なぜその文字にその色なのか：よく分からない。「赤」は赤色，「青」は青色。
　文字の質感は，おそらく音（文字の発音）の印象から来ている（さらさらした
　感じの音など）。知らない文字には色は付かない。

色字共感覚で得をすること，損をすること

・得をすること：特になし。
・損をすること：特になし。

❖色字共感覚者5（44歳，女性）

プロフィール

・職業・身分：社会人（飲食店勤務）
・芸術的な活動歴（習い事，学校の部活動を含む）：なし

・共感覚の自覚年齢：37歳（物心付いた頃から文字に色はあったが，共感覚という現象だと知ったのは37歳のとき）
・色を感じる文字種：数字，仮名，英字（ただし稀），漢字
・色字以外の共感覚を持っているか：人→オーラのようなもの（ごく稀に，街中などで強烈な光を放っているように見える人がいる。オカルト的なものではなく，「特別な人だ」という"判定"をするようなものではないが，特に以前は，どういう訳かそういう人をたまに見かけた）。

共感覚色の感じかた

・どこに色を感じるか：頭の中（連想型）。文字が書かれた紙の上など外界に色があるようには思えず，漠然と頭の中に色を感じている。色付きの文字が意識にはっきり上るというよりは，「色の印象をおぼえる」「その文字の色を知っていると感じる」というのに近い。
・1文字に感じるのは1色だけか：はい。
・文字に対して色以外の感覚も感じるか：質感がある。「3」は綿菓子のようにふわふわで薄ピンク。「7」はエナメルのような明るい緑。「か」は市販の安めの折り紙の，かすれた印刷のようなピンク。質感と色は不可分（色が合っていても質感が違っていると，「その文字の色ではない」と感じる）。
・色を感じやすい字，感じにくい字はあるか：数字は強く色が出やすい。どの文字種の文字でも，色を感じない字は感じない。普段は文字を文章の中で見るため，文字を単体で見るといつもと違う感じがして戸惑い，色が分かりにくい。何の文字であるかが認識できないと，共感覚色は感じられない。
・自分の中で文字の色は常に一定か：基本は一定。ただし，元々英字にはあまり色の印象がなかったのが，英語圏に留学中は色が付くようになったりした（でも帰国後にまた色の印象が薄まった）。韓国語を少し覚えたら，ハングルにも色が付くようになった。また，文章の一部として文字を見ているときと，文字を単体で見ているときとでは，色の感じやすさや感じ方が異なることがあり，文字を見ている最中に色が変わることもある。単語の2番目の文字はベージュ系になりがち（そして先頭の文字の色の影響を受けやすくなりがち）。
・なぜその文字にその色なのか：音（文字の発音）が影響しているのではないかと思う。ひらがなの「た」，「田」，「高」は全て山吹色であるなど（ただしなぜ /ta/ という音が山吹色なのかは不明）。また，文字の意味も影響している

ひらがな・カタカナ

あ い　　え お　　　　　　　　は ひ ふ へ　　ば び ぶ べ ぼ ぱ ぴ ぷ ぺ ぽ
ア イ　　エ オ　　　　　　　　ハ ヒ フ ヘ ホ バ ビ ブ ベ ボ パ ピ プ ペ ポ
か き く け こ が ぎ ぐ げ ご　　ま み む め も
カ キ ク ケ コ ガ ギ グ ゲ ゴ　　マ ミ ム メ モ
さ し す せ そ ざ じ ず ぜ ぞ　　や　ゆ　　 よ
サ シ ス セ ソ ザ ジ ズ ゼ ゾ　　ヤ　ユ　　 ヨ
た ち つ て と だ ぢ づ で ど　　ら り る　 ろ
タ チ ツ テ ト ダ チ ヅ デ ド　　ラ リ　 レ ロ
な に ぬ ね の　　　　　　　　　わ　　　　を ん
ナ ニ ヌ ネ ノ　　　　　　　　　ワ　　　　ヲ ン

英語アルファベット

A B C D E F G H I J K L M N O P Q R S T U V W X Y Z
a b c d e f g h i j k l m n o p q r s t u v w x y z

アラビア数字・漢数字

0 1 2 3 4 5 6 7 8 9
. 一 二 三 四 五 六 七 八 九 十 百 千

共通の部首を持つ漢字

海 酒 池 浜 涙 湯 法 決 漢 活 消 演
数 教 政 枝 敬 故 救 散 敵 枚 改 敏

色名・典型色を持つ物体を表す漢字

赤 青 緑 黒 白 黄 紫 灰 桃 橙 金 銀
血 竹 葉 炭 雪 菊 藤 象 桜 柿 鈴 虹

カタカナのような部品でできた漢字

エ カ タ ロ 多 合 左 右 外 加 仏 品

共通の読みを持つ漢字

甲 郊 航 肯 講 校 抗 項 孝 硬 康 稿
死 資 師 詩 視 史 仕 士 支 脂 司 施

色字共感覚者 5

と思う。「さ」はベージュのような色でも，「笹（ささ）」は緑色になるなど。また「1」は白，「0」は透明であるにもかかわらず「10月」はススキ色（季節感に左右される）。

色字共感覚で得をすること，損をすること

・得をすること：結婚したら姓が変わり，とってもきれいな水色の名前になったので嬉しい。新居の電話番号を選ぶとき，自分の共感覚色で考えたときに好みの配色のものを直感的に選べた。

・損をすること：特になし。

❖色字共感覚者6（21歳，女性）

プロフィール

・職業・身分：大学生（心理学専攻）

・芸術的な活動歴（習い事，学校の部活動を含む）：ピアノ：5〜7歳，トランペット：10歳〜現在

・共感覚の自覚年齢：4歳

・色を感じる文字種：数字，仮名，英字，漢字

・色字以外の共感覚を持っているか：触覚→味覚（小さいときから，触ったものを「おいしい」「まずい」と判断することがある）

共感覚色の感じかた

・どこに色を感じるか：頭の中（投射型）。外界にある文字自体に色が見えているのではなく，頭の中で真っ白い画面に黒の白抜き文字の丸ゴシックで文字を投影するとよく色が見える。だからざっと読んでいるときなどはあまり色が気にならない。

・1文字に感じるのは1色だけか：はい。

・文字に対して色以外の感覚も感じるか：なし。

・色を感じやすい字，感じにくい字はあるか：数字が一番色がはっきりしていて，早く見える。「つ」「て」「と」は似た感じの色で個性があまり強くないので，色がややあいまいで見極めに時間がかかる。黒い字ではなく最初から（物理的に）色がついた文字を見た場合は，かえって共感覚色が何色かが良く分からなくなり混乱する。考え込みすぎると色がかえってよく分からなくな

ひらがな・カタカナ

あ い う え お　　　　　は ひ ふ へ ほ ば び ぶ べ ぼ ぱ ぴ ぷ ぺ ぽ
ア イ ウ エ オ　　　　　ハ ヒ フ ヘ ホ バ ビ ブ ベ ボ パ ピ プ ペ ポ
か き く け こ が ぎ ぐ げ ご　　ま み む め も
カ キ ク ケ コ ガ ギ グ ゲ ゴ　　マ ミ ム メ モ
さ し す せ そ ざ じ ず ぜ ぞ　　や　　ゆ　　よ
サ シ ス セ ソ ザ ジ ズ ゼ ゾ　　ヤ　　ユ　　ヨ
た ち つ て と だ ぢ づ で ど　　ら り る れ ろ
タ チ ツ テ ト ダ ヂ ヅ デ ド　　ラ リ ル レ ロ
な に ぬ ね の　　　　　　わ　　　　ん
ナ ニ ヌ ネ ノ　　　　　　　　　　ン

英語アルファベット

A B C D E F G H I J K L M N O P Q R S T U V W X Y Z
a b c d e f g h i j k l m n o p q r s t u v w x y z

アラビア数字・漢数字

0 1 2 3 4 5 6 7 8 9
. 一 二 三 四 五 六 七 八 九 十 百 千

共通の部首を持つ漢字

海 酒 池 浜 涙 湯 法 決 漢 活 清 演
数 教 政 放 敬 故 敗 散 激 枚 致 敏

色名・典型色を持つ物体を表す漢字

赤 青 緑 黒 白 黄 紫 灰 桃 橙 金 銀
血 竹 葉 　 雪 菊 藤 象 桜 柿 鈴 虹

カタカナのような部品でできた漢字

エ カ タ ロ 多 台 左 右 外 加 仏 品

共通の読みを持つ漢字

甲 郊 航 肯 講 校 抗 項 孝 硬 康 稿
死 資 師 詩 視 史 氏 士 支 脂 司 施

色字共感覚者6

る。

・自分の中で文字の色は常に一定か：物心付いた頃から常に色は安定。日常生活の中で自覚的に色が on/off になったり，変わったりすることはない。

・なぜその文字にその色なのか：漢字は読み（音）で色がつく気がする。漢字の色は，音読みか訓読みの，どちらかよりしっくりくるほうの読みに従って決まっていると思う。ただし「赤」や「青」のような色名の漢字など，意味から色がはっきりしている文字だと，共感覚色がその色に引っ張られる。

色字共感覚で得をすること，損をすること

・得をすること：共感覚色を記憶術として使える。紛らわしい言い回しを覚えるときに「黄色ではなく，青から始まるほう」と覚えたりするなど。また，物探しにも使える。「2」という数字を探すときは，「2」の共感覚色である赤のものを探したほうが楽など（色の印象が生じるのは，文字が何であるかが分かるよりも先のような気がするので）。

・損をすること：紛らわしい色の言葉を混同してしまう。英単語は基本的に，先頭の文字の色が，その単語全体の色として感じられることも多いが，そうなると，同じ色の文字から始まる英単語は全部同じに見えやすくて困る。たとえば自分にとっては「D」も「W」も茶色のため，"Do" "Does" "Did" "What" などの単語が全部同じに見えてしまい，英語のテストで間違えてしまう（その点，"That" は青なので混同しにくい）。

❖色字共感覚者 7（21 歳，女性）

プロフィール

・職業・身分：大学生（建築学専攻）

・芸術的な活動歴（習い事，学校の部活動を含む）：なし。

・共感覚の自覚年齢：不明だが，物心付いた頃から文字に色があった。

・色を感じる文字種：数字，仮名，英字，漢字

・色字以外の共感覚を持っているか：人（感情）→色（落ち込んでいる人に紫色を感じるなど。落ち込んでいる人によって色が違い，落ち込むとどろどろの黒色をしている人もいる）

ひらがな・カタカナ

あ いう え お　　　　は ひ ふ へ ほ ば び ぶ べ ぼ ぱ ぴ ぷ ぺ ぽ
ア イ ウ エ オ　　　　ハ ヒ フ ヘ ホ バ ビ ブ ベ ボ パ ピ プ ペ ポ
か き く け こ が ぎ ぐ げ ご　　ま み む め も
カ キ ク ケ コ ガ ギ グ ゲ ゴ　　マ ミ ム メ モ
さ し す せ そ ざ じ ず ぜ ぞ　　や ゆ よ
サ シ ス セ ソ ザ ジ ズ ゼ ゾ　　ヤ ユ ヨ
た ち つ て と だ ぢ づ で ど　　ら り る れ ろ
タ チ ツ テ ト ダ ヂ ヅ デ ド　　ラ リ ル レ ロ
な に ぬ ね の　　　　わ　　　　を ん
ナ ニ ヌ ネ ノ　　　　ワ　　　　ヲ ン

英語アルファベット

A B C D E F G H I J K L M N O P Q R S T U V W X Y Z
a b c d e f g h i j k l m n o p q r s t u v w x y z

アラビア数字・漢数字

0 1 2 3 4 5 6 7 8 9
. 一 二 三 四 五 六 七 八 九 十 百 千

共通の部首を持つ漢字

海 酒 池 浜 涙 湯 法 決 漢 活 消 演
数 教 政 放 敬 故 救 散 敵 枚 致 敏

色名・典型色を持つ物体を表す漢字

赤 青 緑 黒 白 黄 紫 灰 桃 橙 金 銀
血 竹 葉 炭 雷 菊 幽 象 桜 柿 鈴 虹

カタカナのような部品でできた漢字

エ カ タ ロ 多 台 左 右 外 加 仏 品

共通の読みを持つ漢字

甲 郊 航 肯 講 校 抗 項 幸 硬 康 稿
死 資 師 詩 視 史 氏 士 支 脂 司 施

色字共感覚者7

共感覚色の感じかた

・どこに色を感じるか：不明

・1文字に感じるのは1色だけか：漢字の場合は部首ごとに色が分かれている
　ことが多い（ただし他の文字種の文字や，漢数字や「史」など単純な形の漢字の
　場合は，パーツごとに分かれることは少ない）。部首ごとの色とは別に漢字全体
　の色もあり，部首の色と全体の色が一致している漢字と違う漢字の数は半々
　くらい。「さんずい」（白）や「にんべん」（かなり薄いピンク）はかなり部首
　の影響が強く，部首ごとに色がはっきりと分かれやすい。そこまで影響の強
　くない部首がある場合は，同じ漢字の中のより“強い”部首の色に引っ張ら
　れたり，複数の部首の色がマーブルのように混ざったりする。同じ文字でも
　フォントによって色の雰囲気が違うことが多い（ベースとなる色み自体は同じ）。
　明朝体よりもゴシック体（特に丸ゴシック体）のほうが白っぽく柔らかい色に
　なりやすいなど。

・文字に対して色以外の感覚も感じるか：光沢を感じる文字が多い。琥珀のよ
　うな透明さのある文字など。また，色が重ね塗りされているという印象を持
　つことも多い。「す」は，緑色のアクリル絵の具を塗った上に黒をべったり
　重ね塗りしたときのように，黒いのに緑色の光を感じる。

・色を感じやすい字，感じにくい字はあるか：体調が悪いと，色を感じにくい
　文字がある。2回目の調査日当日はお腹の調子が悪い上に花粉症も重なり，
　たとえば「か」や「わ」の色はよく分からなかった（なぜこれらの文字なのか
　は不明）。色からの圧迫感は感じるが（真っ暗な部屋に入った時の息苦しさ，真
　っ赤な部屋に入った時の刺すような感じなど），具体的な色を捉えにくいという
　印象。また，文字をじっと見つめていると，文字ではなくばらばらの線の集
　まりのように見えてしまい，そうなると共感覚色は感じられなくなる。

・自分の中で文字の色は常に一定か：はい

・なぜその文字にその色なのか：よく分からない。「康」など，由来や意味が
　良く分からないと思う字の色は黒くなりがち。「木（緑）」「林（黄緑）」「森
　（緑と黒を合わせた色）」など，文字の意味（イメージ）で色が決まっている文
　字もある。対になるひらがなとカタカナ，英大文字と英小文字は同系列だが
　微妙な色違い（少し色の薄さや「硬さ」が違う）。

色字共感覚で*得をすること，損をすること*

・得をすること：文字の色を記憶術の１つとして使える。普段は文字の色は意識していないが（自分の共感覚色とは違う色で書かれた文字を見ても特に気にならない），テスト勉強の時などだけ，文字の色を意識して，暗記に役立てる。

・損をすること：特になし。

✛色字共感覚者 8（24 歳，女性）

プロフィール

・職業・身分：社会人

・芸術的な活動歴（習い事，学校の部活動を含む）：なし。

・共感覚の自覚年齢：3歳頃（競馬の数字の色に違和感があったのを覚えている）

・色を感じる文字種：数字，仮名，英字，漢字

・色字以外の共感覚を持っているか：楽音（曲の雰囲気など）→色？（あまりはっきりとではない）

共感覚色の感じかた

・どこに色を感じるか：外界（投射型）。書かれた文字の少し上に，その文字の形をした色が浮いているイメージ。実際の（物理的な）文字の色はその色として認識できる。また，色付きの文字が頭の中に浮かぶ感覚ではなく，あくまでも「見えている」という感じがする。ただし，色がはっきりと認識できない文字の場合は，ぼんやりと「その文字の色を知っている」という感覚に近い。

・1文字に感じるのは1色だけか：はい。どの文字についても，文字全体として1色を感じる。部首ごとに分解されて色が付くということはない（ただし，部首が文字の色に影響している気がするときはある。旁が「のぶん」（「放」などの右側）だとクリーム色〜灰色の中間に落ち着きやすいなど。文章や単語の中にあっても，1文字ずつ別々に色を感じる。

・文字に対して色以外の感覚も感じるか：光沢がある文字がある。重い，軽いのような重量感も感じる。カタカナの「ダ」行などは"重い"。

・色を感じやすい字，感じにくい字はあるか：数字と英字は色がはっきりと感じられやすい。漢字もやや答えやすい。ひらがな，カタカナは色のつき方がやや弱く，色は感じているものの捉えどころがないという印象。漢字は単語

ひらがな・カタカナ

あ い う え お　　　　　　は ひ ふ へ ほ ば び ぶ べ ぼ ぱ ぴ ぷ ぺ ぽ
ア イ ウ エ オ　　　　　　ハ ヒ フ ヘ ホ バ ビ ブ ベ ボ パ ピ プ ペ ポ

か き く け こ が ぎ ぐ げ ご　　ま み む め も
カ キ ク ケ コ ガ ギ グ ゲ ゴ　　マ ミ ム メ モ

さ し す せ そ ざ じ ず ぜ ぞ　　や ゆ よ
サ シ ス セ ソ ザ ジ ズ ゼ ゾ　　ヤ ユ ヨ

た ち つ て と だ ぢ づ で ど　　ら り る れ ろ
タ チ ツ テ ト ダ ヂ ヅ デ ド　　ラ リ ル レ ロ

な に ぬ ね の　　　　　　わ 　　　　を ん
ナ ニ ヌ ネ ノ　　　　　　ワ 　　　　ヲ ン

英語アルファベット

A B C D E F G H I J K L M N O P Q R S T U V W 　Y Z
a b c d e f g h i j k l m n o p q r s t u v w 　y z

アラビア数字・漢数字

0 1 2 3 4 5 6 7 8 9
. 一 二 三 四 五 六 七 八 九 十 百 千

共通の部首を持つ漢字

海 酒 池 浜 涙 湯 法 決 　活 消 演
数 教 政 放 敬 故 救 散 敵 枚 致

色名・典型色を持つ物体を表す漢字

赤 青 緑 黒 白 黄 紫 灰 桃 橙 金 銀
血 竹 葉 炭 雪 菊 膚 象 桜 柿 鈴 虹

カタカナのような部品でできた漢字

エ カ タ ロ 多 台 左 右 外 加 仏 品

共通の読みを持つ漢字

甲 郊 航 肯 講 校 抗 項 幸 使 康 稿
死 資 師 詩 視 史 氏 士 支 脂 司 施

色字共感覚者 8

を思い浮かべたほうが色が分かりやすい（どの単語の中にあっても常に同じ色）。意味などの印象がついているもののほうが色がはっきりしている気がする（ひらがなよりも漢字や数字）。はっきりと色が分かっていない文字は，いつ見ても色がはっきりしない（「ナ」など）。

・自分の中で文字の色は常に一定か：はい。共感覚色は幼少期からずっと安定。
・なぜその文字にその色なのか：分からない。「赤」や「竹」など，色に関連した意味のある漢字はその意味通りの色が付くが，抽象的な文字の色がどこから来たのかはよく分からない。色がないと思った文字はなく，知らない文字でも全く色がないということはない（読めなくても色はある）。小さい頃，漢字を暗記した時に色を手掛かりに使ったのかもしれないと思うが，でも暗記前にすでに色があったような気もする。

色字共感覚で得をすること，損をすること

・得をすること：特になし。
・損をすること：損をするというほどではないが，自分の共感覚色とは別の色で文字が書かれた（あえて文字がカラフルに色づけされた）ポスターなどを見ると気になってしまう。ただしモノクロや単色で書かれた文字の場合は特に気にならない。

✣色字共感覚者9（18歳，女性）

プロフィール

・職業・身分：大学生（文系）
・芸術的な活動歴（習い事，学校の部活動を含む）：吹奏楽（打楽器），絵を描く，短歌を詠む（いずれも中学，高校のとき）。
・共感覚の自覚年齢：小さいころから文字に色があった。周囲の人は文字に色が付いていないと気付いたのは16歳ごろ。
・色を感じる文字種：数字，仮名，英字，漢字
・色字以外の共感覚を持っているか：音に色や形。音楽や人の声を聞くと，自動的に色や形が目の前に浮かぶ。たとえばハ長調は白，ニ長調はみかん色。木琴の音を聴くと，音の高さによって色や形の違う錠剤のようなものがポンポンと目の前に出てくるが，サックスの音を聴くと，音色によって材質が，音の高さによって明るさが異なる長い板が目の前を流れていく。人の声を聞

ひらがな・カタカナ

あ　い　う　え　お　　　　　は　ひ　ふ　へ　ほ　ば　び　ぶ　べ　ぼ　ぱ　ぴ　ぷ　ぺ　ぽ
ア　イ　ウ　エ　オ　　　　　ハ　ヒ　フ　ヘ　ホ　バ　ビ　ブ　ベ　ボ　パ　ピ　プ　ペ　ポ

か　き　く　け　こ　が　ぎ　ぐ　げ　ご　　　ま　み　む　め　も
カ　キ　ク　ケ　コ　ガ　ギ　グ　ゲ　ゴ　　　マ　ミ　ム　メ　モ

さ　し　す　せ　そ　ざ　じ　ず　ぜ　ぞ　　　や　　ゆ　　よ
サ　シ　ス　セ　ソ　ザ　ジ　ズ　ゼ　ゾ　　　ヤ　　ユ　　ヨ

た　ち　つ　て　と　だ　ぢ　づ　で　ど　　　ら　り　る　れ　ろ
タ　チ　ツ　テ　ト　ダ　ヂ　ヅ　デ　ド　　　ラ　リ　ル　レ　ロ

な　に　ぬ　ね　の　　　　　わ　　　　　　ん
ナ　ニ　ヌ　ネ　ノ　　　　　ワ　　　　ヲ　ン

英語アルファベット

A　B　C　D　E　F　G　H　I　J　K　L　M　N　O　P　Q　R　S　T　U　V　W　X　Y　Z
a　b　c　d　e　f　g　h　i　j　k　l　m　n　o　p　q　r　s　t　u　v　w　x　y　z

アラビア数字・漢数字

0　1　2　3　4　5　6　7　8　9
一　二　三　四　五　六　七　八　九　十　百　千

共通の部首を持つ漢字

海　酒　池　浜　涙　湯　法　決　漢　消
数　教　政　放　敬　故　救　散　敵　枚　致　敏

色名・典型色を持つ物体を表す漢字

赤　青　緑　黒　白　黄　紫　灰　桃　橙　金　銀
血　竹　葉　炭　雪　菊　藤　象　桜　柿　鈴　虹

カタカナのような部品でできた漢字

エ　カ　タ　ロ　多　台　左　右　加　仏　品

共通の読みを持つ漢字

甲　郊　航　肯　講　校　抗　項　孝　硬　康　稿
死　資　師　詩　視　史　氏　士　支　脂　司　施

色字共感覚者9

いた時も，声質によって色や質感が異なる帯が目の前を流れる。オーケストラを聴くと大きな絵のように見え，下手な演奏だと壊れたテレビを見ている感じになる。

共感覚色の感じかた

・どこに色を感じるか：頭の中（連想型）。現実空間の中にあるのではなく，どこか別の場所で，でも現実の空間と重なっているところに色が見える。色は文字の形をしていて，目に見える文字と重なってはいるけれど，別の層にある感じで，紙の上に存在しているわけではない。

・1 文字に感じるのは 1 色だけか：基本は 1 色だが，文字によっては 2 色感じることもある。特に濁点の付いた仮名文字は「黒だけど黄色」のように 2 色の印象を持つことがある（色が混ざったり，パーツごとに色が分かれたり，まだら模様になるのではなく，両方の色の印象が同時に存在している）。漢字の場合も 2 色を感じることがあるが，偏と旁で色が分かれる文字（たとえば「加」は「力」の部分は赤，「口」の部分は白）と，パーツごとに分かれるのではなく，読みによって色が分かれる文字（たとえば「康」は「コウ」と読むとねずみ色，「やす」と読むとオレンジ色）とがある。読みや文脈，どの単語に含まれるかによって色が変わる文字がある。英字や数字は 1 色に決まっていることが多いが，「w」のようにどの単語に入るかで色が変わる字もある（「w」単体では黒っぽくあまり色を感じない，「word」の「w」はオレンジ，「world」の場合は灰青，「wisdom」のときは鮮やかな青）。

・文字に対して色以外の感覚も感じるか：硬さの感覚がある。ひらがなは柔らかい，カタカナは硬いなど。「かちっとした肌色」などもあり，現実世界にはない色を感じているのかもしれない。なお，単語としてのまとまりで見たときのみ，質感のような印象もある（「wisdom」はしゅっとしている，「world」は四角いなど。文字単体からはこれらの印象は出てこない）

・色を感じやすい字，感じにくい字はあるか：英字や数字は，ひらがなやカタカナに比べて色が安定している。ただし仮名でも「あいうえおかきアイウエオカキ」は常に色がはっきりとしていて，周囲の文字や文脈の影響も受けない。日常生活であまり見かけない文字（「ヲ」「ぢ」など）は，色はあるけれども印象が薄いような，遠くにあるような感じで，捉えどころがない色に感じる。文や単語の先頭の文字の色の印象は強い。知っている文字の中で，色を

全く感じないと思う字はない（黒色だと回答した字はいずれも，色を感じないのではなく黒を感じる）。

・自分の中で文字の色は常に一定か：物心ついたときから安定していると思う。日常生活で文字を見るときは常に色を感じていて，寝不足だったりしても色は同じ。ただし最近イタリア語を勉強し始めたら，同じアルファベットでもイタリア語の一部として読むときは，英語として読むときとは違う色が付いていることに気付いた（英語で読むときは，これまでと同じ色のまま）。

・なぜその文字にその色なのか：分からない。文字の読み（音）が影響しているような気がする（読みが「さ」行の仮名や漢字は全体的に白っぽい色など）。また漢字の場合は意味が影響していると思う（色名はほぼ確実にその意味の色，「暑」は暖色，「寒」は白いなど）。濁点の付く仮名の色は濁っている印象。3の倍数の数字は青っぽい。

色字共感覚で得をすること，損をすること

・得をすること：字や単語を思い出したりするときに，色が手掛かりになることは多い（「オレンジ色の単語だった」など）。

・損をすること：自分の色とは異なる色で単語を書かれると，その単語が覚えにくいことがある（黒字のときや，自分の色に近い色で書かれているときは，覚えにくくはならないが，特に覚えやすくもならない）。

✢色字共感覚者10（28歳，女性）

プロフィール

・職業・身分：社会人（マスコミ・イベント関係）

・芸術的な活動歴（習い事，学校の部活動を含む）：3〜25歳まで詩吟，12〜22歳まで油絵，9〜25歳まで詩舞，その他ピアノ，書道他　現在全て一時中止しているが，仕事上芸術に関わることが多い。

・共感覚の自覚年齢：物心付いた頃から文字に色はあるが，共感覚という言葉を知ったのは27歳頃。

・色を感じる文字種：数字，仮名，英字，漢字

・色字以外の共感覚を持っているか：人物→色。仕事仲間などある程度の付き合いのある人や，中学校までの同級生に対してのみ。人の印象がカンバスとして現れる。カンバスの大きさは絵葉書サイズから大きいものまである。好

ひらがな・カタカナ

あ い う え お　　　　は ひ ふ へ ほ ば び ぶ べ ぼ ぱ ぴ ぷ ぺ ぽ
ア イ ウ エ オ　　　　ハ ヒ フ ヘ ホ バ ビ ブ ベ ボ パ ピ プ ペ ポ
か き く け こ が ぎ ぐ げ ご　　ま み む め も
カ キ ク ケ コ ガ ギ グ ゲ ゴ　　マ ミ ム メ モ
さ し す せ そ ざ じ ず ぜ ぞ　　や　ゆ　よ
サ シ ス セ ソ ザ ジ ズ ゼ ゾ　　ヤ　ユ　ヨ
た ち つ て と だ ぢ づ で ど　　ら り る れ ろ
タ チ ツ テ ト ダ ヂ ヅ デ ド　　ラ リ ル レ ロ
な に ぬ ね の　　　　わ　　　　を ん
ナ ニ ヌ ネ ノ　　　　ワ　　　　ヲ ン

英語アルファベット

A B C D E F G H I J K L M N O P Q R S T U V W X Y Z
a b c d e f g h i j k l m n o p q r s t u v w x y z

アラビア数字・漢数字

0 1 2 3 4 5 6 7 8 9
. 一 二 三 四 五 六 七 八 九 十 百 千

色名・典型色を持つ物体を表す漢字

赤 青 緑 黒 白 黄 紫 灰 桃 橙 金 銀
血 竹 葉 炭 雪 菊 藤 象 桜 柿 鈴 虹

共通の読みを持つ漢字

甲 郊 航 肯 構 校 抗 項 孝 硬 康 稿
死 資 師 詩 視 史 氏 士 支 脂 司 施

共通の部首を持つ漢字

海 酒 池 浜 派 湯 法 決 漢 活 消 演
数 教 政 放 敬 故 救 散 敵 枚 致 敏

カタカナのような部品でできた漢字

エ カ タ ロ 多 台 左 右 外 加 仏 品

色字共感覚者 10

き嫌いの多い人は絵葉書サイズの，心の広い人は無限大の大きさのカンバス
を持っている。その人物の性格や肌の色が，絵具の種類やグラデーションと
してカンバスに描き出される。優しい性格の人はゆるやかなグラデーション。
優しい中に，ちょっとピリッと厳しいところがある人の場合は，グラデーシ
ョンの中にピンっと線が引かれている。

共感覚色の感じかた

・どこに色を感じるか：頭の中（連想型）。文字を見ると，頭の中で色付きの
　文字が思い浮かぶ。そのとき，文字によっては書体や質感も決まっている。
　二度，三度と文字を読むと，頭の中で文字の形をしていた色が，かたまりに
　見えるようになる。一生懸命読んだり，覚えようとしたり，誰かに伝えよう
　としたりすると色がつく印象。

・1文字に感じるのは1色だけか：基本的に1色だけだが，漢字の場合は読み
　方によって色が変わることがある。たとえば「浩」は“ひろ”と読めばピン
　ク色だが，“コウ”と読めば黄色。文字全体で1色だが，漢字の場合は部首
　などパーツごとにも色がある。たとえば「酒」は，偏である「さんずい」と，
　旁の下のほうにある2本の横線は黒いが，作りの上半分の「西」のような部
　分はオレンジ〜朱色をしている。使用頻度の高い漢字は全体で1色のことが
　多いが（一番強いパーツの色の影響が大きく出る），使用頻度の低い漢字はパー
　ツごとにバラバラに色を感じがち。

・文字に対して色以外の感覚も感じるか：質感がある。たとえば「は」は普通
　の水彩絵の具で，「ぱ」は水彩色鉛筆で，「ば」はペインティングナイフを使
　い，油絵の具（＝色が濁っている）でカッ，カッ，と色を塗った感じ。また，
　文字によってはフォントがある。「さ」は明朝体の黒い字の背景に少し黄色
　がある感じ。「し」は中抜きの白っぽい明朝体。でも「酒」は黒色の筆文字
　だと思う。全体的に，ひらがなは普通の絵の具で塗った色の印象に近く，カ
　タカナはペインティングナイフを使って油絵の具で塗った色の印象に近い
　（ひらがなと同じ色みだが，若干色が濃くなる）。カタカナは形が角ばっている
　からかもしれない。

・色を感じやすい字，感じにくい字はあるか：色の浮かびやすさは文字によっ
　て異なる。「め」「ち」「ひ」「ぬ」は色を答えるのが難しかった。色があるの
　は確かなのだが，あまり使わない文字のせいか，色を捉えにくい。

・自分の中で文字の色は常に一定か：文字の色は常に一定。数年前海外（インドネシア）に長期滞在して，子どもたちと色付きの ABC ブロックで遊んだが，それによって英字の共感覚色が変わったりはしていないと思う（インドネシア語では英語と同じアルファベットを読み書きに使う）。ただしひょっとしたら，最近ハングルを覚え始めた影響で「台」の色が変化しているかもしれない（3回目の研究協力時の報告）。「台」はこれまではオレンジ系だったが，ハングルで「ㅁ」のような形のパーツは m の子音を表すためか，今日は「台」に，仮名の「ま」に感じるような水色系の色を感じた。

・なぜその文字にその色なのか：よく分からない。自分の中では「0（ゼロ）」「5」「O（オー）」「G」，そして自分の名前に含まれる「う」「ち」「ひ」などに“基本（基準点）となる文字”というイメージを抱いているが，そのような文字の共感覚色は白か黒になりやすい。白や黒は自分の中では“中心”“原始”の色。また，文字の音（発音）が共感覚色に影響しているかもしれない。仮名の場合は，子音で色みが，母音で色の強弱が決まっているような気がする。子音に関しては，「は」行は緑系，「か」行はオレンジ系など，行によって色の系統が決まっている。母音に関しては，「あ」段は強い，「い」段は弱い，「う」段はやや強い，などの印象を持つ。「う」や「お」には“中心となる音”というイメージを持っている。漢字も，読みの1音目が色みを決めている気がする（「シ」から始まる音の漢字は白っぽいなど）。また，漢字の場合は文字の意味も色に影響している。「緑」は絵の具のチューブから出したままの緑色に，少しだけ赤を足したような色の印象。少しだけ赤が入っているのは「みどり」と平仮名で書いた場合に「み」「り」が赤っぽいためかもしれない。

色字共感覚で得をすること，損をすること

・得をすること：ハングルを覚えるときに，共感覚色を利用しているかもしれない。たとえばハングル文字の「ㅁ」のような形のパーツは，m の子音を表しているせいか，仮名の「ま」行と同じような水色。「ト」のような形のパーツは，形が似ているからか，カタカナの「ト」のような薄黄色。

・損をすること：人の名前や会社名を聞くと，頭の中で瞬時にその文字の色に置き換わってしまうため，仕事で電話の取り次ぎをする際にいつも困る。たとえば「浅野」という名前を聞くと，瞬時に頭の中で“朱色の名前の人”に

置き換わってしまい，電話をかけてきたのが「浅野さん」だったか，それとも似たような朱色の「池本さん」だったかが分からなくなってしまう。また，自分の共感覚色とは異なる色で印刷された広告を見たりすると違和感を覚える（でも基本的には，一生懸命読まない限り文字の色は気にならない。たとえば，ただプリントを見ただけでは色をそんなに感じないため，日常生活に支障はない）。

✥色字共感覚者 11（40歳，女性）

プロフィール

・職業・身分：社会人（宝石関係の会社の総務経理）
・芸術的な活動歴（習い事，学校の部活動を含む）：音楽（JazzVocal, 10年位）
・共感覚の自覚年齢：いつからかは思い出せないが，多分幼少期から。「共感覚」という言葉を知り，自分がそうだと認識したのは数年前。
・色を感じる文字種：数字，仮名，英字，漢字
・色字以外の共感覚を持っているか：音楽の単音→色（例：レの音は黄色）。音楽の調性（コード）→色（例：Dのコードは黄色）。曲の雰囲気→色（例：「マルセリーノの歌」は水色。転調しても同じ色なので，キーの色と言う訳ではなさそう。よく知らない外国語の曲など，曲の意味が分からない場合は特に視野一面に色を感じやすく，曲の意味が良く分かる場合は色よりも曲のプロモーション・ビデオのような映像が思い浮かぶ）。

共感覚色の感じかた

・どこに色を感じるか：外界（投射型）。文字と同じ形をした色が，自分の頭の中ではなく，実際に見ている文字の場所に感じられる。まるで文字がカラー印刷されているような印象に近い。ただし実際の文字の物理的な色は，それはそれできちんと見えている。
・1文字に感じるのは1色だけか：基本的に1色だけ。ただし漢字の場合は部首ごとに色が分かれることがある（例：「桜」の偏「木偏」は茶色，旁は白っぽい色）。「銀」はぱっと見た場合は銀色だが，しげしげ眺めていると左側（金へん）だけ金色に見えてくる。また，「1」は基本的に黒だが，「14」の「1」は薄グレーになるなど，周囲の色に合わせて色が少し変わる。「や」など，紫か緑（どちらも和風のイメージの色）かが判別できず，いつも色が揺らいでいる気がする文字もある。

ひらがな・カタカナ

い う え お　　　　　　　は ひ ふ へ ほ ば び ぶ べ ぼ ぱ ぴ ぷ ぺ ぽ

イ ウ エ オ　　　　　　ハ ヒ フ ヘ ホ バ ビ ブ ベ ボ パ ピ プ ペ ポ

き く け こ が ぎ ぐ げ ご　ま み め も

カ キ ク ケ コ ガ ギ グ ゲ ゴ　マ ミ メ モ

さ し す せ そ ざ じ ず ぜ ぞ　や ゆ よ

サ シ ス セ ソ ザ ジ ズ ゼ ゾ　ヤ ユ ヨ

た ち つ て だ づ で ど　ら り る れ ろ

タ ツ テ ダ ヅ デ ド　ラ リ ル レ ロ

な に ぬ ね の　　　　　　ゐ ん

ニ ヌ ネ ノ　　　　ワ　　　ヲ ン

英語アルファベット

B C D E F G H I J K L M N O P Q R S　U V W X Y Z

a b c d e f g h i j k l m n o p q r s t u v w x y z

アラビア数字・漢数字

0 1 2　4　6 7　9

一 二 三 四 五 六 七 八 九 十 百 千

色名・典型色を持つ物体を表す漢字

青 緑 黒 白 黄 灰 桃 橙 金 銀

血 竹 葉 炭 雪 菊 藤 象 桜 柿 鈴

共通の読みを持つ漢字

甲 郊 航 肯 講 校 抗 項 孝 硬 瀆 稿

死 資 師 詩 視 史 氏 士 支 脂 司 施

共通の部首を持つ漢字

海 酒 池 浜 涙 湯 法 決 漢 活 消 演

教 政 放 敬 故 救 散 敵 枚 致 敏

カタカナのような部品でできた漢字

エ タ ロ 多 台 右 外 加 仏 品

色字共感覚者 11

- 文字に対して色以外の感覚も感じるか：つや，照りなどの光沢感も感じる。
「0（ゼロ）」はちょうど紙の上に水滴を垂らしたような感じで，透明で立体的。
黒色の文字は基本的につやがなく，死のイメージがあって苦手。
- 色を感じやすい字，感じにくい字はあるか：数字はいつも色を感じやすい。
「2」（黄色）や「4」（桜色）など，暖色系の数字は特に色がはっきりしている。
ひらがなとカタカナ（これらは同じ色）は色が出てきやすいものとそうでない
ものがある。アルファベットはまあまあ色が付く（「K」「L」「S」「M」は特に
色がはっきりしている）。漢字は，色が付く字は半数くらいじゃないかと思う。
- 自分の中で文字の色は常に一定か：はい。
- なぜその文字にその色なのか：よく分からない。ひらがな（カタカナも同じ
色）は行によって色がある。「か」行は主に黄色系，「さ」行は青系，「な」行
は紫などコテッとした色，など。「あ」行，つまり母音には色を感じない（た
だし「あ」は，「あい」「あか」という一部の単語に入っているときのみ赤色。「あ
たし」「あいち」の「あ」には色は付かず，透明というよりは黒色）。英文字の共
感覚色はあまり系統立てて決まっている感じがしない。「K」は「か」行と同
じ黄色系，「S」は「さ」行と同じ青系であることを考えると，ひらがなの色
が英字の色に影響しているのかもしれない。漢字の色には意味が影響してい
ると思う。「緑」は緑色など。アラビア数字と漢数字は同じ色。「壱百参萬参
阡六百弐拾」のように一瞬読みづらい古い漢数字列でも，数字（＝1033620）
として読めればアラビア数字や常用の漢数字と同じ色が付く。

色字共感覚で得をすること，損をすること

- 得をすること：数字を見て色を楽しめる。「0（ゼロ）」は透明，「1」は基本的
に黒，「2」は黄色のため，フリーダイヤルの「0120」は阪神タイガースカラ
ーだと思う。小さいころから色つきの宝石（色石）が好きで，現在も宝石業
界の会社の総務経理を担当しているせいか，自分の中で文字の色をよく色石
に当てはめる。たとえば「2」も「L」も黄色だが，「2」は（高温）加熱シト
リンの濃い目の黄色，「L」は（コバルト）照射シトリンのレモン色。健康保
険料の一覧表など，計算を意識しないでいい数字列を見ながら，「この数字
列の色の組み合わせは華奢なリングに，こちらは着物の帯留めにいいかも」
などと楽しんでいる。
- 損をすること：特になし。

❖色字共感覚者 12（20 歳，男性）

プロフィール

・職業・身分：大学生（心理学専攻）

・芸術的な活動歴（習い事，学校の部活動を含む）：ピアノ（小学校の 6 年間）

・共感覚の自覚年齢：文字に色があると気付いたのは 13 歳頃，周囲の人は文字に色が付いていないと気付いたのは 18 歳頃から。

・色を感じる文字種：数字，仮名，英字，漢字

・色字以外の共感覚を持っているか：なし

共感覚色の感じかた

・どこに色を感じるか：頭の中（連想型）。文字を見ると，頭の中に文字の形をした色が思い浮かぶ。色を感じにくかった場合は，文字の形をしていない色の塊が思い浮かぶ気がする。

・1 文字に感じるのは 1 色だけか：1 色だけ。漢字は部首などパーツごとに注目すればそれぞれに色はあるが，文字全体として見たときは 1 色のみ。

・文字に対して色以外の感覚も感じるか：感じない。グラデーションも質感もなく，色だけを感じる。

・色を感じやすい字，感じにくい字はあるか：色の見えやすさは数字，英字，漢字，仮名（ひらがな，カタカナ）の順。仮名は線が単純で，全体的に文字が似通っているから色が出てきにくい気がする。数字も線が単純なのに色が出てきやすいのは，日常生活でよく使うからかもしれない。漢字は形が複雑な上，部首などがあり個性がはっきりしているので，色のイメージを持ちやすいのかもしれない（ただし抽象的な意味の漢字は色を思い浮かべにくく，具体的な意味や部首があったほうが「色のとっかかり」があるように感じて色を思い浮かべやすい）。知っている文字の中で，色を全く感じないと思う字はない（黒色だと回答した字はいずれも色を感じないのではなく，黒を感じる）。

・自分の中で文字の色は常に一定か：ひらがな，カタカナ，数字，英字は昔から色が一貫していると思う。漢字は（昔から色はあったが）昔とは色が一貫していないような気がする。文字に意識を集中すると色が見えてくる印象があり，心や時間に余裕があるときのほうが色が見えやすいが（コンディションが悪いと，色が出てくるのに時間がかかる），色自体は常に一定。

・なぜその文字にその色なのか：わからない。一部の数字は，小さい時に好き

ひらがな・カタカナ

あ い う え お　　　　　　は ひ ふ へ ほ ば び ぶ べ ぼ ぱ ぴ ぷ ぺ ぽ
ア イ ウ エ オ　　　　　　ハ ヒ フ ヘ ホ バ ビ ブ ベ ボ パ ピ プ ペ ポ
か き く け こ が ぎ ぐ げ ご　まみむめも
カ キ ク ケ コ ガ ギ グ ゲ ゴ　マ ミ ム メ モ
さ し す せ そ ざ じ ず ぜ ぞ　や ゆ よ
サ シ ス セ ソ ザ ジ ズ ゼ ゾ　ヤ ユ ヨ
た ち つ て と だ ぢ づ で ど　ら り る れ ろ
タ チ ツ テ ト ダ ヂ ヅ デ ド　ラ リ ル レ ロ
な に ぬ ね の　　　　　　わ　　　を ん
ナ ニ ヌ ネ ノ　　　　　　ワ　　　ヲ ン

英語アルファベット

A B C D E F G H I J K L M N O P Q R S T U V W X Y Z
a b c d e f g h i j k l m n o p q r s t u v w x y z

アラビア数字・漢数字

0 1 2 3 4 5 6 7 8 9
一 二 三 四 五 六 七 八 九 十 百 千

共通の部首を持つ漢字

海 酒 池 浜 涙 湯 法 決 漢 活 消 演
数 教 政 放 敬 故 救 散 敵 枚 致 敏

色名・典型色を持つ物体を表す漢字

赤 青 緑 黒 白 黄 紫 灰 桃 橙 金 銀
血 竹 葉 炭 雪 菊 藤 象 桜 柿 鈴 虹

カタカナのような部品でできた漢字

エ カ タ ロ 多 台 左 右 外 加 仏 品

共通の読みを持つ漢字

甲 郊 航 肯 講 校 抗 項 孝 硬 康 稿
死 資 師 詩 視 史 氏 士 支 脂 司 施

色字共感覚者12

だった「機関車トーマス」の色の影響を受けているのかもしれない（車体番号「2」の「エドワード」の車体は青色→「2」は青，など）。仮名は行ごとに色があり（「か」行は青，「さ」行はオレンジなど），また，濁音は濁った色をしている（色はあるが，捉えどころがない色である）。英字も一部，捉えどころのない色をしているものがある。漢字の色は，意味で決まっているもの（「炭」は灰色，「桃」はピンク色など），部首で決まっているもの（「木へん」や「草かんむり」の字は緑系，「さんずい」は水色系など。しかし「法」はさんずいなのになぜかオレンジなど，ルールが良く分からない）があるなど，様々な要因がある気がする。

色字共感覚で得をすること，損をすること

・得をすること：年号や単語を覚えるのに色を使うことがある（ただし似た数字や文字が並ぶ場合はあまり役に立たない）。また，高校の頃，掛け算など計算をしている最中に何となく"正解の色"が分かるときがあり，計算結果がそれと違う色の数字になったときに，解き間違いに気づくことがあった。

・損をすること：特にない。1文字だけに集中すると色が出てくるという感じのため，読書のように複数の文字が並んでいるような状況ではあまり色が気にならない。

❖色字共感覚者13（21歳，女性）

プロフィール

・職業・身分：大学生（教育学部で書道を専攻）

・芸術的な活動歴（習い事，学校の部活動を含む）：4歳からピアノ，6歳から習字。絶対音感を持っている。

・共感覚の自覚年齢：物心付いた頃から文字に色がある。それが「共感覚」と呼ばれるものだと知ったのは16歳頃。

・色を感じる文字種：数字，仮名，英字，漢字

・色字以外の共感覚を持っているか：音階→色（ドレミ…の音は，それぞれ「ド」「レ」「ミ」…という文字と同じ色），音声→色（話し言葉も，それぞれ文字に置き換えたときと同じ色を感じる。ただし，文字に色を感じる場合は，色が外界に見える感じがするが，楽音や音声の場合は色が頭の中にかたまりとして浮かぶ。「こうてい」なら4文字の4色が1つのかたまりになる感じ），楽器の音色→色と視覚

的なイメージ（ピアノは黄色でぽろぽろっと弾ける。トランペットは茶色っぽい砂が広がる。チェロは青く，深くて低い），概念→色（"上"は朱赤，"下"は青緑，"前"は赤，"後"は紺色。これらは概念も文字も色が同じ。ただし"右"は概念としては赤，文字としてはピンク。"左"は概念としては青，文字としては茶色。"右""左"の概念の色のほうは，文字を覚える前である幼稚園のころからあった）。

共感覚色の感じかた

・どこに色を感じるか：外界（投射型）。文字と同じ形をした色が，自分の頭の中ではなく，紙の上など実際に見ている文字の場所に感じられる。まるで文字がカラー印刷されているような印象に近い。ただし実際の文字の物理的な色は，それはそれできちんと見えている。目の前に文字がなく，文字を想像する場合は頭の中に色の塊が浮かぶ。また，書道などでよほど書き崩されている文字の場合は，読めたときだけ頭の中に色が浮かぶ。名前などは数色が同時に並ぶ。

・1文字に感じるのは1色だけか：2色感じる文字もある。たとえば「ち」は紫と黄緑，「た」は濃い紫と茶色のそれぞれ両方の印象があり，それら2色が混ざって感じられるわけではない。また，漢字は部首ごとの色と全体の色の両方があることが多い。「講」は偏（「ごんべん」）が「言」と同じ青色，旁が黄色。漢字は部首ごとの色とは別に，（時には部分の色とは全く無関係な）全体の色が存在する字もある。

・文字に対して色以外の感覚も感じるか：つるつる，光っている，つや，がさがさ，透明感などの質感がある。「7」は透き通った緑。

・色を感じやすい字，感じにくい字はあるか：特になく，どの字もほとんどいつも同じ色が見えている。

・自分の中で文字の色は常に一定か：はい。幼少期から色が変わっていないと思う。

・なぜその文字にその色なのか：よく分からない。漢字の場合は意味の影響がある気もする。「赤」などの色名漢字はそのままの色（でもこれは共感覚者じゃなくてもみんなそうだと思う），「竹」や「くさかんむり」は緑，「死」は濃い紫という暗いイメージの色，など。でもこれは，すべての漢字に当てはまるわけではない。ひらがなやカタカナの場合は，濁点があると（例「ば」）元の字（例「は」）よりも色が暗くなり，半濁点が付くと（例「ぱ」）透明感が出

ひらがな・カタカナ

あ い う え お　　　　は ひ ふ へ ほ ば び ぶ べ ぼ ぱ ぴ ぷ ぺ ぽ
ア イ ウ エ オ　　　　ハ ヒ フ ヘ ホ バ ビ ブ ベ ボ パ ピ プ ペ ポ
か き く け こ が ぎ ぐ げ ご　　ま み む め も
カ キ ク ケ コ ガ ギ グ ゲ ゴ　　マ ミ ム メ モ
さ し す せ そ ざ じ ず ぜ ぞ　　や　ゆ　　よ
サ シ ス セ ソ ザ ジ ズ ゼ ゾ　　ヤ　ユ　　ヨ
た ち つ て と だ ぢ づ で ど　　ら り る れ ろ
タ チ ツ テ ト ダ チ ヅ デ ド　　ラ リ ル レ ロ
な に ぬ ね の　　　　わ　　　を ん
ナ ニ ヌ ネ ノ　　　　ワ　　　ヲ ン

英語アルファベット

A B C D E F G H I J K L M N O P Q R S T U V W X Y Z
a b c d e f g h i j k l m n o p q r s t u v w x y z

アラビア数字・漢数字

0 1 2 3 4 5 6 7 8 9
. 一 二 三 四 五 六 七 八 九 十 百 千

共通の部首を持つ漢字

海 酒 池 浜 涙 湯 汰 決 漢 活 消 演
数 教 政 放 敬 故 救 散 敵 枚 敗 徹

色名・典型色を持つ物体を表す漢字

赤 青 緑 黒 白 黄 紫 灰 桃 橙 金 銀
血 竹 菜 炭 雪 菊 墨 象 桜 柿 鈴 虹

カタカナのような部品でできた漢字

エ カ タ ロ 多 合 左 右 外 加 仏 品

共通の読みを持つ漢字

甲 郊 航 肯 講 桜 抗 項 孝 梗 康 稿
死 資 師 詩 視 史 氏 士 支 脂 司 施

色字共感覚者 13

る。

色字共感覚で得をすること，損をすること

・得をすること：特になし。年号の暗記などに共感覚色を使いたいけれど，色合いは覚えられても順番を覚えられず，たとえば「794」だったか「749」だったかが分からなくなってしまったりする（もともときちんと覚えられている数字列であれば，頭の中でもきちんとその順番に色が並ぶのだが…）。
・損をすること：「2」と「6」は色が似ているので混同しやすい。

❖色字共感覚者 14（18 歳，女性）

プロフィール

・職業・身分：大学生（理系）
・芸術的な活動歴（習い事，学校の部活動を含む）：ピアノ（幼稚園年長～高校 3 年），中学時代に美術部，高校時代にオーケストラ部に在籍，中学 3 年のときに色彩検定 3 級。
・共感覚の自覚年齢：幼少期から文字に色はあったが，それが「共感覚」というものだと知ったのは 16 歳頃。
・色を感じる文字種：数字，仮名（少しだけ），英字，漢字
・色字以外の共感覚を持っているか：時間→色（少しだけ。「3 時台は緑」など），楽譜の音符→色（少しだけ。一時期だけ，五線譜上にある音符にも，文字のように色が見えた。ファの音＝緑，など。ただし色が見えたのはハ音記号の楽譜の場合のみ。ト音記号の場合は色は見えなかった），顔文字→色（「「（」や「；」など，部品となる記号だけでは色が付かないが，「（；＿；）」のように顔文字になると，そのひとまとまりで色が付く。「（；＿；）」は緑がかった水色，もともと「∀」単体には色がないにもかかわらず，「（°∀°）」は「∀」を中心にグラデーション状にピンク色など。色を全く感じない顔文字もある）。

共感覚色の感じかた

・どこに色を感じるか：頭の中（連想型）。文字を見ると，頭の中にぼんやりとした色のイメージが浮かぶ（色のイメージは文字の形はしていない）。物理の計算中に「v」を何度も何度も書いているときなどは，頭の中が「v」の黄土色でいっぱいになる。また，文字の色には「昔からその色だと決まって

ひらがな・カタカナ

あ いうえ お　　　　　は ひ ふ へ ほ ば び ぶ べ ぼ ぱ ぴ ぷ ペ ぽ
ア イ ウ エ オ　　　　ハ ヒ フ ヘ ホ バ ビ ブ ベ ボ パ ピ プ ペ ポ
か き く け こ が ぎ ぐ げ ご　　ま み む め も
カ キ ク ケ コ ガ ギ グ ゲ ゴ　　マ ミ ム メ モ
さ し す せ そ ざ じ ず ぜ ぞ　　や　　ゆ　　よ
サ シ ス セ ソ ザ ジ ズ ゼ ゾ　　ヤ　　ユ　　ヨ
た ち つ て と だ ち づ で ど　　ら り る れ ろ
タ チ ツ テ ト ダ ヂ ヅ デ ド　　ラ リ ル レ ロ
な に ぬ ね の　　　　　わ　　　　を ん
ナ ニ ヌ ネ ノ　　　　　ワ　　　　ヲ ン

英語アルファベット

A B C D E F G H I J K L M N O P Q R S T U V W X Y Z
a b c d e f g h i j k l m n o p q r s t u v w x y z

アラビア数字・漢数字

0 1 2 3 4 5 6 7 8 9
〇 一 二 三 四 五 六 七 八 九 十 百 千

共通の部首を持つ漢字

海 酒 池 浜 涙 湯 法 決 漢 活 消 演
数 教 政 放 敬 故 救 散 敵 枚 致 歳

色名・典型色を持つ物体を表す漢字

赤 青 緑 黒 白 黄 紫 灰 桃 橙 金 銀
血 竹 葉 炭 雪 菊 土 象 桜 柿 鈴 虹

カタカナのような部品でできた漢字

エ カ タ ロ 多 台 左 右 外 加 仏 品

共通の読みを持つ漢字

甲 郊 航 港 講 校 抗 項 孝 行 康 稿
死 資 師 詩 視 史 氏 士 支 脂 司 施

色字共感覚者 14

いた」という感じをおぼえる。

・1文字に感じるのは1色だけか：1色だけ。漢字は部首（パーツ）ごとにも色があるが（「酒」や「配」の"酉"は赤いなど），文字全体として見たときは1色に決まる。いずれかの部首の色が漢字全体の色にもなっていることが多く，偏と旁のどちらの影響がより強いかは文字によって異なる。

・文字に対して色以外の感覚も感じるか：文字のフォントが違うと，感じる色自体は変わらないが，感じる雰囲気が違う。また，大きさの印象がある文字もある。「∫（インテグラル）」は，発音記号として読んだときは特に色はないが，数式として読んだ場合は青色で，高さが180cmくらいあり，自分を四方から取り囲んでいるイメージ（初めはそれが怖くて数学の教科書を開けなかったほどだったが，数式を勉強して慣れることによって克服）。

・色を感じやすい字，感じにくい字はあるか：漢字が最も色を感じやすく，次いで英字（大文字，小文字は同じくらい），アラビア数字，仮名（ひらがな，カタカナ同じくらい）の順。小学年低学年で習うような漢字ほど色を感じにくく，もっと後で習った字のほうがより簡単に色が付く。また，画数が多い漢字のほうが色が答えやすい。手書き文字よりは活字のほうが色がはっきりする。手書きでも読みやすいきれいな字の場合は色が出てくる時間が短い。

・自分の中で文字の色は常に一定か：幼少期から色は変わっていないと思う（色が変化する可能性を考えたことすらなかった）。ただし昔（小学生の頃）のほうが感覚が強かったような気がする。またギリシャ文字（θ，ρ，∫など）は，以前は顔文字のパーツとして使うくらいで色を感じなかったが，物理や数学で文字として使うようになってからは勝手に色が出てくるようになった。ちなみにまだ知らない外国語の文字，たとえばハングルは，いまは灰色に感じる（色が全くないわけではない。読めなくても，一応文字であることは知っているから？）。

・なぜその文字にその色なのか：よく分からない。ひらがなの色は音（特に子音）で決まっていると思う。「か」行は（濃さや鮮やかさは様々だけど）茶色，「さ」行は水色，など。さらに「か」行と「K」の色，「さ」行と「S」の色，「あ」と「A」の色，「い」と「I」の色などはそれぞれ似ており，ひらがなと英字も共通の子音や母音の色で決まっていることが多いと思う（ただし「や」行と「Y」，「ら」行と「R」，「わ」行と「W」の色は一致しない）。漢字の場合は音よりも意味や形（部首）の影響の方が強いが（「緑」は緑，「青」は青緑，

「酉」という部首は赤），抽象的な意味の漢字や，部首に分けられない漢字でも最初から色が付いているのは謎。画数が多い複雑な字ほど色が濃く（たとえば「環」はとても鮮やかな緑色），単純な字（「一」「二」など）ほど白〜透明っぽくなる。

色字共感覚で得をすること，損をすること

・得をすること：特になし。普段色のことは特に気にしていない。

・損をすること：物理や数学で出てくるギリシャ文字に色が付くのは，テストなどで数式を解くときには邪魔。

❖色字共感覚者 15（26 歳，女性）

プロフィール

・職業・身分：社会人

・芸術的な活動歴（習い事，学校の部活動を含む）：小さい頃は絵を描くのが好きだった，ピアノ多少経験あり

・共感覚の自覚年齢：3 歳頃？

・色を感じる文字種：数字，仮名，英字，漢字

・色字以外の共感覚を持っているか：音楽の調性→色，楽器（ラッパ，ピアノなど）の音色の特徴→質感

共感覚色の感じかた

・どこに色を感じるか：外界（投射型）。文字と同じ形をした色が，自分の頭の中ではなく，紙の上など実際に見ている文字の場所に感じられる。まるで文字がカラー印刷されているような印象に近い。ただし実際の文字の物理的な色は，それはそれできちんと見えている。

・1 文字に感じるのは 1 色だけか：全体の 2-3 割の文字には複数色（2-3 色）ある。これら複数の色が一度に混ざったり，パーツごとに分かれて出てくるのではなく，1 文字に対して一度に感じるのは常に 1 色のみ。ただし，どの単語に含まれるかによって色が異なる。たとえば「ア」は，単体では青，「フロア」でも青，しかし「クリア」や「ファニチャー」の場合は赤。なぜその単語でその色が選ばれるのかは理由はよく分からないが，単語内で同じ色が続くのを無意識に避けているようにも思われる。たとえば「A」は赤色か青

ひらがな・カタカナ

あ い う え お 　　　　 は ひ ふ へ ほ ば び ぶ べ ぼ ぱ ぴ ぷ ぺ ぽ
ア イ ウ エ オ 　　　　 ハ ヒ フ ヘ ホ バ ビ ブ ベ ボ パ ピ プ ペ ポ
か き く け こ が ぎ ぐ げ ご 　　 ま み む め も
カ キ ク ケ コ ガ ギ グ ゲ ゴ 　　 マ ミ ム メ モ
さ し す せ そ ざ じ ず ぜ ぞ 　　 や 　 ゆ 　 よ
サ シ ス セ ソ ザ ジ ズ ゼ ゾ 　　 ヤ 　 ユ 　 ヨ
た ち つ て と だ ぢ づ で ど 　　 ら り る れ ろ
タ チ ツ テ ト ダ ヂ ヅ デ ド 　　 ラ リ ル レ ロ
な に ぬ ね の 　　　　 わ 　　 を ん
ナ ニ ヌ ネ ノ 　　　　 ワ 　　 ヲ ン

英語アルファベット

A B C D E F G H I J K L M N O P Q R S T U V W X Y Z
a b c d e f g h i j k l m n o p q r s t u v w x y z

アラビア数字・漢数字　　　　　**共通の部首を持つ漢字**

0 1 2 3 4 5 6 7 8 9 　　　 海 酒 池 浜 涙 湯 法 決 膿 活 消 演
. 一 二 三 四 五 六 七 八 九 十 百 千 　　 数 教 政 放 散 故 救 散 敵 校 致 敏

色名・典型色を持つ物体を表す漢字　　**カタカナのような部品でできた漢字**

赤 青 緑 黒 白 黄 紫 灰 桃 橙 金 銀 　　 エ カ タ 口 多 台 左 右 外 加 仏 品
血 竹 葉 炎 雪 菊 藤 象 桜 柿 鈴 虹

共通の読みを持つ漢字

甲 郊 航 青 講 校 抗 項 孝 硬 康 稿
死 資 師 詩 視 史 氏 士 支 脂 司 詞

色字共感覚者 15

色だが，綴りの中で「A」に続く文字が赤色の時は「A」は青色に，続く文字が青色の時は「A」は赤色に（自動的に）なる。また，漢字は訓読みしたときと音読みした時で色が違い，それぞれ音（読み）をひらがなで書いた時の色になる。たとえば「萌」は「も（える）」と訓読みすると赤色，「ほう」と音読みすると緑色。

- 文字に対して色以外の感覚も感じるか：文字の発音（発話音声）を聞くと，色は感じないが質感（触感）を口の中に感じる。子音や母音，話し手の声の質感に応じて，ざらざら，ねっとりといった感触が口の中に生じる。

- 色を感じやすい字，感じにくい字はあるか：数字は色が完璧に決まっている気がし，もっとも色を感じやすい。ひらがな，カタカナ，英字の色の感じやすさはいずれも同じくらい（中程度の感じやすさ）。漢字は，文字を見たその場で色が決まっている印象があり，似た感じから類推したり，音と形の両方が影響し，干渉し合ったりするため，最も色が安定しない。もしかしたらよく使う字のほうが色を答えやすいかもしれない。

- 自分の中で文字の色は常に一定か：はい。文字の色は小さいころから変わっていないと思う。ずっと，文字にはもともと色があるものと思っていた。新しく覚えた漢字でも，似合う色がもともと決まっているというイメージ。

- なぜその文字にその色なのか：数字に関しては，小さいころ（3 歳頃まで）に持っていたおもちゃの色が影響していると思う。そのおもちゃには，色なし（モノクロ）の数字や英字が書かれた鍵盤が付いていて，その文字には色付きのイラストが添えられていた。その数字とイラストの組み合わせはすんなり受け入れられた記憶があるので，イラストの絵がいまの数字の色に影響しているのかもしれない（そのおもちゃの英字の部分に関してはあまり記憶がない）。ひらがななどは，なぜその色なのかは不明。漢字は意味の影響があると思う（「赤」は赤色，など）。

色字共感覚で*得*をすること，*損*をすること

- 得をすること：特になし。
- 損をすること：特になし。

❖色字共感覚者 16（21歳，女性）

プロフィール

・職業・身分：大学生（哲学専攻）

・芸術的な活動歴（習い事，学校の部活動を含む）：ピアノ（5〜11歳）

・共感覚の自覚年齢：幼いころから文字に色はあったと思うが，自覚をしたの
は17歳頃。

・色を感じる文字種：数字，仮名，英字，漢字

・色字以外の共感覚を持っているか：音楽→形，色や映像（ハウスなどクラブ
ミュージックのピコピコとした電子音には波，星，黒い塊などの形を感じる。クラ
シック音楽の場合は，銀色の絹のようなものが目の前を流れる。たまに森，夜空，
男の子と女の子など，音楽に伴って映像が思い浮かぶこともある），自分で理解
した概念や説明→形や色，話し言葉（単語と言うよりは音の響きやイントネー
ション）→色，形や動き（特に外国語の音声を聞くと，目の前あたりに波が浮か
んで見えてきれい。特にイギリス英語の波はきれいで好き。韓国語はカクカクして
いて，ロシア語は茶色くてぐちゃぐちゃとしている。タイ語はドット（点）を感じる。
子音は跳ねる印象があるが，東南アジア系の言語の場合は子音を多く感じ取って
いるのか，ドットがよく跳ねる。日本語でも分からない方言だと色が付く），人の
印象→色（面白くて活発な，自分にとって好印象な人は赤い，初対面で「合わな
そう」と思った人は赤茶色。好きな男の子はきれいな黄緑。でもつき合っていると
きはものすごくきれいな蛍光の黄緑なのに，価値観が合わなくて分かれたらただの
黄緑に）。

共感覚色の感じかた

・どこに色を感じるか：外界（投射型）。文字を見るとその左下に，その文字と
同じ形の色付きの影があるように感じる。その影は文字が書かれている紙な
どのところにあり，宙に浮いたりはしていない。

・1文字に感じるのは1色だけか：2色ある字もある。「r」は深紫か黄色，な
ど（「R」は深紫のみ）。「木」は古い木の幹の色をしていて，左側に緑色の影
がかかっている。また，アルファベットの「I」や「O」，「T」は単体では黄
色系の透明だが，単語内では直前の文字の色がうつる（同化するのではなく，
直前の文字の色の影響下に入る感じ）。数字の「0」も透明で，同様に周囲の数
字の色がうつりやすい。「は」は通常は黄色，でも文中で助詞として使われ

ひらがな・カタカナ

あ い う え お　　　は ひ ふ へ ほ　び　べ ぼ ば び ぶ べ ぼ
ア イ ウエ　　　　ハ ヒ フ ヘ ホ　　ベ　パ ピ プ ペ ポ
か きくけ こ が ぎ ぐげ　ま み む め も
カ キ ク ケ コ ガ　ゲ　マ ミ ム メ モ
さ し す せ そ ざ じ　ぜ ぞ　や　　　　
サ シ ス セ ソ ザ　ぜ ゾ　ヤ
た ち つ て と だ ち　て　ら り る れ ろ
チ ツ テ ト　デ　ラ リ ル レ
な に ぬ ね の　　わ
ニ ノ ネ ノ　　　ワ

英語アルファベット

A B C D E F G H I J K L M　P Q R S T U V X Y Z
a b c d e f　i j l m　p q r s t u v x y z

アラビア数字・漢数字

0 1 2 3 4 5 6 7 8 9
一 二 三 四 五 六 七 八 九 百 千

共通の部首を持つ漢字

海 酒 池 浜 涙 湯　決 漢 活 消 流
效 數 政 放 敬 故 救 散 敏 枚 致 敏

色名・典型色を持つ物体を表す漢字

赤 青 緑 黒 白 黄 紫 灰 桃 橙 金 銀
竹 葉 炭 雪 菊 藤　桜 柿　虹

カタカナのような部品でできた漢字

エ 力 口　左 右 外 加 仏 品

共通の読みを持つ漢字

甲 郊 航 肯 校 抗 項 硬 康 稿
死 資 師 詩 視 氏 士 支 脂 司 施

色字共感覚者 16

ている場合はオレンジ。

・文字に対して色以外の感覚も感じるか：文字に硬さなどの質感も感じる。ひらがなは全体的にやわらかくて丸く，硬い字と潤っている字がある。カタカナは全体的にカクカクしていて無機質。ちなみに，ひらがなとカタカナは全体的に同系統の色だが，ひらがなのほうがつまらない色で，カタカナのほうがポップな色。また，「だ」など濁音の仮名は，文字の色に加えて，目の前10 cm くらいのところに黒い波線が見える。アルファベットは全体的に蛍光がかっていて，とてもきれい（色と形が好き）。アルファベットの子音だけ，さらにそれぞれの文字ごとの形や質感がある。「P」はパステルカラーと蛍光色の混ざったピンクまたは水色をしていて，固めのスライム状で，下の方は溶けている。「S」は消えかけそうなほど薄いイメージ。アルファベットの母音は暖色で丸っこい。漢字はもっとも色のバリエーションが多く，また，重さなどの印象を持つ字もある（「法」や「本」は“重い”，「本」「森」「教（える）」は樹海のように果てしないイメージ）。

・色を感じやすい字，感じにくい字はあるか：数字とアルファベットは「色が決まっている」という印象があり，色を答えやすい。ひらがなとカタカナは，いくつかの色は「決まっている」と思うが，色を迷う字がほとんど。ひらがなはその日ごとに印象が違うような気もする。漢字は，もともとはあまり色がないと思っていたが，研究に協力してみたら意外と色があることに気付いた。

・自分の中で文字の色は常に一定か：はい。

・なぜその文字にその色なのか：ひらがな，カタカナ，数字は順番と画数で色が決まっている気がする。“1番”は明るい赤，“2番”は黄色，“3番”はオレンジ，というふうに，順番にも色が結びつけられていると感じており，その色が1番目，2番目…の文字の色に影響している気がする。さらに画数が少ないほうが，黄色やオレンジの印象が強い（「ニ」「り」など）。また，“ひとまとまりの始まり（＝1番）”が明るい赤なのに対して，“ひとまとまりの終わり”には深い赤色の印象があり，そのせいか「ん」や「10」は深い赤色。人名の後ろに付く敬称の「氏」も深い赤色。ひらがなは行ごとに色の系統があり，たとえば「あ」行は暖色系，「か」行は緑系，「さ」行は薄いピンクなど，消えそうな色をしている。カタカナは，音から連想される単語の印象で色が付いている気がする（おそらく「キ」は「木」の影響で黄緑，「チ」は「血」

の影響で赤）。漢字の場合は意味の影響があるほか（「桜」は薄ピンク色，「柿」はオレンジ色。「項」など抽象的な漢字は，意味が良く分からないと思うと色も良く分からなくなる），好きな漢字に好きな色（薄紫，赤，透明感のある白）を付けているような気がする。自分の中で（具体的になぜかは分からないが）何となく似ていると思う字（たとえば「g」「n」「8」）は似た色（濃い紫や赤）。

色字共感覚で得をすること，損をすること

・得をすること：文字や音声の色が美しいので楽しめる。また，接続詞にも色が付くので（「さらに」など添加の接続詞は暖色，「しかし」などの逆説の接続詞は寒色），長い文章が読みやすい。主に外国語の音声（発音）にも色や質感などを感じるせいか，外国語の発音を真似るのがうまく，人から「ほぼネイティブ並みの発音」と言われることも多い。

・損をすること：世間では共感覚者は少数派なのだとは知っていたが，自分では共感覚を持っていることは苦痛ではなく，むしろ上記のような利点もあり，特に問題を感じていなかった。しかし最近，やはり自分はおかしいのではないか，共感覚は精神的または知的な「障害」なのではないかと心配になってきて，精神的に辛い思いをしている。

✢色字共感覚者17（30歳，女性）

プロフィール

・職業・身分：社会人
・芸術的な活動歴（習い事，学校の部活動を含む）：高校時代に油絵，5歳〜17歳まで書道。
・共感覚の自覚年齢：3歳頃。
・色を感じる文字種：数字，仮名，英字，漢字
・色字以外の共感覚を持っているか：数字→形（空間配置。1から60くらいまでの数字は左から右へと一直線に水平に並び，それ以降の数字は右肩上がりに直線に並んでいる。このような配置を感じるのは，1から100くらいまでの間の数字についてのみ。これはもしかしたら，人間の年齢の範囲と対応しているのかもしれない）。

共感覚色の感じかた

・どこに色を感じるか：頭の中（連想型）。文字が書かれた紙の上など，外界に

ひらがな・カタカナ

あ い う え お　　　　　　　　は ひ ふ へ ほ ば び ぶ べ ぼ ぱ ぴ ぷ ぺ ぽ
ア イ ウ エ オ　　　　　　　　ハ ヒ フ ヘ ホ バ ビ ブ ベ ボ パ ピ プ ペ ポ
か き く け こ が ぎ ぐ げ ご　　　ま み む め も
カ キ ク ケ コ ガ ギ グ ゲ ゴ　　　マ ミ ム メ モ
さ し す せ そ ざ じ ず ぜ ぞ　　　や　ゆ　よ
サ シ ス セ ソ ザ ジ ズ ゼ ゾ　　　ヤ　ユ　ヨ
た ち つ て と だ ぢ づ で ど　　　ら り る れ ろ
タ チ ツ テ ト ダ ヂ ヅ デ ド　　　ラ リ ル レ ロ
な に ぬ ね の　　　　　　　　わ　　　を ん
ナ ニ ヌ ネ ノ　　　　　　　　ワ　　　ヲ ン

英語アルファベット

A B C D E F G H I J K L M N O P Q R S T U V W X Y Z
a b c d e f g h i j k l m n o p q r s t u v w x y z

アラビア数字・漢数字

0 1 2 3 4 5 6 7 8 9
一 二 三 四 五 六 七 八 九 十 百 千

共通の部首を持つ漢字

酒 洒 浜 涙 湯 法 洪 漢 活 消 洞
故 教 政 放 敬 救 致 敵 枚 致 敏

色名・典型色を持つ物体を表す漢字

赤 青 緑 黒 白 黄 茶 灰 桃 橙 金 銀
墨 竹 葉 炭 鼠 菊 藤 象 桜 柿 鈴 虹

カタカナのような部品でできた漢字

工 力 夕 ロ 多 台 左 右 外 加 仏 品

共通の読みを持つ漢字

甲 行 航 講 後 抗 項 孝 硬 康 稿
資 師 詩 史 氏 支 文 脂 司 施

色字共感覚者17

色があるわけではなく，見えているのは文字の物理的な色のみ。でも文字を見ているとき，色がもわもわと頭の前の方に浮かぶ（色は文字の形をしていない）。

・1 文字に感じるのは 1 色だけか：2 色ある文字もある。2 色の感じ方は文字によっても違う。たとえば「お」には白と黒の両方の印象を感じるが，（物理的ではない意味で）表の印象の色と裏の印象の色があるというイメージ。この場合は，頭の中で視点を変えて文字を見てみると色が違う，という感覚がある。一方「な」行の文字の場合は，紫と赤紫の 2 色が濃淡のグラデーションのようになっている。このように，2 色がグラデーションのようになっている文字は多い。漢字は偏と旁など，パーツによって色が分かれやすい。たとえば「郊」は，偏は赤紫，旁は白。でも「肯」のように，パーツに分割できるけれども全体で 1 色だけ（青）という文字もある（ちなみに「止」という漢字は赤，「月」という漢字はピンク〜白。「肯」が青という穏やかな色なのは，"認める" という言葉の意味に，穏やかな印象を持っているためかもしれない）。

・文字に対して色以外の感覚も感じるか：なし。

・色を感じやすい字，感じにくい字はあるか：数字，アルファベットはあまり複数色に分かれないので色が分かりやすい。でもどの文字でも色はきちんとある。この研究協力で黒色を選んだ文字には色の印象がないわけでは決してなく，黒色の印象を感じている。

・自分の中で文字の色は常に一定か：はい。

・なぜその文字にその色なのか：よく分からない。「ぬ」と「め」は形が似ているから，感じる色が似ているのかもしれない。ひらがなとカタカナはほとんど同じ色だが，もしかしたらカタカナのほうが色がはっきりしているかもしれない。漢字の場合は文字の意味やそれに対するイメージが影響しているかもしれない。「青」「魚」は意味内容をそのまま反映して青色，「勝」「陽」「幸」のように高揚感などがある意味の漢字の場合は赤。

色字共感覚で得をすること，損をすること

・得をすること：特になし。

・損をすること：これまで共感覚というものに "正体不明の病気" という印象を持っており，人に話しても「変だ」と否定されてしまうことがあり，辛かった。世の中に共感覚を持った人が一定数存在することを知り，"そういう

ひらがな・カタカナ

あ い う え お　　　　　　は ひ ふ へ ほ ば び ぶ べ ぼ ぱ ぴ ぷ ぺ ぽ

ア イ ウ エ オ　　　　　　ハ ヒ フ ヘ ホ バ ビ ブ ベ ボ パ ピ プ ペ ポ

か き く け こ が ぎ ぐ げ ご　　ま み む め も

カ キ ク ケ コ ガ ギ グ ゲ ゴ　　マ ミ ム メ モ

さ し す せ そ ざ じ ず ぜ ぞ　　や 　ゆ 　よ

サ シ ス セ ソ ザ ジ ズ ゼ ゾ　　ヤ 　ユ 　ヨ

た ち つ て と だ ぢ づ で ど　　ら り る れ ろ

タ チ ツ テ ト ダ ヂ ヅ デ ド　　ラ リ ル レ ロ

な に ぬ ね の　　　　　　わ 　　　を ん

ナ ニ ヌ ネ ノ　　　　　　ワ 　　　リ ヲ ン

英語アルファベット

A B C D E F G H I J K L M N O P Q R S T U V W X Y Z

a b c d e f g h i j k l m n o p q r s t u v w x y z

アラビア数字・漢数字

0 1 2 3 4 5 6 7 8 9

〇 一 二 三 四 五 六 七 八 九 十 百 千

共通の部首を持つ漢字

溺 酒 池 浜 涙 湯 法 決 漢 活 消 濱

数 教 政 放 敬 故 救 散 敵 枚 致 敏

色名・典型色を持つ物体を表す漢字

赤 青 緑 黒 白 黄 紫 灰 桃 橙 金 銀

血 竹 葉 炭 雪 菊 藤 象 桜 橋 鈴 虹

カタカナのような部品でできた漢字

エ カ タ ロ 多 台 左 右 外 加 仏 品

共通の読みを持つ漢字

甲 郊 航 肯 耕 校 抗 項 孝 硬 康 稿

死 資 師 詩 視 史 氏 士 支 脂 司 施

色字共感覚者 18

人もいていいんだ" と思えてからは，気分的に落ち着いた気がする（だから
といって，昔と今で共感覚色の感じ方が変わったということはない）。

✛色字共感覚者 18（26 歳，女性）

プロフィール

・職業・身分：社会人

・芸術的な活動歴（習い事，学校の部活動を含む）：中学〜高校時代に美術部（高
校は普通科の芸術系美術コース）。大学では美術系の学科で日本画を専攻。

・共感覚の自覚年齢：6 歳頃（小学校入学時，文字を習い始めたころ）。「共感覚」
という言葉を知ったのは数カ月前，Web の科学ニュースで。

・色を感じる文字種：数字，仮名，英字，漢字

・色字以外の共感覚を持っているか：暦→形（空間配置。カレンダーの 12 の月
はややいびつな楕円形に並んでいる。自分の背丈よりも少し高いくらいの壁が，
いびつな楕円の環の形に巡らされており，その外壁に，反時計回りに各月のカレ
ンダー（日曜始まり）が貼られているようなイメージ。自分はそのカレンダーの
前に立っている。基本の立ち位置は 10 月のカレンダーの前で，スケジュールなど
特定の日付のことを考えるときは，そこから該当月のカレンダーの前まで自分が
移動する。数字や時刻，年にはそのような立体構造の配置はない）。他には，都
道府県に色の印象を感じるが，これは都道府県名を漢字で書いた時の 1 文字
目の色の影響が強い（「群馬」は「群」の色である黒,「広島」は「広」の色であ
る水色）。

共感覚色の感じかた

・どこに色を感じるか：頭の中（連想型）。文字を見ると，文字が書かれた紙
の上など外界に色を感じるのではなく，頭の中に色のかたまりのようなもの
が思い浮かぶ。

・1 文字に感じるのは 1 色だけか：基本的に 1 色。漢字でも文字全体で 1 色の
み（部首などパーツごとの色もなくはないが，文字全体の色というものが 1 色決
まっている）。ただし，「す」は透明の中に赤色があるような気がする一方で，
クリーム色の印象もある。意識の中で「す」を色々な角度から眺めると，角
度に応じて色の印象が違う，という感じ。

・文字に対して色以外の感覚も感じるか：文字には硬さなどの質感や，性別や

人格も感じる。「5」や「か」は硬くて表面がつるつるしている。ひらがなが最も性別や性格をイメージしやすく，次いで数字，英字，カタカナの順。漢字には感じない。たとえばひらがなは，「あ」は女性，「さ」は男性，「け」は髪の長い女性，「せ」や「た」は男性のような女性のような，どちらともつかない。「を」はスナック菓子の"カール"のカールおじさんみたいなひげの男性，「ぬ」もひげを蓄えた男性らしい男性。「を」と「ぬ」はどちらも土木系の職業をしていて，よく一緒に飲みに行くと思う。数字は，

1：男性，漫画『DEATH NOTE』の「エル」のようなひょろっとした人

2：女性，漫画『ドラえもん』のしずかちゃんのような女の子らしい人

3：男性，すごく小さい男の子

4：女性，小（〜中）学校の女の子

5：男性，硬派，無口，近寄り難い印象

6：女性，すごく明るい性格

7：男性，20代くらいの"お兄さん"という印象

8：男性，面白い人

9：女性，アニメ『ヤッターマン』のドロンジョ様のようなセクシーなお姉さん

10：全く印象がない。何もないなら仕方がない，と思う。

　複数桁の数字は，これらの"人"が並んでいる印象（たとえば「34」なら小さな男の子の隣に小〜中学生の女の子が立っている。「10」なら，ひょろっとした人の横に"何もない"がある）。英字の場合は連続した数文字のまとまりで性格（役割のようなもの）があり，「A，B，C」は主人公やメインに近いキャラ，「P，Q，R」は女の子のかわいい3人組，「S，T，U」はさわやか3人組（「S」と「T」は男の子，「U」は黄色で性別はどちらでも良い），「W，X，Y，Z」は悪者っぽく，暗い色で怖い。文字の色や性格は気にしなければ気にならない。しっかりと文字を眺めると出てくる。子どもの頃のほうがより自由にこの感覚を感じていて，小学校の時は板書をノートに写すのがとても楽しかった（文字が自由に遊んでいる感じがした）。

・色を感じやすい字，感じにくい字はあるか：仮名の濁点は"濁った色"，半濁点は"ぱっと明るい色"だということは分かっているが，具体的にパレット上のどの色なのかが分かりにくい。

・自分の中で文字の色は常に一定か：はい。
・なぜその文字にその色なのか：よくわからない。漢字は音（読み）が影響しているかもしれない。「し」と読む漢字は真っ白のことが多く，「あ」の音が入っている漢字は赤のことが多い。漢字の場合は意味の影響もあるかもしれず，たとえば「赤」は赤色。ただし「菊」は，文字の色の回答画面でまずは黄色を選んでみたものの，どこかしっくりこず，安直に"意味どおり"のものを選ぼうとしてしまった嫌悪感のようなものを感じた（そのため結局，黒を選んだ）。「菊」はもしも意味を知らなければ黄色ではないのかもしれない。

色字共感覚で得をすること，損をすること
・得をすること：文字に色や性格などがあるので，見ていて楽しい。誕生月の2月の「2」はとてもきれいなピンクで嬉しい。人の誕生日を覚えるのに数字の色を使うことがある（ちなみに字の色や人格を電話番号等の暗記に利用したことはない）。
・損をすること：数字に色や性格があるせいか，数学が嫌いで苦手。

3.3 日本人色字共感覚者の個別結果のまとめ

　以上で紹介した内容を読むと，ひとくちに日本人の色字共感覚者と言っても，かなりの個性があることが分かるだろう。文字と色の組み合わせが個人特異的であることはもとより，共感覚色をどこに感じるか，どのように感じるかも，人によって大きく異なる。そしてそのような個人間のばらつきの大きさにもかかわらず，いくつかの点は多くの共感覚者の間で不思議なほど一致している。たとえば，全員が文字の色は物心付いたときからあると答えている。ちなみに，本章で紹介した18人の共感覚者のうち現在も連絡が取れる方々には，本書への情報掲載にあたり，掲載許可と内容確認をお願いした。そうしたところ，多くの方から，「この研究に協力してから約10年が経つが，現在も共感覚色がほとんど変わっていなくて自分でも感慨深かった」という趣旨のコメントが寄せられた。やはり色字共感覚の時間的安定性は高いようである。また，ほとんどの共感覚者において，文字の音や意味が共感覚色に影響していることが分かる。文字の色を感じる場所についても，人によって様々であるとは言っても，外界（投射型）と自分の頭の中（連想型）などといった形で類型化できるのは興味深

い。これらのような個人特異性と普遍性のバランスを考慮することが，今後，色字共感覚の生起メカニズム解明の鍵となるはずである。

　本章でこのような共感覚者の「生の声」を掲載したのにはもう 1 つ理由がある。共感覚者へのインタビューを重ねるうちに，多くの共感覚者は共感覚を楽しんでいる一方で，共感覚に対する偏見に悩む人も少なくないことに気が付いた。多くの共感覚者は，成長してからはじめて「周囲の人は文字に色を感じていない」ということに気づき，驚いたと答えているが，中には，自分の共感覚について何気なく（誰もが持っている感覚だと思って）話したら，周囲の人に奇異な目で見られてしまい，傷ついたという人も多くいる。病気ではないかと言われたり，逆に，神秘的な超能力だと勘違いされて戸惑ったりしたという話もある。しかし本章を読めば，共感覚が日常生活に支障をきたす「病気」というわけでも，「天才的な超能力」でもないことが分かるだろう。共感覚は，言うならば「個性の 1 つ」くらいに考えるのが妥当ではないかと思われる。また，共感覚者自身が，自分の感覚が珍しいものであることに気づき，共感覚について調べようとした時に，なかなか情報を得ることができず悩んでしまうこともあるようである。どうにか共感覚についての情報を入手できたけれども，情報が不正確だったり，そこで紹介されている共感覚者の文字の色の感じ方が自分と違ったりしたために，自分が「共感覚者」なのかどうかが分からなくなり，かえって孤独を深めてしまったという話も聞いた。共感覚者は人口比率で言えば少数派であるだけに，世間の認知度が低く，まだ世の中に正確な情報が十分に行きわたっているとは言い難い。本章が，色字共感覚についての正確な情報を世の中に広めるための一助となれば幸いである。

第4章　色字共感覚以外の共感覚

4.1　共感覚の種類と出現確率 ……………………………………………………

　共感覚には，様々な分類の仕方がある。たとえば，共感覚者のオンラインコミュニティでの主観報告に基づき，738人の共感覚者について，表4-1（a）のように40種類の共感覚に分け，その出現確率が調べられている（Cytowic & Eagleman, 2009）。確立された分類方法があるわけではなく，少なくても61種類の分類できるという報告もある（Simner, 2012）。

　Cytowic & Eagleman（2009）の分類を詳細にみてみると，3つの特徴があることが分かる。1つは励起感覚として色が圧倒的に多いこと，2つは誘因特徴として書記素（文字だけでなく，時間単位も含む）や音（楽音や音素など）が多いこと，3つは一方向性であることである。ただし，表4-1（a）で示された出現確率に関しては，主観報告に基づくばかりか，そもそもランダムサンプリングではない手法で調査されているなどの批判がある。

　いずれにしても，共感覚には様々な種類があることは明らかであるが，色字共感覚以外の共感覚を取り上げるとき，出現確率があまりにも低い場合には，事例研究に留まっていることが多く，客観的な指標に基づく実験研究が進んでいないのが現状である。

　Simner, Mulvenna, Sagiv, Tsakanikos, Withery, Fraser, Scott, & Ward（2006）は，色字共感覚の出現確率を1.4%と報告し，今のところ最も信頼できる割合と見なされている。この色字共感覚が最も一般的な共感覚だと考えられ，ほとんどの共感覚研究は色字共感覚に関する研究である。一方，Simner et al.（2006）と同様に多くの被験者群を用い，時間的安定性など客観的な指標に基づいた調査結果をまとめたWard（2013）は，表4-1（b）に示したように，8種類の共感覚を取り上げ，その中には色字共感覚よりも出現確率が高いとされた3つの共感覚がある（表4-1（a）は共感覚者の中での割合であり，表4-1（b）は一般人の中の割合である）。カレンダーの日付など主に時系列に対して空間的な位置を感じる

表 4-1　共感覚の出現確率　（a）共感覚者の中での出現確率（Cytowic & Eagleman, 2009）
　　　　　（b）一般人の中での出現確率（Ward, 2013）

(a)

タイプ	出現確率(%)	タイプ	出現確率(%)
書記素→色	66.50	光景→触感	1.00
時間単位→色	22.80	匂い→触感	0.60
楽音→色	18.50	触感→味	0.60
一般的な音→色	14.50	匂い→音	0.50
音素→色	9.90	音→運動	0.50
音符→色	9.60	音→温度	0.50
匂い→色	6.80	味→触感	0.50
味→色	6.60	運動→音	0.40
音→味	6.20	パーソナリティ→匂い	0.40
痛み→色	5.80	触感→音	0.30
パーソナリティ→色	5.50	触感→匂い	0.30
触感→色	4.00	光景→温度	0.30
音→触感	4.00	音符→味	0.10
温度→色	2.40	パーソナリティ→触感	0.10
光景→味	2.10	匂い→味	0.10
音→匂い	1.80	匂い→温度	0.10
光景→音	1.50	味→音	0.10
オーガズム→色	1.00	味→温度	0.10
情動→色	1.00	温度→音	0.10
光景→匂い	1.00	触感→温度	0.10

(b)

タイプ	出現確率(%)
空間系列（カレンダー→空間位置）[a, b]	2.2-20.0
日付→色[c]	2.8
視覚→触覚（ミラータッチ）[d]	1.6
書記素（英数字）→色[c]	1.4
月名→色[c]	1.0
人物→色[c]	0.4
音楽→色[c]	0.2
味→形[c]	0.2

[a]Brang et al. (2010), [b]Sagiv et al. (2006), [c]Simner et al. (2006), [d]Banissy et al. (2009a).

（データは，http://home.comcast.net/~sean.day/types.htm より，許可を得て転載）

　空間系列共感覚が 2.2％から 20％，日にちに色を感じる共感覚が 2.8％，視覚から触覚を感じるミラータッチ共感覚が 1.6％であり，色字共感覚よりも出現確率が高くなっている。一方，音楽に色を感じるなどの色聴共感覚が 0.2％と，色字共感覚よりかなり出現確率が低くなっているが，表 4-1(a) の説明でも触れたように，様々な聴覚刺激を誘因特徴とする色聴共感覚が報告されている。また，表 4-2（b）では人物に色を感じる共感覚者が 0.4％となっているが，人物の場合には，色だけではなく，そのパーソナリティに対して，様々な特徴，キャラクターが感じられる場合が多く，それは序数が擬人化される序数擬人化（ordinal linguistic personification）も含め，一種の共感覚と見なされている（Simner J. & Holenstein, 2007）。
　Novich, Cheng, & Eagleman（2011）は，数字から色，文字から色，曜日名か

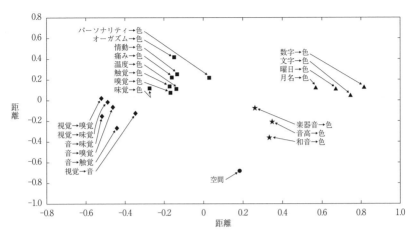

図 4-1 多次元尺度構成法に基づき距離行列として表示した 22 種類の共感覚（Novich, Cheng, & Eagleman, 2011）

ら色，月名から色，音高から色，和音から色，楽器音から色の 7 種類の共感覚判定検査（Eagleman, Kagan, Nelson, Sagaram, & Sarma, 2007）において，主観的に共感覚を感じると回答した 19133 人分のうち，主観的な回答だけでは信頼性が低くなることを回避し，共感覚者と認定するための基準を厳密にするために，反復回答において安定しているという基準を満たした 12127 人分のデータだけを使って，以下の分析を行った。図 4-1 は，22 種類の共感覚に関する回答を，多次元尺度構成法を使い，2 次元的距離分布として表示した結果であり，5 つの独立したグループに分かれることは容易に見て取れるだろう。すなわち，文字や日付など視覚特徴から色を感じる共感覚（一般的には色字共感覚），音の高低や楽器音など聴覚特徴から色を感じる共感覚（一般的には色聴共感覚），触覚，嗅覚，概念などから視聴覚以外の誘因特徴によって色を感じる共感覚，音に匂いを感じたり，形に味を感じたりする励起感覚が視覚特徴ではない共感覚，数字や日付に空間配置を感じる空間系列共感覚の 5 つである。ただし，この共感覚判定検査は励起感覚が色に限定されているので，必ずしも共感覚全体の大分類とは言えないかもしれない。

　以上，一般人の中での出現確率（Ward, 2013）や共感覚判定検査に基づく大分類（Novich, et al., 2011）を踏まえ，色字共感覚以外の共感覚として，空間系列共感覚，ミラータッチ共感覚，色聴共感覚，序数擬人化をそれぞれ取り上げ

ることにする。このような取り上げ方は，これまでの共感覚研究の動向を踏まえているので，励起感覚が色となる共感覚調査に限定して分析している Novich et al.（2011）の 5 分類と必ずしも一致するわけではない。ただ，色字共感覚以外の共感覚として，Novich et al.（2011）の 5 分類と一致する空間系列共感覚と色聴共感覚に加え，励起感覚が視覚特徴ではない共感覚の代表としてミラータッチ共感覚，パーソナリティが関与する共感覚の代表として序数擬人化の 4 種類を取り上げているので，Novich et al.（2011）の 5 分類とそれぞれ対応させて考えることも可能である。さらに 1 人の共感覚者がそれらの共感覚を複数保有する多重共感覚者について取り上げ，各共感覚の独立性について検討すると共に，単一の共感覚者とは異なる多重共感覚者の特徴について明らかにする。

4.2　空間系列共感覚

　ここで取り上げるのは，カレンダー，月日などの時間に関わる系列が誘因特徴となる共感覚であるが，励起感覚が空間配列となる共感覚であるが，さらに色も励起感覚となる場合も含めることにする。数型共感覚（Number-Form Synesthesia），TNS 共感覚（Time, Number, & Space Synesthesia, Cohen Kadosh & Gertner, 2011）と呼ばれたりするが，包括的に空間系列共感覚（Sequence-Space Synesthesia）と呼ばれる（Eagleman, 2009; Simner, 2009）。出現確率は，空間系列共感覚が 2.2%（Brang, Teuscher, Ramachandran, & Coulson, 2010）から 20%（Sagiv, Simner, Collins, Butterworth, & Ward, 2006），日にちに色を感じる共感覚が 2.8%，月に色を感じる共感覚が 1.0%である（Simner et al., 2006）。ただし，時間に関わる系列に対して励起感覚として色を感じる共感覚は，空間系列共感覚と同時に生起することが多いと考えられるので，以下では区別せずに取り上げる。

　空間系列共感覚は，色字共感覚と同様に，共感覚者ごとに空間配置が異なる個人特異性があり，自分の身体の周りに感じられる投射型や，脳内に連想される連想型も存在する（Smilek, Callejas, Dixon, & Merikle, 2007）。感じる空間配置の強弱や，それとは独立して感じられる色などの視覚属性の強弱が，共感覚者によって異なる（Jonas & Price, 2014）。主に，時間的安定性，SNARC（Spatial Numerical Association of Response Codes）効果（たとえば，小さい数と左，大きい数と右の認知的対応），先行手がかり効果を確かめる実験に基づいて，空間系列共感覚が確認されている（Jonas & Jarick, 2013）。

　たとえば，1月から12月までが周期的に繰り返す月名のような場合に，空間系列共感覚が円状もしくは楕円状に配置されることが多いと報告されてきたが（Smilek et al., 2007），Eagleman（2009）は，自己申告による591人の空間系列共感覚における月の配置について調べた（口絵図4-2）。その結果，楕円形状に並ぶというのは少数派に過ぎず，27％は直線上で，大多数は左から右に並ぶという，非共感覚者のSNARC効果と同じ傾向があり，両者には関係がある可能性が高く，それは後頭葉の系列符号化領域と視覚オブジェクト処理領域が近接していることに基づいているかもしれないと主張した。別の実験課題でも，同様の傾向が報告されている（Hubbard, Ranzini, Piazza, & Dehaene, 2009）。

　Smilek et al.（2007）は，January, Februaryなどの月名が円環状配置していると感じる空間系列共感覚者に対して，月名を先行手がかりとして与え，左右いずれかに呈示される標的の左右判断をさせると，月名の配置と不整合的な標的呈示位置に比べ，整合的な標的呈示位置の場合には反応時間が早くなり，月名呈示から短い時間遅れ（SOA=150 ms）でもこの効果が消失しないことから，かなり自動的に空間系列共感覚が生じていることを明らかにした。さらに，Price & Mentzoni（2008）では，月名が円環状配置の空間系列共感覚者に，左側に感じられる月名に対して右手で，右側に感じられる月名に対して左手で反応するような不整合条件に比べ，左側に感じられる月名に対して左手で，右側に感じられる月名に対して右手で反応するような整合条件の方が早く反応できるというSNARC効果が得られたが，非共感覚者の場合には，このような効果が得られなかった。ただし，Price（2009）は，実験開始前に非共感覚者に月名の空間配置をイメージさせておくと，空間系列共感覚者と同様のSNARC効果が得られたと報告している。これは，意図的に空間配置をイメージすることで空間系列共感覚と見なしてしまう現象が得られたことになり，空間系列共感覚が自動的に生起するという主張と相容れない。そもそもSNARC効果自体は，共感覚の有無に関わらず生起する現象である一方，非共感覚者の共感覚的傾向の強弱も影響すると考えられるので，1つの実験結果のみで空間系列共感覚かどうかを判断することには慎重でなければならない（Price & Mattingley, 2013）。

　Jarick, Dixon, Stewart, Maxwell, & Smilek（2009）は，月名などに関して視覚手がかりもしくは聴覚手がかりを与えられたときに，図4-3（a）のように，空間配置が異なると報告した共感覚者Lに対して，空間手がかり課題に取り組ませ，図4-3（b）のように，手がかりのモダリティによって結果が異なること

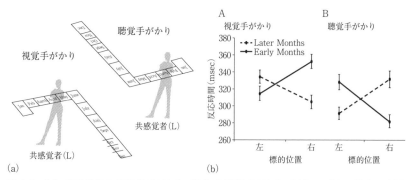

図4-3　(a) 共感覚者 L が視覚手がかり（左）と聴覚手がかり（右）で感じる月名の空間
　　　配置と，(b) 空間手がかり実験の結果（Jarick, Stewart, Smilek, & Dixon, 2013）

を明らかにした。たとえば，January（1月）という単語を視覚手がかりとして
呈示すると，左側の標的への反応が早く，January（1月）という音声を聴覚手
がかりとして呈示すると，右側の標的への反応が早くなり，いずれも共感覚者
L が感じている空間配置と整合しているときに課題成績が上がったことになる。
このような空間手がかりは 150 ミリ秒呈示という短時間でも有効であることか
ら，自動的に生じている（Jarick, Jensen, Dixon, & Smilek, 2011）。色字共感覚に
おいても，視覚呈示と聴覚呈示では共感覚色が異なる事例が報告されており
（Bargary, Barnett, Mitchell, & Newell, 2009），誘因特徴のモダリティによって励
起感覚が異なるのは，空間系列共感覚に限られた現象ではない。

　さらに，視覚手がかりを上下逆さまで呈示すると，聴覚手がかりと同様の空
間配置と整合しているときに課題成績が上がった（Jarick, Stewart, Smilek, &
Dixon, 2013）。上下逆さまの視覚手がかりの場合に，手がかりの意味を理解す
るには，内言であっても言語化しており，そのような処理の影響が，聴覚手が
かりが呈示された場合と同様の結果につながっている可能性があり，空間手が
かり効果の自動性との関連は慎重に見極める必要がある。

　Gertner, Henik, Reznik, & Cohen Kadosh（2013）は，表 4-2 のように，2つ
の数字を同時に呈示し，数値の大小判断課題，もしくは数字の物理的大きさの
大小判断課題を行うと，数値と物理的大きさが不整合の組合せのときに成績が
低下するのは，共感覚の有無に関わらず共通であるが，数字の上下もしくは左
右の配置が一般的な感覚間協応と適合しないときに，共感覚者だけが数値と物

表 4-2　数値の大小判断及び数字の物理的大きさの大小判断課題の条件例 (Gertner, Henik, Reznik, & Kadosh, 2013)

整合性 ＼ 適合性	物理的 左-右 (適合)		物理的 右-左 (不適合)		数的 下-上 (適合)		数的 上-下 (不適合)	
整合	7 9		9 7		9 / 7		7 / 9	
中立	9 9	7 9	9 9	9 7	9 / 9	9 / 7	9 / 9	7 / 9
不整合	7 9		9 7		9 / 7		7 / 9	

理的大きさの組合せに依存しなかった。このことは，数字と空間配置に関する共感覚者の知覚が，数値の意味的処理に影響することを示している。これらの現象を踏まえ，Gertner, Arend, & Henik (2013) は，図 4-4 のように，誘因感覚が数字のときに生じる色や空間的配置が励起感覚となる共感覚において，数値の大きさが文脈として影響する説明モデルを提案している。また，Makioka (2009) は，空間系列共感覚者間の多様性と，空間系列共感覚者内の一貫性を組み込むことで，空間配置を再現する説明モデルを提案している。

　空間系列共感覚の生起は，大きさ仮説 (Magnitude Account) と系列仮説 (Sequence Account) に大別できる (Hale, Thompson, Morgan, Cappelletti, & Kadosh, 2014)。大きさ仮説は，大きさを処理する 1 つの軸に射影されることで，系列が配置されるという仮説である (Cohen Kadosh & Gertner, 2011; Gertner, Henik, Reznik, & Cohen Kadosh, 2013)。一方，系列仮説は，月名のように過学習された系列が，他のオブジェクトと同様に，空間座標の中で存在するという仮説である (Eagleman, 2009; Sagiv, Simner, Collins, Butterworth, & Ward, 2006)。Hale, Thompson, Morgan, Cappelletti, & Cohen Kadosh (2014) は，様々な実験課題を行い，空間系列共感覚者が非共感覚者に比べ，時間や数列の判断課題に優れているわけではなく，空間順序判断課題に優れた結果が得られることから，系列仮説を支持していると主張した。Hale et al. (2014) では，空間系列共感覚

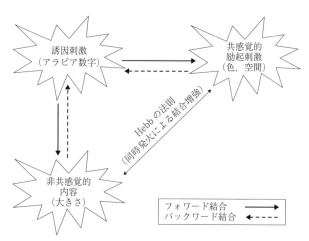

図 4-4　数字に関わる共感覚の説明モデル（Gertner, Arend, & Henik, 2013）

者と非共感覚者の両群で，視空間作業記憶能力が統制されていないと批判する
こともできるが，Simner, Mayo, & Spiller（2009）は，空間系列共感覚者が3
次元空間における物体操作課題や自伝的記憶課題などにおいて，非共感覚者よ
りも優れていると報告している。さらに，Mann, Korzenko, Carriere, & Dixon
（2009）では，月名を逆順で回答する課題などで，空間系列共感覚者が非共感覚
者に比べ好成績となるなど，空間系列共感覚者が得意とする課題があることは
確かであり，空間系列共感覚における脳内表象について，さらなる検討が必要
である。

4.3　ミラータッチ共感覚 ···

　ミラータッチ共感覚とは，他人が身体に触れられているのを見て，自分の身
体が触れられていると感じる共感覚である。なんとなく自分の身体が触れられ
ていると感じるという主観的な報告に基づいて，共感覚と呼んでいるわけでは
なく，以下に取り上げるような様々な心理実験課題において非共感覚者と異な
る特性を示すと共に，特に脳機能計測研究によって，ミラータッチ共感覚を有
する共感覚者の体性感覚野などのミラーシステムが，非共感覚者に比べ，過剰
に活性化することが報告され，その存在が初めて確認された（Blakemore, Bris-

tow, Bird, Frith, & Ward, 2005)。ミラーシステムとは，サルのミラーニューロ
ンに類似した脳活動を支える運動前野や一次運動野などの領域からなる脳内シ
ステムを指す（Rizzolatti, Fogassi, & Gallese, 2001）。また，ミラータッチ共感覚
は，実際には特定部位が欠損しているにも関わらず，他部位を触れられること
によって，その欠損部位が触れられているように感じる幻肢（phantom limb）
という現象との関連も参考にする必要があるかもしれない（Banissy, 2013）。

　ただし，他の共感覚に比べ，いくつかの点で異なる現象であり，たとえば色
字共感覚の場合には，共感覚の誘因刺激となる文字から感じられる共感覚色に
は色字共感覚者に共通する組合せが必ずしも存在せず，それは個人特異性と呼
ばれるが，ミラータッチ共感覚は，他人が触られている身体部位と，自分が触
られていると感じる身体部位は一致しており，そのような対応関係において個
人特異性が存在しないために，共感覚の1つとしてみなせるのかどうかという
点で批判もある（Ward & Banissy, 2015）。

　なお，ミラータッチ共感覚において，図4-5のように，他人の頬の左側を触
られていると，鏡を見ているときのように自分の頬の右側を触られていると感
じる鏡面反射型（specular）ミラータッチ共感覚者が一般的であるが，別に自分
の頬の左側を触れられていると感じる解剖学型（anatomical）ミラータッチ共感
覚者も存在し，2種類のサブタイプがあることに注意する必要がある（Banissy &
Ward, 2007; White & Aimola Davies, 2012）。

　代表的な行動実験の方法として，図4-6に示すように，視覚的に呈示された
他者の頬を指先で指す系列を示す静止画3枚を見ながら，実際に共感覚者の頬
に触覚刺激が与えられたときに，視覚刺激にかかわらず，左右どちらの頬を触
られたかについて回答させる実験がある（Banissy & Ward, 2007; Banissy, Kadosh,
Maus, Walsh, & Ward, 2009）。すなわち，視覚刺激で他者がどちらの頬を触られ
ているのかは，実験参加者に与えられた課題とは無関係なので，無視すればよ
い課題である。このとき，視覚刺激と触覚刺激が同側にある条件を整合条件
（図4-6左下），反側にある場合を不整合条件（図4-6右下）とする。非共感覚者
と比べ，不整合条件で反応時間が遅延するか，ミラータッチの誤答が有意に高
かった実験参加者をミラータッチ共感覚と認定すると，567人中9人がミラー
タッチ共感覚を保有していたことになり，ミラータッチ共感覚の出現確率が
1.6％とされる根拠になっている（Banissy, Cohen Kadosh, Maus, Walsh, & Ward,
2009）。単に視覚的な左右手掛かりによるものではないことは，指先で指す画像

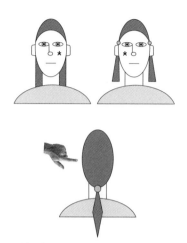

図 4-5　解剖学型（左上）と鏡面反射型（右上）のミラータッチ共感覚
　　　（White & Aimola Davies, 2012）

　ではなく，頬を光点で示すだけでは有意な整合性効果が得られないことから確
認されている。

　さらに，Banissy, Garrido, Kusnir, Duchaine, Walsh, & Ward（2011）は，顔
に関わる様々な実験課題を行い，8 人のミラータッチ共感覚者は，20 人の非共
感覚者と比べ，顔の同定課題や顔の記憶課題の成績に有意差はなく，顔の表情
認識課題，すなわち表情カテゴリーの分類だけは優れた成績となった。このよ
うな表情カテゴリーの分類に優れているミラータッチ共感覚者は，以下のよう
な感情反応の違いにも関係するかもしれない。Banissy & Ward（2007）は，他
者との共感のしやすさとの関係についても調べ，共感指数（Empathy Quotient）
全体では有意差はないものの，ミラータッチ共感覚以外の共感覚保有者や非共
感覚者に比べ，ミラータッチ共感覚者は，共感指数を構成する 3 要因の 1 つで
ある感情反応性（Emotional Reactivity）が高く，この群間差とミラータッチ共
感覚の生起との関係について言及している。

　ミラータッチ共感覚は，図 4-5 のように，解剖学型と鏡面反射型に分けるこ
とができることはすでに説明したが，鏡面反射型は，どのような参照枠を使用
しているのかにしたがって，さらに 2 種類に分けることができる（White &
Aimola Davies, 2012）。White & Aimola Davies（2012）は，顔ではなく，手に

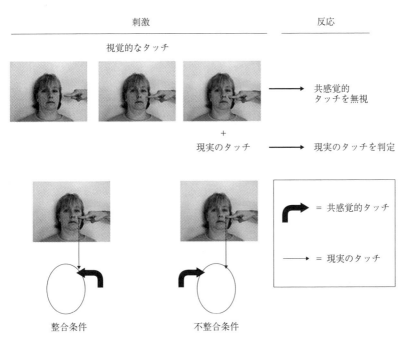

図 4-6　ミラータッチ共感覚の実験例（Banissy, Kadosh, Maus, Walsh, & Ward, 2009）

筆で掌から指先，もしくは指先から掌に刺激を与える動画を呈示するとき，呈示される手の向きによらず，動画と同じような動きで手に触れられたと感じる手中心参照枠を使っていると考えられるミラータッチ共感覚者と，呈示される手の向きによって，動画とは異なる動きで手に触れられたと感じる外部参照枠を使っていると考えられるミラータッチ共感覚者がいることを明らかにし，鏡面反射型ミラータッチ共感覚に関与する処理過程も単純ではない。

　Holle, Banissy, Wright, Bowling, & Ward（2011）は，静止画ではなく，動画を使い，14 人のミラータッチ共感覚者に 3 種類の主観報告（自分が触れられたと感じたか，左右どちらに触れられたか，その強度）を求めた。左右どちらに触れられたかに関する回答結果から，12 人が鏡面反射型，2 人が解剖学型のミラータッチ共感覚者であった。動画は，人間の顔，顔写真，頭部と首の形状に似た物体として扇風機，マネキンなどを使用した。その結果，図 4-7 に示すように，人間の顔のときに，特に強いミラータッチ共感覚が報告された。さらに，人間の顔でなくても，手，腕，脚などに対して刺激を与える動画でも，ミラータッ

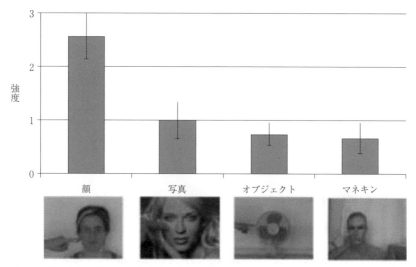

図 4-7　視覚対象刺激による共感覚の主観的強度の違い（Holle, Banissy, Wright, Bowling, & Ward, 2011）

チ共感覚の主観的強度には大きな影響がなかった。以上をまとめると，ミラータッチ共感覚は顔特異的ではなく，人間の身体部位であるという認識を踏まえたトップダウン的な要因によって生起する現象である。また，指先の代わりに，アイスキューブを触れる動画を使っても，温度感覚の変化は報告されなかったので，広義の意味での触覚が関わる現象ではない。

　Ward & Banissy（2015）は，ミラータッチ共感覚には，閾理論と自他理論があって，閾理論は，すでに説明してきたように，触覚に対するミラーシステムの超活性化によると説明し，自他理論は，他者と自分を区別する能力の障害と説明する。両者は，お互いに排他的な理論ではなく，様々な現象を理解するのには両者を総合的に組み合わせなければならない。

　ミラータッチ共感覚者は，特殊な自他表象を持っていると考えられ（Aimola-Davies & White, 2013; Maister, Banissy, & Tsakiris, 2013），自己主体感（sense of agency）の観点からの検討が必要である（Cioffi, Moore, & Banissy, 2014）。Maister et al.（2013）は，対面錯覚（enfacement illusion）を使って，実験を行った。対面錯覚とは，鏡に自分の顔を見ているように対面で他者の顔を見ていると，他者の顔に近づいて自他判断が行われる現象である（Tajadura-Jimenez, Grehl,

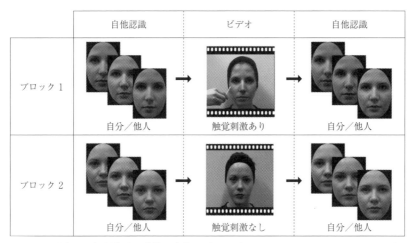

図4-8 他者への触刺激動画前後の自他判断課題（Maister, Banissy, & Tsakiris, 2013）

& Tsakiris, 2012）。図4-8に示すような，2回の自他判断課題の間に，他者に対する触刺激の有無を操作した動画を見せ，自他判断への影響を調べた結果，ミラータッチ共感覚者でも非共感覚者でも対面錯覚が確認できたが，ミラータッチ共感覚者は，顔への触覚刺激があるとき，有意に大きな対面錯覚が生じることが分かった。このような現象は，ミラータッチ共感覚において，自他弁別力の低下が反映されている可能性がある（Banissy & Ward, 2013）。

　Aimola-Davies & White（2013）は，典型的なラバーハンド錯覚が生起するような，視覚的に隠された実験参加者の手と，視覚的に見えるラバーハンドへの触覚的同時刺激（図4-9b）ではなく，実験参加者の手に触覚刺激を与えないとき（図4-9a）でも，鏡面反射型ミラータッチ共感覚者2人は，ラバーハンド錯覚が生じたと主観報告すると共に，自身の手の位置がラバーハンド側に移動して感じられた。非共感覚者では，手に触覚刺激を与えないときには，ラバーハンド錯覚が生じたという主観報告はなく，実験参加者の手の位置がラバーハンド側に移動して感じられることもなかった。

4.4 色聴共感覚

　色付きの音楽というのは，18世紀以降様々な文献で取り上げられ，それも共

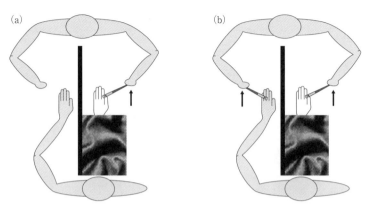

(a)　　　　　　　　　　　　　　(b)

図4-9　ミラータッチ共感覚（a）とラバーハンド錯覚（b）（Aimola-Davies & White, 2013）

感覚という名称が使われてきたが（Marks, 1975），聴覚刺激を誘因感覚として色
が励起されるような色聴共感覚を調べた文献は，色字共感覚に比べれば，圧倒
的に少ない。それは，必ずしも出現確率の低さばかりではなく，誘因特徴の単
位が文字と決まっている色字共感覚とは異なり，単音，音色，テンポ，調性，
音楽ジャンルなど，聴覚刺激の様々な属性が誘因特徴となるので，統制された
実験を実施することが困難であるためであろう（Curwen, 2018）。研究の蓄積が
少ないながらも，聴覚刺激から色を感じるのが色聴共感覚であり，色をみて音
が聞こえるような共感覚はほとんど報告がなく，色字共感覚と同様に一方向性
であるという共通性がある（例外として，Saenz & Koch, 2008）。さらに，これま
でに明らかにされてきた色聴共感覚の特徴として，たとえば音楽経験や絶対音
感との関連が議論され，de Thornley Head（2006）は，音高が誘因感覚で色が
励起感覚という典型的な色聴共感覚は，音楽経験や絶対音感の有無によらない
と主張した。ただし，Gregersen, Kowalsky, Lee, Baron-Cohen, Fisher, Asher,
Ballard, Freudenberg, & Li（2013）は，768人の絶対音感の保持者に対して，
共感覚の保有について調べたところ，主観報告では155人（20.1％）が共感覚を
保有していると回答し，その割合は，白人とアジア人の比較から，人種によら
ず，男女差もないと報告した。絶対音感保持者の共感覚保有率は，一般的な色
聴共感覚者の出現確率に比べると非常に高いことになる。主観報告では，絶対
音感を有する共感覚者の84％が音高に色を感じる色聴共感覚者であったことか
ら，その中から21人を選び，平均142.5日間隔を空けて，240色のパレットか

ら共感覚色の選択に関する時間的安定性を調べたところ，21人のうち20人の回答は安定しており，主観報告がある程度信頼できることを確認している。したがって，色聴共感覚と絶対音感の独立性に関しては，議論が分かれており，今後さらなる検証が必要である。

　Ward, Huckstep, & Tsakanikos（2006）は，色聴共感覚者が楽器の高音に明るい共感覚色を感じやすく，低音に暗い共感覚色を感じやすいことを明らかにした。さらに，音色が共感覚色の明度に影響を与えており，純音より，ピアノや弦楽器の楽音に対して彩度の高い共感覚色が報告された。しかしながら，非共感覚者の直感的な選択で得られる感覚間協応でも同様の傾向が見られるので，共通性があるのかもしれない（Simner & Ludwig, 2012; Ward et al., 2006）。

　色聴共感覚者のうち，ドレミファソラシという音名（ピッチクラス）に色を感じる共感覚者が存在する。Marks（1975）は，音高が上がれば共感覚色の明度は上がるが，1オクターブ上がっても，色相は変わらない，すなわちピッチクラスが同じであれば，同じ色相になることを報告した。Itoh, Sakata, Kwee, & Nakada（2017）は，ドレミファソラシという7音名が，口絵図4-10に示すように，赤色から色相環の順番に虹の7色に対応するような色相に感じられることを報告した。この研究は，絶対音感を持つ15人の色聴共感覚者を対象にした研究であったが，相対音感しか持たない18人の色聴共感覚者でも同様の傾向になることが確認されている（Itoh & Nakada, 2018）。ただし，この対応関係は，口絵図4-11のような色音符カードとほぼ一致しており，実験に参加した色聴共感覚者の中に幼少期に一定数の色音符もしくは色音符カードの体験者が含まれるために，全体的傾向として現れた可能性は否定できない。

　Itoh & Nakada（2018）は，絶対音感の有無に関わらず，色聴共感覚者に音高から口頭で音名（ピッチクラス）を回答させる課題より，音高から色を回答させる課題に対する反応時間が長くかかる実験結果をもとに，図4-12のような，音高から音名（ピッチクラス）を同定する段階と，音名（ピッチクラス）から共感覚色を連想する段階からなる色聴共感覚2段階モデルを提案している。音名（ピッチクラス）から共感覚色を連想する第2段階は，共感覚色を回答する必要がない状況でも，共感覚色が自動的に生起すると考えられている（Itoh, Sakata, Igarashi, & Nakada, 2019）。

　人の声に特化した共感覚も調べられている。Fernay, Reby, & Ward（2012）が，高いピッチ，もしくは基本周波数に対して，空間的に高い場所で，より明

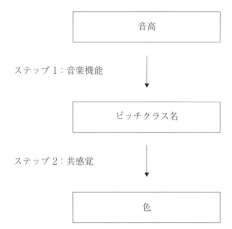

図 4-12　色聴共感覚の 2 段階モデル（Itoh & Nakada, 2018）

るい色を感じ，男声に女声より大きな形状を感じる共感覚者の存在を報告した。声というのは，聴覚的な刺激であり，言語的な情報と区別しなければならない。

　Marks（1975）は，母音のフォルマントが共感覚色に影響を与えることを報告していたが，Moos, Smith, Miller, & Simmons（2014）は，さらに音声呈示した母音に対する共感覚色を回答させる実験を行い，共感覚者と非共感覚者の違いを調べた。母音は，口絵図 4-13(a) のように，2 つのフォルマントで特徴づけられることが知られているので，このような音響的特徴が共感覚色に影響を与えるとすると，Marks（1975）の研究をもとに，第 1 フォルマントと第 2 フォルマントの違いが色相に影響を与えると仮定した。男声話者によって発声された 8 種類の母音（口絵図 4-13(a)）に加え，モーフィングでそれらの中間音を加え，16 種類の母音とし，それぞれに対して基本色など 16 色の色相を回答させる実験を行ったところ，色字共感覚も有する 11 人の共感覚者の共感覚色の平均は CIE $L^*u^*v^*$ 色空間における色相である U^*V^* 平面に関して，口絵図 4-13 (b) のような分布となり，共感覚色が音響的特徴に影響を受ける結果となる一方，非共感覚者はこのような安定した分布にならなかった。加えて，共感覚者の回答は，第 1 フォルマントが赤緑軸に影響し，第 2 フォルマントが黄青軸に影響することが明らかになったが，感覚間協応の影響が共感覚者で強く出ている可能性が高く，楽器の高音に明るい共感覚色を感じやすく，低音に暗い共感

覚色を感じやすいという色聴共感覚の報告（Ward, Huckstep, & Tsakanikos, 2006）などと同様に，このような共感覚色の回答と感覚間協応の関係は慎重に判断しなければならない。

　音声で聴覚的に文節を聞かせたときの共感覚を色とテクスチャの選択で回答させる実験を行い，声色の変化による影響が調べられている（Moos, Simmons, Simner, & Smith, 2013）。実験に用いたのは，音声学の男性専門家2人が，10種類の声色で発声した，2種類の短い文章であった。具体的には，鼻音，ささやき声，裏声，とげとげしい声などの10種類の声色が使われ，基本周波数やフォルマント分布，ピッチ範囲など，音響的特徴が異なっていた。基本色を中心にした16色と，16種類のテクスチャの中から，最も合う選択肢を選ばせる実験を，共感覚者，音声学の専門家，一般人の3群で比較した。16種類のテクスチャは，SD法をもとにして，反復，粗さ，複雑さなどの観点でお互いに異なっていた。基本周波数が高い声色に対しては，群を問わず，明るい色が回答されるなど，3群の比較で，色もテクスチャもあまり顕著な差異はなかった。ただし，共感覚者の回答安定性は一般人より高くなったが，音声学の専門家の回答安定性より低かったので，少なくとも音声学の専門家のような音響的特徴だけに基づいて安定した回答ができるような性質のものではないと考えられる。

　色字共感覚者の中には，図4-14のように，文字だけでなく，楽譜やピアノの鍵盤を呈示しても共感覚色を感じるという共感覚者が存在する。Ward, Tsakanikos, & Bray（2006）は，楽譜やピアノの鍵盤を視覚呈示したときの共感覚について調べたが，単に視覚呈示しただけでは典型的なストループ効果は得られず，共感覚者の主観的な報告を反映するような客観的な実験結果は得られなかった。このような場合には，楽譜でラの音符が呈示されても，それをAとして認識した結果，文字Aの共感覚色を答えている可能性が高い。このように，楽音に対する色聴共感覚を定義する難しさがある。

4.5　序数擬人化

　主に，色字共感覚者や空間系列共感覚者が文字に色を感じるだけではなく，文字を擬人化する場合があることが知られている。序数（順序を表す数詞），すなわち数字や日付などに生じることから，序数擬人化（Ordinal Linguistic Personification）と呼ばれ，一種の共感覚と見なされ，別の共感覚として分類され

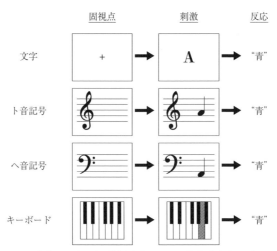

図 4-14　楽音に関する視覚情報呈示による共感覚実験例（Ward, Tsakanikos, & Bray, 2006）

ている（Simner & Holenstein, 2007）。具体的には，表4-3に示すように，7は男性，8は女性というような性別，さらに職業や，古風なとか，寛大なとか，面白みのないなどといった性格をも含む人物特徴などが，序数擬人化を有する共感覚者によって報告され，19世紀後半から知られた事例であった（Sobczak-Edmans & Sagiv, 2013）。Simner & Holenstein（2007）は，序数擬人化による励起感覚を，性別，パーソナリティ，外見，職業，認知属性（知的など），家族関係，非家族関係（隣人など），感情的反応（イライラさせるなど）の8つのカテゴリーに分けている。8つのカテゴリーのうち，前者5つが個人的特徴，後者3つが他の文字などとの関係を表しており，複雑である。

　いずれにしても，記憶障害などで生じる作話（confabulation）とは異なり，時間的安定性や自動性など，他の共感覚と共通する特徴を有する（Simner & Holenstein, 2007; Smilek, Malcolmson, Carriere, Eller, Kwan, & Reynolds, 2007）。Simner & Holenstein（2007）は，予告せずに2年以上経過してから数字，アルファベット文字，月（1月，2月など）に対する性別や人物特徴を調べても，ほぼ100％同じ回答が得られ，非常に高い時間的安定性があることを確認した。さらに，たとえばアルファベット文字単独で性別を感じていた共感覚者に，様々な名前の性別判断をさせる課題を行わせたところ，文字の性別と整合して

表 4-3　序数共感覚の例（Simner & Holenstein, 2007 より抜粋）

誘因刺激	励起感覚
1	男性，良い奴，責任感強い，父親タイプ，ちょっと疲れ気味
4	男性，良い人，精力的，若い，やる気旺盛，常識ある
5	女性，母親タイプ，思いがけず面白い，家周りのことをする
7	男性，従順，弱い，自信なさげ
8	女性，太っている，9 と付き合っているが，7 が好き
e	男性，やんちゃで魅力的，何を話すか分からないまま話す
f	男性，風変わりな老人，e に似ているが良くない感じ
i	男性，平凡，h と g はいつも彼のことに気をもむ，独立
k	女性，精力的，いつでも親しいわけではない，恥ずかしがり屋の l（エル）の母親
m	女性，n のような老婆，彼らはいつも一緒にゴシップばかり
1 月	女性，賢明，友達は多くない，内向的，1 月が友達になるなら 2 月
2 月	女性，1 月に弱い，よりかわいい，内向的ではない
6 月	女性，美しい，人気がある，7 月と親友，ちょっと気位が高い
8 月	男性，10 月に似ている，ぽっちゃり，少女の中の少年
12 月	男性，若者，とてもいい奴，残りの人たちを守る，たぶんボス

いるイニシャルを持つ名前のときに反応時間が短くなった。たとえば，Brian
は男性名で，Betsy は女性名であるが，擬人化を有する共感覚者にとって，B
が男性である場合には，Brian は整合，Betsy は不整合ということになり，性
別判断をさせると，イニシャルと整合的な Brian への判断より，不整合な
Betsy に対する判断が遅延することが確認された。イニシャルの性別が自動的
に励起され，名前の性別判断に影響することが明らかにされている。Amin,
Olu-Lafe, Claessen, Sobczak-Edmans, Ward, Williams, & Sagiv（2011）は，先
行手がかりとして文字を 250 ミリ秒呈示後に，顔画像を呈示し，顔画像に対し
て性別判断させる実験課題を行い，非共感覚者に比べ，擬人化を伴う共感覚は，
文字と顔画像の性別が不整合のときに，反応時間が遅くなることを明らかにし
ている。

　しかしながら，擬人化を有する共感覚の最も重要な特徴は，他の共感覚とは
異なり，性別や性格などが励起される共感覚であることから，対人認知もしく
は社会的認知（social cognition）の処理過程に関わっている可能性が高く，共感
覚以外の研究分野からも関心を持たれていることであろう（Amin et al., 2011）。
一般的に，擬人化は言語的な制約があるわけではなく，物体に対しても擬人化
される事例は少なくない。共感覚としての文字擬人化と物体擬人化の関係は明
確ではないが，Smilek, Malcolmson, Carriere, Eller, Kwan, & Reynolds（2007）

は，数字を含む文字ばかりではなく，物体も擬人化する共感覚者を調べ，性別や年代などの物理的属性，性格などのパーソナリティ，人気者などの対人関係，おじいちゃんとかお姉さんなどの社会的役割の 4 カテゴリーに対する，12 週間後の時間的安定性が，文字に加え，10 種類のオブジェクトに対しても高いことが確認された。ただし，親近性が低い物体は対人関係や社会的役割に関する属性を含む擬人化が少なかった。このことから，共感覚としての擬人化が複雑な意味情報を含んでも，時間的安定性が高いことが明らかになった。

　物体，たとえばぬいぐるみを擬人化して捉える傾向は，一般的な子供にも見られ，社会性，人間関係のシミュレーションに役立っていると言われている。Matsuda, Okazaki, Asano, & Yokosawa（2018）は，一般的な子供において，具体的な物体ではなく，序数に対しても擬人化が生じているのかを調べ，小学 4 年生は平均 80% 近くの数字に，なんらかの擬人化回答をするが，大人になるにつれて擬人化が消失することを確認した。小学 4 年生（9-10 歳），6 年生（11-12 歳），大人を対象に，0-9 の数字に対する擬人的表現について回答させ，1 カ月後の回答がどの程度安定しているかを算出し，年齢が若いほど，回答の安定性が高いことも明らかにした。擬人化することによってそれぞれの数字を特徴づけ，具体的にイメージすることが可能となり，理解の助けになっている可能性がある。小学校高学年以降も擬人化が消失しなければ，そのまま序数擬人化を有する共感覚者になるのかどうかはいまだ明らかではないが，Amin et al.（2011）は，色字共感覚者の中から，序数擬人化を有する共感覚者 34 人を選び，一般的な傾向を聞き取り調査した結果，94% の共感覚者が 7 歳以前から文字を擬人化していたことを覚えていた。また，アルファベット文字だけ，もしくは数字だけ擬人化する共感覚者は少なく，82% の共感覚者がアルファベット文字も数字も擬人化し，65% の共感覚者が性別と人物特徴の双方を感じ，64% がアルファベット文字と数字のうちで 20 文字以上を擬人化することを確認している。この結果は，色字共感覚者の中から選ばれた序数擬人化を有する共感覚者の調査であったが，色字共感覚と序数擬人化の双方を有する共感覚者の特徴については，次節でさらい多重共感覚者の一例として取り上げることにする。

4.6　多重共感覚

　色字共感覚者 1067 人について，色字共感覚以外の共感覚の保有を調べた結果，

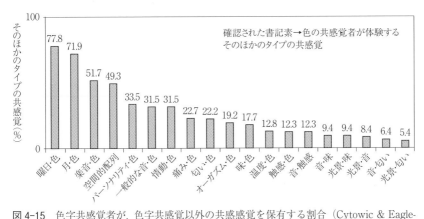

図4-15 色字共感覚者が, 色字共感覚以外の共感感覚を保有する割合 (Cytowic & Eagleman, 2009)

図4-15のように, 時間単位, 色聴, 空間配列を共起している例が多い (Cytowic & Eagleman, 2009)。各共感覚の生起が独立だと仮定するならば, このような生起確率はありえないだろう。このような多重共感覚は色字共感覚者に限定されるわけではない。たとえば, Banissy, Cohen Kadosh, Maus, Walsh, & Ward (2009) は, ミラータッチ共感覚の研究のために集めた21人のミラータッチ共感覚者のうち, 9人 (43％) が文字に性別やパーソナリティを感じる序数擬人化を有し, 7人 (33％) が色字共感覚を有することを確認している。以下には, これまでに報告されている多重共感覚者の特徴について取り上げる。

　色字共感覚と序数擬人化は, 誘因特徴が共に文字であり, 共起しやすい共感覚であると考えられている (Simner & Holenstein, 2007)。Simner & Hubbard (2006) は, 色字共感覚と序数擬人化の双方を有する共感覚者 (味に触覚形状を感じる共感覚も保有) における, 文字認知, 共感覚色, 性別判断という3者の関係性について調べている。まずは, 文字の性別を判断させる課題において, 共感覚色が不整合のときにストループ効果のような遅延が生じたので, 共感覚色と擬人化による性別が干渉することが確認された。次に, 文字色を命名させる課題において, 共感覚色とは異なるが, 性別は一致しているときに, 命名がストループ効果のように遅延することが確認されたが, 共感覚色と性別がいずれも異なるときには, 文字色の命名は遅延しなかった。これらの結果から, 文字認知, 共感覚色, 性別判断の関係は, 図4-16に示すように, 文字色は, 共感

図4-16　色字共感覚と序数擬人化の関係性（Simner & Hubbard, 2006）

覚色と性別に明示的に影響を与える一方，暗黙的ではあるが共感覚色が性別に
影響していると考えられている。

　音から色を感じられる色聴共感覚者が，テクスチャや空間位置も感じられる
場合もある。Mills, Boteler, & Larcombe（2003）は，楽器ごとに異なる色を感
じるばかりではなく，たとえばヘビメタ音楽を聴いたときに，暗い色が付いた
大きな塊を感じる共感覚者について報告している。また，Chiou, Stelter, & Rich
（2013）は，7人の色聴共感覚者に対して調べたところ，高音になるほど，平均
的にサイズが小さく，より明るく，より高い位置に感じられるようになった。
その具体例を口絵図4-17に示す。このような共感覚は，たとえば実験課題に
無関係な音を呈示したときでも，視覚課題に影響を与えるが，非共感覚者にみ
られる感覚間協応と一致した傾向である点には注意が必要である。すなわち，
音から色を感じられる色聴共感覚，音から空間位置を感じる空間系列共感覚と
捉えられるが，一方で共感覚色や空間位置が音響的特徴に影響を受け，個人特
異性が少なく，非共感覚者でも生じるような感覚間協応も関与していることは
間違いなく，慎重に取り扱う必要がある。

　単一の共感覚保有者と多重共感覚保有者には，保有共感覚数以外にも，異な
る特徴があることが分かってきた（Ward, Brown, Sherwood, & Simner, 2018）。特
に，これまで共感覚自体は病的なものでも，天才的な能力でもないとされ，単
一の共感覚保有者には様々な点からもすでに確認されてきたが，多重共感覚者
にはそれが当てはまらないかもしれない。Ward, Thompson-Lake, Ely, & Kamin-
ski（2008）は，「用量効果（dose effect）」という観点から非共感覚者に比べ，共
感覚者の創造性テストの成績が，保有している共感覚数によって高くなること
を明らかにしている。一方，Ward et al.（2018）は，保有共感覚数と自閉症ス
ペクトラムとの関係を調べている。自閉症スペクトラム状態（Autism Spectrum
Condition）は，社会的相互作用，コミュニケーション，限定的興味などの障害
度によって定義されている（Wing & Gould, 1979）。さらに，感覚過敏や感覚低

下など，感覚感度の異常も自閉症スペクトラム状態に関与すると考えられている。

Ward et al. (2018) は，自閉症スペクトラム状態を自閉症スペクトラム指数（Autism Spectrum Quotient），感覚感度をグラスゴー感覚尺度（Glasgow Sensory Questionnaire）というアンケート調査で定量化した。それぞれのアンケート内容の詳細は省くが，いずれも自閉症と診断される基準値が設定されている。調査に協力した182人の共感覚者は，色字共感覚（38人），空間系列共感覚（109人），色聴共感覚（43人），口から視覚的な言葉が出てくるように感じるティッカーテープ共感覚（48人），味覚や嗅覚を励起感覚とする共感覚（30人）という5種類の共感覚のいずれかを有する共感覚者であり，単一の共感覚保有者から，5種類のすべての共感覚を有する共感覚者まで，保有共感覚数は様々であり，複数の共感覚を保有する場合の共感覚の組合せも様々であった。

図4-18(a) は，グラスゴー感覚尺度と保有共感覚数の関係を示しており，単一の共感覚保有者は非共感覚者とグラスゴー感覚尺度に違いがないが，どのような共感覚の組み合わせになっているのかに関わらず，3つ以上の共感覚を有する多重共感覚保有者の平均値は，グラスゴー感覚尺度において自閉症と判断される基準を上回っている。また，図4-18(b) は，保有する共感覚数ごとの自閉症スペクトラム指数において自閉症と診断される基準を上回っている共感覚者の割合を示しているが，単一の共感覚保有者と非共感覚者はほぼ同じような割合である一方，3つ以上の共感覚を有する多重共感覚保有者においては自閉症と診断される可能性があるとする基準を上回る割合が非常に高くなっている。すなわち，単一の共感覚保有者は，自閉症スペクトラムという観点からも，非共感覚者と有意差はないものの，3つ以上の共感覚保有者は，自閉症の割合が高いことになり，自閉症と関係するのは共感覚の有無ではなく，保有共感覚数であると考えられる。

Ward et al. (2018) はさらに，自閉症スペクトラム指数を分析し，社会的コミュニケーションなどが関わる部分については，明確な群間差や，保有共感覚数との相関がみられないものの，細部への注意力が保有共感覚数に影響することから，図4-19に示すような埋め込み図形検出課題と変化の見落とし課題を行い，両課題とも，非共感覚者に比べて正答率が高く，反応時間も短いことが明らかになった。ただし，自閉症スペクトラム指数が高い非共感覚者だけを集計した課題成績は，共感覚者と変わらないことから，両課題の成績が共感覚の

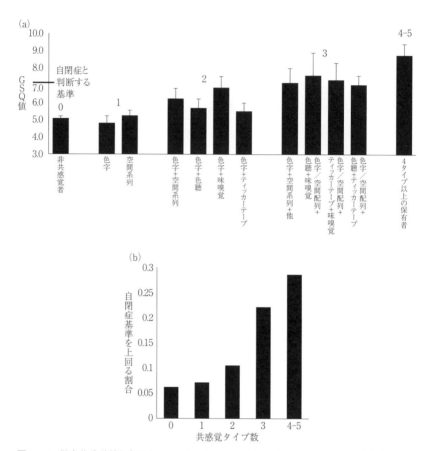

図 4-18　保有共感覚数と自閉症スペクトラムとの関係（Ward, Brown, Sherwood, & Simner, 2018）　(a) グラスゴー感覚尺度との関係　(b) 自閉症スペクトラム指数との関係

有無とは無関係で，自閉症スペクトラム指数によって決まっている可能性を排除できない。

　Rothen, Tsakanikos, Meier, & Ward（2013）は，共感覚の個人差を調べるために，CLaN（Coloured Letters and Numbers の略）と称する 16 調査項目を 5 段階（1-5）のいずれかで回答させるアンケートを開発し，共感覚の強度を定量化することを提案した。Ward（2019）によれば，保有共感覚数が増加すれば，CLaN の平均値が大きくなることから，保有共感覚数が多い共感覚者は，主観

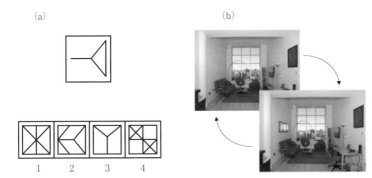

図 4-19 細部への注意力を調べるための 2 つの実験課題（Ward, Brown, Sherwood, & Simner, 2018）（a）埋め込み図形検出課題 （b）変化の見落とし課題

的に各共感覚を強く感じると考えている。

　Lunke & Meier（2018）は，共感覚者を 4 種類に分け，3 種類の再認実験を行い，共感覚の誘因特徴と励起感覚が記憶成績に及ぼす影響を調べた。4 種類の共感覚者は，27 人の色字共感覚者，21 人の色聴共感覚者，25 人の色字共感覚と色聴共感覚の双方を保有する多重共感覚者，24 人の空間系列共感覚であり，合わせて 97 人の共感覚者の，単語，音楽，色の再認成績を，97 人の非共感覚者の再認成績と比べた。その結果，共感覚者の再認成績は，非共感覚者の再認成績に比べてわずかに高くなったが，それは励起感覚と一致する色字共感覚者の色再認成績が高く，誘因特徴と一致する多重共感覚者の音楽再認成績が高くなっていたためである。誘因特徴や励起感覚に関わる特徴に対して再認成績が向上するかどうかという点では一貫しておらず，単一の共感覚か多重共感覚かによって再認成績が影響を受けるのかどうかも結論を出すのは尚早かもしれない。

　Ward（2019）は，共感覚者だけではなく，非共感覚者を含む全体における共感覚の素質（disposition）の強さの程度が，共感覚の有無や保有共感覚数の多い共感覚者につながっているのかもしれないと考えている。

第5章　共感覚の神経機構

　共感覚はなぜ生じるのだろうか。共感覚者は大多数の非共感覚者とは異なる脳を持っているのだろうか。実際の現象として，共感覚者は文字に色を感じる，数字に空間配置を感じるなど，非共感覚者とは異なる意識経験をしており，人間の意識経験は脳によって生じる以上，脳の何かが異なるのは確かだろう。しかし，脳の異なり方にも，神経の接続のされ方や部位の大きさなどの構造的な違い，構造は同じであっても働き方が異なるといった機能的な違いなど，さまざまなものがありうる。これらの問いに迫るべく，これまでに，共感覚の神経機構に関するさまざまな仮説が提唱され，脳機能イメージングを中心とした神経科学的手法を用いた検証がなされてきた。ただし，研究間での脳機能計測の結果の一致率は低く，混沌としている（Hupé & Dojat, 2015）。その一因には，共感覚が複合的で個人差も大きい，複雑な現象であることが考えられる。共感覚の神経機構の解明に向けて，脳機能計測以外に，共感覚を人為的に作り出せるかを調べる試みもなされている。また，最近では，従来のように「色字共感覚」「色聴共感覚」といった個別の種類の共感覚に個別の神経科学的由来を仮定するのではなく，人それぞれに異なる強さで「共感覚の素質（disposition）」というべきものが備わっており，その素質が強い人は何らかの種類の共感覚を持ちやすく，特に強い人は複数種類の共感覚を持ちやすくなるというような，従来とは大きく異なる考え方の仮説も出てきている（Ward, 2019; Ward & Filiz, 2020）。本章では，これらの話題について順に紹介する。

5.1　共感覚の神経機構に関する仮説

　共感覚では，誘因刺激（色字共感覚であれば文字）の処理によって励起感覚（色字共感覚であれば色の印象）が生起する。したがって，誘因刺激と励起感覚のそれぞれの処理に関わる脳領域が何らかの形でつながりを持つことによって共感覚が生じると考えるのが自然である。この「つながり」がどのような神経

機構の上に成り立つのかは，仮説によって意見が分かれる。ここでは交差活性化（cross-activation）仮説，脱抑制フィードバック（disinhibited feedback）仮説，概念媒介（conceptual-mediation）仮説の3つの仮説を取り上げる（これらの仮説を統合する試みについては Newell & Mitchell, 2016 参照）。そして本節では，これらの仮説に関して，主に共感覚の行動研究の結果を踏まえた議論を紹介する。一方，5.2節と5.3節では神経科学的データを踏まえた議論を紹介する。

❖交差活性化仮説

　交差活性化仮説は，誘因刺激と励起感覚のそれぞれの処理に関わる脳領域間に，共感覚者においてのみ特別に，非共感覚者の脳には存在しない神経線維連絡が存在するという仮説である（Hubbard, Brang, & Ramachandran, 2011; Ramachandran & Hubbard, 2001; 図5-1 左）。色字共感覚を例にとると，共感覚者の脳では，文字の形態情報の処理領域と色の処理領域の間に，非共感覚者にはない神経線維連絡が存在し，文字の形態処理を行うと，色の処理も連動して生じる（すなわち，文字形態処理と色処理の「混線」が生じる）。具体的には，文字の形態処理に関わる領域として左側頭葉の下部にある紡錘状回の視覚性単語形状領野（visual word form area: VWFA）を，色の認知処理の中枢として第四次視覚野（V4）を想定している。なお，共感覚に関する有名な仮説の1つに，新生児共感覚（neonatal synesthesia）仮説というものがある（Maurer & Mondloch, 2005）。これは，乳幼児の脳では脳領域間に過剰な神経接続があり，一般的な人（非共感覚者）の脳では発達途上で不要な接続が刈り込まれるが，共感覚者の場合は刈り込みが不十分であるために共感覚が生じるという仮説である。このような新生児共感覚仮説も，共感覚者の脳には一般的には存在しない神経線維連絡が存在すると仮定しているという点において，交差活性化仮説と同系列のものと捉えることが可能である。ただし，この仮説が想定する通り，乳幼児がいわゆる共感覚者と同じ状態にあるのかについての実証的な検討は不足している（cf. Wagner & Dobkins, 2011）。

　交差活性化仮説に基づくと，まず，行動的側面では，励起感覚の処理は知覚処理と類似の性質を持つことが予測される。たとえば色字共感覚や色聴共感覚など，励起感覚が色である共感覚の場合は，共感覚色の処理は物理色の知覚処理と似た振る舞いを見せると予測される。なぜなら，通常は物理色の知覚処理に携わる V4 が，文字の形態の視覚処理に伴って活性化され，それによって生

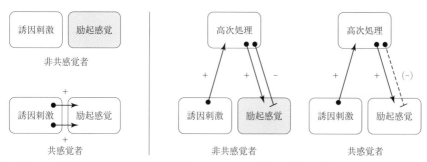

図5-1 交差活性化仮説（左）と脱抑制フィードバック仮説（右）の模式図。Bargary & Mitchell（2008）を改変。

じた色覚が共感覚色であると考える仮説だからである。しかし，第2章で紹介した通り，少なくとも色字共感覚に関しては，共感覚色の処理は物理色の知覚処理とは異なることを示唆する行動実験の結果が多く，この予測はあまり支持されていない。この仮説から導かれる他の予測として，誘因刺激の知覚的特徴（例：文字が尖っているか，丸みを帯びているか，垂直線があるかなど）の違いが励起感覚（例：共感覚色の色味）の違いに敏感に反映されるというものがある。これは，この仮説がVWFAやV4のように比較的低次な知覚・認知処理領域間の神経接続を仮定しているためである。この予測に関しては，似た形状の文字は似た共感覚色に対応づけられやすい（Brang, Rouw, Ramachandran, & Coulson, 2011）などの整合的な知見と，文字の視覚的形状ではなく概念などの高次情報が共感覚色に影響する（第2章参照）といった不整合な知見の両方が報告されている（なお，Brang, Hubbard, Coulson, Huang, & Ramachandran（2010）やHubbard et al.（2011）により，高次認知処理からのフィードバックの存在等を考慮した交差活性化仮説の改訂版であるCascaded Cross-Tuningモデルも提案されている。しかしこのモデルでも，共感覚者の脳に，一般的な脳には存在しない神経接続の存在を仮定するという基本部分は変わらない）。

　以上のように，行動研究のデータを踏まえるとやや分が悪い交差活性化仮説であるが，神経機構の議論においては魅力的な側面がある。特に色字共感覚では，誘因刺激と励起感覚の処理領域，すなわちVWFAとV4は隣接しているため（口絵図5-2），この二領域間に過剰な神経線維連絡が生じるという可能性は直感的に受け入れやすい。色字共感覚と並んでメジャーな共感覚である色聴

共感覚の場合は，誘因刺激の処理領域（聴覚野）と励起感覚の処理領域（V4）が隣接していないという難点もあるが，Hubbard et al. (2011) は，色字共感覚以外にも，空間系列共感覚や，単語に味を感じるタイプの共感覚など，多くの種類の共感覚においては誘因刺激と励起感覚の処理領域が隣接していると主張している。ただし，これらはあくまでも「物理的に隣接している領域間であれば，過剰な神経接続が存在するというという仮定も置きやすいだろう」という程度の議論に過ぎない。実際に過剰な神経接続が存在しているかの検証は，脳機能計測を用いた神経科学的研究に委ねられることになる（5.2節参照）。

❖脱抑制フィードバック仮説

脱抑制フィードバック仮説は，共感覚の有無を問わず誰の脳内においても，共感覚の誘因刺激と励起感覚に相当する情報の処理領域間に神経接続が存在するが，非共感覚者の場合は領野間の信号の遣り取りに抑制がかかるのに対し，共感覚者の場合はその抑制が弱い，すなわち脱抑制が生じるために共感覚が生じるという仮説である。特に，図5-1の右のように，誘因刺激と励起感覚の処理がより高次の情報処理に携わる脳領域を介して繋がっており，その高次の処理領域から励起感覚の処理領域へのフィードバック信号の脱抑制が共感覚を引き起こすという考え方を脱抑制フィードバック仮説という（Cohen Kadosh, Henik, Catena, Walsh, & Fuentes, 2009; Grossenbacher & Lovelace, 2001; Smilek, Dixon, Cudahy, & Merikle, 2001）。この際の高次処理領域は，多感覚情報の統合に関わる上側頭溝（superior temporal sulcus, STS）や（Grossenbacher & Lovelace, 2001），実行機能に関わる前頭葉（Cohen Kadosh et al., 2009），または意味処理に関わる領域など（Smilek et al., 2001），特定の感覚モダリティに限定されない情報処理を行う領域が想定されている。色字共感覚を例にとると，誘因刺激である文字の処理を介して，意味概念の処理を担う高次処理領域が活性化される。意味概念処理の領域は励起感覚である色の処理領域とも接続されており，非共感覚者の場合はこの接続による情報伝達は抑制されているが，共感覚者の場合は脱抑制が生じるため，意味概念の処理に加えて色の処理も生じる，と説明される。

脱抑制フィードバック仮説の大きな特徴は，共感覚者と非共感覚者では，神経線維接続など脳の構造自体は同じであり，違いは機能のしかた（おそらくは神経伝達物質レベルのふるまい）にあると考える点である。また，高次の情報処理領域の関与が想定されている。これらのことから，この仮説と，共感覚に一

般的な言語処理や意味概念処理が関与するという知見（第2章参照）との相性
は良い。しかし，脱抑制フィードバック仮説を行動実験によって直接的に検証
するのは難しい。「抑制を解く」という実験的操作が困難であるためである。
数少ない検討例として，Cohen Kadosh et al. (2009) は催眠を利用した研究を
行った。その結果，非共感覚者であっても，情報処理の抑制が弱まると考えら
れている催眠下で数字と色の組み合わせを学習すると，色字共感覚者のように，
数字の呈示によって自動的に色の処理も生じるようになることを示唆する結果
が得られた。しかし，催眠という特殊な状況下でのふるまいが共感覚者の共感
覚と同質であるかには疑問が残る（Chiou & Rich, 2014）。

✤概念媒介仮説

　概念媒介仮説は，誘因刺激や励起感覚の低次の感覚処理ではなく，高次の概
念処理が共感覚を生じさせるという考え方である（Chiou & Rich, 2014）。この仮
説に従えば，誘因刺激（例：文字）や励起感覚（例：色）の処理領域のふるまい
は共感覚者と非共感覚者で違わない。しかし，誘因刺激の概念的な処理を行っ
た場合に関連して活性化される情報が両者間で異なる。たとえば「A」という
文字を処理する場合は，共感覚の有無を問わず，長期記憶に貯蔵されている /
ei/ という音韻情報や，文字の形態情報，「Apple という単語に使われる文字で
ある」のような語彙的情報などが関連して活性化されるだろう。この際，共感
覚者の場合は，非共感覚者とは異なり，活性化される情報の中に定常的に色の
情報が含まれる（口絵図 5-3a）。ちょうど，多くの人がバナナという果物の概念
を処理する際に，バナナの形や /banana/ という音韻情報に加えて，バナナの
典型色である黄色の情報を脳内で活性化させるように，共感覚者は文字の概念
を処理する際に「その文字の色」の情報も活性化させるという考え方である
（口絵図 5-3b）。ちょうど車輪の中心にあるハブから放射状にスポークが伸びて
いるように，誘因刺激の概念情報がハブとなり，スポークとしてつながった長
期記憶内の様々な情報の1つに励起感覚があるという構造であることから，Chiou
と Rich はこれを hub-and-spoke 構造と呼んでいる。励起感覚のスポークが強い
（誘因刺激と密接に繋がっている）場合は励起感覚が「見える」という印象をもた
らすほど鮮明に感じられ，弱い場合は「感じる」程度になる（口絵図 5-3c）。
「ハブ」にあたる概念処理領域として側頭葉前部（anterior temporal lobe: ATL）
を仮定している。色字共感覚の場合は，スポークに色の処理領域が含まれる

（この際の色処理領域は，V4 などの物理色の色処理領域に限定する必要はなく，むしろ，記憶色など，主観的な色の印象の処理に関わる領域が想定される）。この hub-and-spoke に加えて，誘因刺激に注意を向けたり，誘因刺激の情報と励起感覚の経験を結びつけたりする作業を担う領域として，頭頂葉の注意処理に関連した領域の関与が想定されている（口絵図 5-3d）。これにより，励起感覚は単なる概念の連想に留まらず，自動的（非意図的）かつ鮮明な意識的経験を伴うものになる。

　交差活性化仮説や脱抑制フィードバック仮説が，共感覚者と非共感覚者の違いを，誘因刺激と励起感覚にまつわる知覚処理領域間の構造的もしくは機能的な接続の有無に求めるのに対し，概念媒介仮説は誘因刺激の概念をハブとして活性化される概念ネットワークの違いに求める点が特徴的である。このような考え方は，色字共感覚には文字の概念処理が大きく影響するという数多くの知見（第 2 章）と整合的である。特に，もともとは色を感じない新奇文字であっても，既知文字との対応関係を学習すると，たった 10 分程度の訓練で既知文字から色が転移する形で共感覚色が生起するようになるという知見（Jürgens& Nikolić, 2012; Mroczko, Metzinger, Singer, & Nikolić, 2009, 第 2 章参照）のように短時間で文字と共感覚色の対応関係が生起するという実験結果は，交差活性化仮説では説明が難しいが（たった 10 分間でそれまでになかった神経線維連絡が作られるとは考えにくい），概念ネットワークのように柔軟に更新されうるものを基盤とする概念媒介仮説であれば説明が容易である。また，概念媒介仮説では，共感覚色の「スポーク」の情報は長期記憶内にあると仮定されているが，この考え方は，共感覚色は物理色よりも記憶色（記憶の中から取り出された色）と性質が似ているという知見（Arnold, Wegener, Brown, & Mattingley, 2012）と整合的である。

5.2　共感覚の神経機構：機能的側面 ……………………………………………

　共感覚の神経科学的研究における基本的な問いは，「共感覚に特有の神経活動とはどのようなものであるか」である。この問いに答えるための研究手法として，Hupé & Dojat（2015）は以下の 3 つを上げている。（1）共感覚者と非共感覚者が同じ刺激を処理している際の神経活動の比較，（2）同じ共感覚者が共感覚を生起させる刺激（例：文字）と，それとよく似ているが共感覚を生起さ

せない刺激（例：文字に似た図形）を処理している際の神経活動の比較，(3) 同じ共感覚者が共感覚（例：共感覚色）をもたらす刺激を処理しているときと，その励起感覚と類似した経験をもたらす別の刺激（例：物理色）を処理しているときの神経活動の比較である。以下では，これらの手法のいずれかを用いた研究を中心に，共感覚の神経機構を調べた研究について見ていく。そのような研究の多くは fMRI（functional magnetic resonance imaging, 機能的磁気共鳴画像法）を用いたものであるが，PET（positron emission tomography, 陽電子放出断層撮影）や EEG（electro-encephalogram, 脳波），MEG（magneto-encephalogram, 脳磁図）などを用いたものもある。また，色字共感覚についての研究が多い（誘因刺激を視覚的な文字ではなく，音声で呈示し，共感覚を引き起こさない純音等の聴覚刺激への反応と比較したものも含む）。なお，Hupé & Dojat (2015) のレビュー論文は，2014 年までに発表された共感覚の神経科学的研究を網羅的に調べたものである。論文内で取り上げた各研究の情報を 1 つずつまとめ，寸評を付けたものを付録として添付しているなど非常に情報に富む論文であるため，個々の研究について詳しく知りたい場合は参照することをお勧めする。

❖共感覚に関連した神経活動が見られる部位

　直感的に考えて，色字共感覚者と非共感覚者に同じ言語刺激（文字，単語）を呈示したり，色字共感覚者に共感覚を引き起こす刺激と引き起こさない刺激を呈示したりした際に異なる神経活動が見られると期待される部位の筆頭候補は色の処理領域，すなわち V4 だろう。また，共感覚色の処理時と物理色の処理時では，共通して V4 が賦活すると期待できる。しかし実際の研究結果を見てみると，V4 で色字共感覚に関連した神経活動が見られたことを報告している研究も存在はするものの（例：Hubbard, Arman, Ramachandran, & Boynton, 2005; Nunn et al., 2002; van Leeuwen, Petersson, & Hagoort, 2010），V4 の賦活と色字共感覚の間に関連が見られなかった研究も多い（例：Hupé, Bordier, & Dojat, 2012; Rich et al., 2006; Rouw & Scholte, 2007）。色字共感覚と同じく色を励起感覚とする色聴共感覚でも V4 の賦活が見られないことや（Neufeld et al., 2012），数型共感覚でもかなり限定的な条件下でしか励起感覚に関わる脳領域（空間処理を担うとされる頭頂間溝，intraparietal sulcus: IPS）の賦活が見られないこと（Tang, Ward, & Butterworth, 2008）が報告されている。つまり，現状で報告されている研究を総括すると，共感覚に特有の神経活動が励起感覚に直接的に関連した処

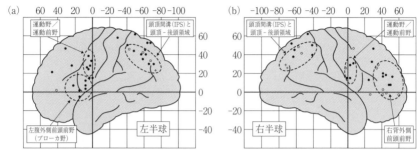

図5-4 外側前頭皮質と頭頂皮質において共感覚に関連した脳活動が見られる部位（Ward, 2013）。「●」は色字共感覚（Rouw et al., 2011 のレビュー論文で扱われた9つの fMRI 研究の結果。刺激は文字，数字，単語の視覚または聴覚呈示），「○」は Tang et al.（2008）の数型共感覚の研究において，それぞれ非共感覚者よりも共感覚者のほうがより強く賦活した，もしくは共感覚を喚起しない刺激よりも喚起する刺激の呈示時により強く賦活した部位。「＋」は TMS 刺激を与えると色字共感覚が阻害される部位（Esterman et al., 2006; Muggleton et al., 2007）。側頭葉など，外側前頭皮質と頭頂皮質以外の部位の脳活動はこの図には反映されていないことに注意。

理領域で見られるとは結論し難い（Hupé & Dojat, 2015; Weiss et al., 2018）。

　一方，興味深いことに，色字共感覚と非共感覚者の脳活動の違いは VWFA や V4 ではなく前頭葉や頭頂葉に見られることを報告した研究が複数ある（図5-4, Hupé & Dojat, 2015; Rouw, Scholte, & Colizoli, 2011; Ward, 2013）。色聴共感覚においても同様に，共感覚者では非共感覚者よりも左半球の下頭頂皮質（inferior parietal cortex: IPC）が強く活性化されるという報告がある（Neufeld et al., 2012）。

　fMRI 研究によって，色聴共感覚者の V4 には違いがないが，左 IPC での活性化の増加が見られた。また，TMS（transcranial magnetic stimulation, 経頭蓋磁気刺激）により頭頂葉の後部領域の細胞の活動を阻害すると，色字共感覚者でも共感覚ストループや共感覚プライミングが生じにくくなる（Esterman, Verstynen, Ivry, & Robertson, 2006; Muggleton, Tsakanikos, Walsh, & Ward, 2007）という研究結果からも，色字共感覚に頭頂葉の働きが関与していることが示唆される。ただし，図5-4 からも分かる通り，頭頂葉や前頭葉の中でも具体的な脳部位は研究によって大きくばらついている（Hupé & Dojat, 2015; Ward, 2013）。

　以上の脳機能研究の結果をもとに，交差活性化仮説，脱抑制フィードバック仮説，概念媒介仮説の妥当性について考えてみる。励起感覚の処理領域では共

感覚に関連した脳活動が見られるとは言い難いのが現状であり，これは，誘因刺激と励起感覚の処理の「混線」によって共感覚が生じると考える交差活性化仮説とは相容れないデータである。一方，共感覚の生起時に，頭頂葉や前頭葉など，比較的高次の認知処理を担うと考えられる領野が賦活するという知見は，高次処理の関与を想定する脱抑制フィードバック仮説や，概念処理が媒介すると考える概念媒介仮説とは矛盾しない。特に IPC は，多感覚統合，特徴結合，注意誘導に関わるとされており，多感覚処理領域や注意処理が共感覚に関与することを仮定するこれらの仮説とうまく合う。ただし，概念媒介仮説が共感覚の「ハブ」として仮定する ATL が共感覚に関与しているという神経科学的な証拠はまだ存在しない。その理由として，ATL は技術的な問題により fMRI で測定するのが難しい脳部位であることや，これまでの共感覚の fMRI 研究の多くは励起感覚処理の関連部位（主に V4）を関心領域として定めて測定や解析をしており，そもそも ATL が研究の射程に収められることが少ないことを挙げている（Chiou & Rich, 2014; Weiss et al., 2018）。

　全体的な問題点として，研究間の結果の一致性が低く，現在得られている知見から何か確定的な結論を導き出すことは難しいということが挙げられる。この問題は，これまでに述べた脳機能研究だけでなく，これ以降で紹介する神経科学的研究一般にも共通して存在する。一致性が低い理由としては，研究間での課題や神経科学的データの解析方法の不一致，結果の解析の際の統計的検定のしかたが不適切で，本来あるべきよりも甘い基準で有意差があると判定している研究が多いこと，サンプルサイズの小ささ，共感覚者間の個人差の大きさ（たとえば投射型と連想型の違い）など，さまざまな要因が指摘されている（Hupé & Dojat, 2015; Rouw et al., 2011）。また，共感覚者と非共感覚者を比較することの難しさも存在する。たとえば共感覚はしばしば感情を伴うことが指摘されている（第1章参照）。そうすると，共感覚者と非共感覚者の脳活動の違いには，励起感覚の処理の有無だけではなく，感情が揺さぶられたかどうかの違いも混入してしまいかねない（Hupé & Dojat, 2015）。

❖共感覚に関連した神経活動の時間的側面

　fMRI は脳の局所的な血流量変化をもとに脳内の活動部位を測定する方法である。空間分解能に優れる一方で，血流量は実際の神経活動よりもゆっくりと変化するため時間分解能に劣り，脳内の処理の時間的側面を検討するには向か

ない技術である。一方，神経細胞集団の電気的活動を捉える EEG（脳波）は，空間分解能は低いものの，高い時間分解能を誇る。このことを生かし，共感覚に伴う神経活動の時間的側面を調べた EEG 研究が行われている。Brang, Edwards, Ramachandran, & Coulson（2011）は，色字共感覚者に対し，ある色を予測させるような文脈を持った文を見せた直後に無彩色の数字を呈示するという一種のプライミング実験を行い，その際の EEG 反応（事象関連電位，ERP: event-related potentials）を測定した。たとえば "Looking very clear, the lake was the most beautiful hue of..."（湖は澄み渡っていて，その色はこの上なく美しい……）のように「青色」という情報が続くことを予測させる文を見せ，それに続けて「2」などの数字を無彩色で呈示するという具合である。この際，数字の共感覚色は，文脈から予測される色と一致または不一致であった。実験の結果，一致条件と不一致条件では，数字の呈示後 100 ミリ秒という早い段階で ERP の波形（N1 成分の振幅）が異なることが明らかになった。このような早い時間的タイミングで共感覚プライミング効果が生起するという結果は，共感覚が知覚処理に似た性質を持つことを示唆し，概念などの複雑な高次処理が介在する脱抑制フィードバック仮説や概念媒介仮説よりも，交差活性化仮説を支持するものである（類似の結果として Brang, Kanai, Ramachandran, & Coulson（2011）の EEG 研究，Brang et al.（2010）の MEG 研究）。

　一方，EEG 信号をもとに神経活動が同期している脳領域を特定し，脳内の機能的ネットワークを推定した研究では，脱抑制フィードバック仮説に有利な結果が示されている（Volberg, Karmann, Birker, & Greenlee, 2013）。この研究では，色字共感覚者が文字を見ている際の神経活動同期ネットワークの形成され方を調べた。その結果，共感覚色を感じる文字を見ているときは，感じない文字を見ているときに比べて，4-7 Hz の EEG 帯域（θ 帯域）における大域的な神経活動同期が文字の呈示後 280-540 ミリ秒の時間帯で弱まり，その一方で，視覚野付近での 13-20 Hz の帯域（β 帯域）における局所的な神経活動同期は，文字の呈示後 380-420 ミリ秒の時間帯で強まった。Volberg らはこの結果を，抑制性のフィードバック信号の弱化により励起感覚の処理が強まることを反映するものとして解釈している。

5.3 共感覚の神経機構：構造的側面 ·····································

　交差活性化仮説では，共感覚は誘因刺激と励起感覚の処理領域間に一般的には存在しない神経線維連絡があるために生じると仮定している。一方，脱抑制フィードバック仮説や概念媒介仮説では，共感覚者と非共感覚者の脳に構造的な違いはない（機能的な違いのみがある）と仮定している。これらのどちらの考えが正しいのかを探るため，脳の MRI 画像に基づいた脳体積解析（voxel-based morphometry と呼ばれる手法を用いる）や，拡散テンソル画像に基づいた神経線維束（白質）の解析などを行い，共感覚者と非共感覚者の脳の構造的な違いの有無を調べる研究が行われている。その先駆けとなった Rouw & Scholte（2007）は，色字共感覚者の脳では非共感覚者よりも，複数の領域で白質の統合性が高い（すなわち神経線維の接続性が高い）という結果を報告している（口絵図 5-5）。それらの領域の 1 つである下側頭皮質（inferior temporal cortex）ではさらに，投射型傾向が強い共感覚者ほど，連想型傾向が強い共感覚者よりも白質量が多いことも示された。共感覚者で白質統合性の増大が見られた下側頭皮質の領域は，V4 ではないもののその近くに位置しており，Rouw と Scholte は交差活性化仮説を支持する結果であると解釈している。

　Rouw & Scholte（2007）以外にも，色字共感覚研究を中心に，白質の統合性や，白質や灰白質（神経細胞の細胞体が集まる領域）の量が共感覚者の脳では多いことを示唆する研究は複数存在する（Hänggi, Wotruba, & Jäncke, 2011; Jäncke, Beeli, Eulig, & Hänggi, 2009; Rouw & Scholte, 2010; Whitaker, Kang, Herron, Woods, Robertson, & Alvarez, 2014 など）。色聴共感覚でも同様に，非共感覚者とは白質に違いがみられるという結果が得られている（Zamm, Schlaug, Eagleman, & Loui, 2013）。Zamm らの研究では，色聴共感覚者では非共感覚者よりも視覚野と聴覚連合野を繋ぐ下前頭後頭束という神経線維の束（白質）の統合性が高く，さらに，音と色の対応づけの時間的安定性が高い共感覚者ほどその傾向が強いという結果が示されている。これらのような共感覚が脳の構造的変化を伴うという知見は，交差活性化仮説と整合的である。しかし大きな問題として，1 つの研究内で脳内の複数個所で構造的変化が見られることも多く結果の解釈が難しい上，研究間での結果の一致度が低いということが挙げられる。前節で指摘した脳機能研究の問題点と同様に，実験課題や解析方法のばらつき，統計的検定

のしかたの問題などが研究間の結果の不一致に繋がっていると推測される(Hupé & Dojat, 2015)。また、そもそも、脱抑制フィードバック仮説や概念媒介仮説が仮定するように、共感覚者と非共感覚者の脳の構造に根本的な違いはなく、そのために研究間で一貫した結果が得られていない可能性も考えられる。

　以上で見てきたように、機能的研究にせよ、構造的研究にせよ、共感覚の神経機構については研究間での知見のばらつきがかなり大きい。また、共感覚との関連が指摘される部位は多岐にわたり、その一方で、色字共感覚における V4 など、励起感覚の知覚処理に携わる処理領域の関与は見られない研究も多々存在し、共感覚が非常に複雑な現象であることを再認識させられる。Hupé & Dojat (2015) は共感覚の神経科学的研究を非常に多くレビューした上で、「これまでに共感覚の標識となるような皮質特徴が明らかにされてきたとは言い難い。現在得られているデータを踏まえると、共感覚は脳の変異によって生じるのではないと考えるべきだというのが我々の意見である。共感覚における誘因刺激と励起感覚の結びつきは、単純に、特殊な記憶であるという風に再考してもよいかもしれない」と述べている (p. 2)。そのうえで、現在の脳機能イメージング技術では、脳内の記憶内容を反映するような活動を特定するのは困難であり、その状況を脱することができない限り、共感覚の神経機構の解明は難しいという見解を示している。共感覚色と記憶色の類似性は、Weiss et al. (2018) や、概念媒介仮説の提唱者である Chiou & Rich (2014) も指摘するところである。共感覚と長期記憶の関係の解明は、今後の共感覚の神経機構研究における課題の1つになりそうである。

5.4　共感覚とは直接関係しない処理における共感覚者の神経科学的特性

　興味深いことに、誘因刺激ではない情報の知覚処理において、色字共感覚者と非共感覚者の神経活動に違いがみられることが報告されている。Barnett et al. (2008) は、無彩色の縞模様（高空間周波数のガボールパッチ）を呈示した際の色字共感覚者と非共感覚者の EEG 反応を調べた。その結果、刺激は共感覚色を喚起しない刺激であったにもかかわらず、共感覚者でより大きな視覚誘発電位（visually evoked potentials: VEP）が観察された。また、Terhune, Tai, Cowey, Popescu, & Cohen Kadosh (2011) は、TMS を用いた研究により、色字共

感覚者は初期視覚野（V1）の興奮性が高いことを明らかにした。一般的に，V1にTMS刺激（磁気刺激）を与えると眼内閃光が知覚される（視覚情報が入力されていないにもかかわらず，網膜や視覚野などの細胞が刺激されることによって光の知覚が生じる。頭をぶつけた時に火花が飛び散るように見えるのも眼内閃光である）。Terhuneたちは，色字共感覚者は非共感覚者よりも弱いTMS刺激でも眼内閃光が生じることを明らかにした。これはすなわち，色字共感覚者のV1は興奮しやすいことを意味する。運動野の興奮性には群間で違いがなかったことから，色字共感覚者は脳全体ではなく，V1においてのみ，皮質興奮性が高いということになる。さらにTerhune et al. (2015) は，同様の実験により，色字共感覚者の中でも，投射型の共感覚者は特にV1の興奮性が高いことを明らかにした。共感覚者は非共感覚者よりも心的イメージが鮮明であるということが繰り返し指摘されているが（Barnett & Newell, 2008; Chun & Hupé, 2016），V1など初期視覚処理領域の興奮性の高さは，このような心的イメージ能力の高さとも関係しているのかもしれない（O'Dowd, Cooney, McGovern, & Newell, 2019）。

　また，Banissy et al. (2013) は，色を励起感覚とするタイプの共感覚者は非共感覚者よりも物理色の弁別能力が高いことを報告している。他にも，共感覚者は非共感覚者に比べて，複雑な線画図形の中に隠れている視覚パターンを探す埋め込み図形検出課題や，呈示画面中の変化箇所を見つける変化の見落とし課題の成績が良いという報告もある（Ward, Brown, Sherwood, & Simner, 2018;第4章参照）。埋め込み図形検出課題と変化の見落とし課題に共通するのは，局所的情報の処理（視覚情報の細部に注目するような処理）が求められるという点である。

　以上のように共感覚者では低次視覚処理などの促進が生じることが報告されている一方で，共感覚者は大局的な運動情報処理を苦手とする可能性も指摘されている。上述のBanissy et al. (2013) は，共感覚者は非共感覚者よりも運動知覚課題（ランダムドットノイズの中から，一定方向に動くドット群を見つけ，その方向を報告するコヒーレント運動検出課題）の成績が劣ることを報告した。このような処理は背側経路で担われる視覚処理である。

　これらの研究結果は，共感覚を持つことの影響が，誘因刺激や励起感覚の処理領野だけではなく，幅広い脳領域に及ぶ可能性を示唆する。また，上記で紹介した知見のいくつかを統合すると，（因果関係は不明であるが）局所的な情報処理能力の向上と大局的な情報処理能力の低下が共感覚に関係しているようで

ある（Rothen, Seth, & Ward, 2018; Ward et al., 2018）。

5.5　共感覚者を「作る」試み

　非共感覚者でも共感覚を持つことはできるだろうか。たとえば文字と色の組み合わせを何回も見て頭に叩き込めば，色字共感覚者のように自動的かつ意識的に文字に色を感じるようになるだろうか。この問いは，単に多くの人の好奇心を引くだけでなく，共感覚のメカニズムを解明するユニークな手がかりとなりうる。共感覚が誘因刺激と励起感覚にあたる情報の連合学習によって成立するのであれば，共感覚者は人為的に「作る」ことができるはずである。一方，何かを経験して得ることのできない，生まれ持った素地とでもいうべきものが必要なのであれば，共感覚を「作る」のは難しいだろう。

　文字と物理色の連合学習によって共感覚者を「作る」試みは数多く行われてきた。そして，非共感覚者に対し，1 日あたり 10 分間の文字と色を結びけるトレーニングを 7 日連続で行う（Meier & Rothen, 2009），文字に色が付けられた本を 2 週間読む（Colizoli, Murre, & Rouw, 2012）などをすれば，共感覚ストループ効果が生起するなど，共感覚に似た自動的な反応は引き起こされるようになることが明らかになっていた。しかしこれらの研究では，励起感覚の意識的な経験は生じるに至らなかった。そこで Bor たちのグループは，より徹底的なトレーニングを行う研究に着手した。Bor, Rothen, Schwartzman, Clayton, & Seth（2014）は 1 日 60 分のトレーニングを 9 週間（1 週あたり 5 日間）行い，トレーニングの難易度も参加者の成績に合わせて調整するようにした結果，励起感覚の意識的な経験まで生起させることに成功した。そしてさらに，Rothen, Schwartzman, Bor, & Seth（2018）は，Bor et al.（2014）と同様に（ただし 5 週間に短縮），非共感覚者を対象にしっかりとした文字と色の対応づけのトレーニングを行い，自動性や意識的経験だけでなく，色字共感覚者で報告されているような視覚処理の亢進も見られるかを調べた。その結果，驚くべきことに，非共感覚者であっても，文字と色の対応づけの訓練後は訓練前よりも，色字共感覚者のように，視覚誘発電位の振幅が増大し，V1 の興奮性も高まることが示された。文字と色の組み合わせの代わりに 5 週間かけて文字と無意味記号の組み合わせのトレーニングを行った参加者群や，5 週間の間何もトレーニングを受けなかった参加者群では視覚処理の亢進が見られなかったことから，上記の

メインの結果は文字と色の組み合わせのトレーニングをした場合にのみ生じると考えられる。ただし，この実験の参加者は徹底したトレーニングの末に限られた文字についてのみ色を感じるようになったが，通常の色字共感覚では，そのようなトレーニングを受けずとも自然と多数の文字に色を感じるようになる。そのため，このような「作られた共感覚者」を一般的な共感覚者と同質のものとしてみなせるかは疑問である。しかし，それでもなお，訓練をすれば，意識的にも，行動的にも，神経科学的にも共感覚者に似た状態が作り出せるという結果は，共感覚のメカニズムを考える上で示唆に富むものである。

5.6　共感覚の「素質（disposition）」

　以上で見てきた通り，共感覚は複雑な現象であり，数多くの研究がなされてきたにもかかわらず，その全貌はまだ謎に包まれている。しかもすでに行われてきた研究は色字共感覚を対象としたものが圧倒的に多いが，もしも交差活性化仮説や脱抑制フィードバック仮説のように，誘因刺激と励起感覚の間に何かしらの結合関係（構造的なものであれ，機能的なものであれ）を仮定するのであれば，色聴共感覚，空間系列共感覚などのように異なるタイプの共感覚には異なる神経基盤を仮定する必要が出てくるかもしれない。一人で複数タイプの共感覚を併せ持つ人もいることを考えると，話はさらに複雑化する。

　交差活性化仮説や脱抑制フィードバック，概念媒介仮説などの仮説とは異なる次元での共感覚のメカニズムの捉え方として，Ward（2019）は共感覚の「素質（disposition）」という考え方を打ち出した。Ward の説明によれば，人はそれぞれ異なる度合いで共感覚の素質を持つ（図5-6）。素質は，遺伝的要素，共感覚に特徴的な神経科学的構造，共感覚に特徴的な認知的プロファイル（エンドフェノタイプ）の３つから構成される。別の言い方をすると，素質には，遺伝的要素に起因した共感覚の神経科学的・認知的な特性が反映されている。共感覚に特徴的な神経科学的構造や認知的プロファイルの例として，Ward は，感覚処理や興奮性の高さ，局所的情報への注意の向けやすさ，記憶能力の高さ，心的イメージの鮮明さなどを挙げている（Ward, 2019; Ward & Filiz, 2020）。これらの素質が高い人は共感覚者になる可能性が高く，また，複数のタイプの共感覚を持つ可能性も高い。ただし，実際に共感覚者になるかどうかや，どの種類の共感覚を持つようになるかはランダムに決まる。言ってみれば素質は共感

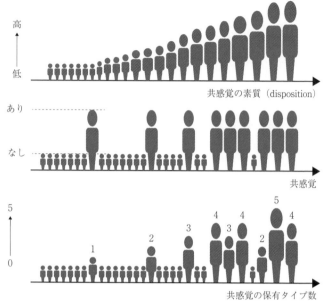

図 5-6　共感覚の「素質」の概念図（Ward, 2019）

覚の材料のようなものである。材料を持っていたとしても，それを使って最終的な製品を作る（＝共感覚者になる）とは限らないように，素質を持っていても共感覚者にならない人もいる。素質の度合いは人によって連続的に異なるが，共感覚者になるかどうかは二値的に（「0か1か」の形で）決まる。その結果，共感覚者と非共感覚者は非連続的な存在となる。しかし，共感覚者の中では，持つ共感覚のタイプ数，励起感覚の鮮明さ，時間的安定性などの面でばらつきがあり，そのような意味で，共感覚の強さは連続的に分布する。

　このような素質の存在を仮定する背景には，共感覚者が持つ共感覚のタイプ数が多いほど，その共感覚者における局所的情報に注意を向ける傾向や，共感覚経験の現象面での極端さ（励起感覚が外界に定位されたり，自動的に生起したり，日常生活に活かされたりする度合いの高さ）が強まるという知見の存在がある（Ward et al., 2018; Ward, 2019; 第 4 章参照）。これらのような連動した現象を引き起こす潜在変数として素質を位置づけることができる。「共感覚の素質」という考え方は新しいものであり，まだ理論的な精緻化が必要だと思われるが，

誘因刺激と励起感覚の関係に閉じこもらずに，大局的な視点から共感覚を捉える際の手助けになるだろう。

第6章　感覚間協応と共感覚

6.1　感覚間協応とは ……………………………………………………………

　文字に色を感じる，音楽に色や形を感じる，数字や月日に決まった空間配置
があるように感じる，というような共感覚を持っていない人でも，色の明るさ
と物体の大きさ，特定の形状と音の響きなど，一見無関係に思われる情報間に
自然と結びつきを見出すことは多々ある。小さくて可憐な妖精には明るい色の
服が似合う気がし，大きな怪物には黒や焦茶色などの暗い色を結びつけがちで
ある。「ゴリヨン」という名前の未知の生物がいると聞くと，なんとなくゴツ
ゴツとした突起だらけの形のものを想像する人が多いだろう。もしそこに丸く
てふわりとした生き物が現れたら拍子抜けするに違いない（実のところ，gor-
rión というスペイン語はスズメを意味するそうだ）。これらは感覚間協応（cross-
modal correspondence）に分類される現象の例である。

　感覚間協応の定義は後述するが，共感覚の大まかな定義（「はじめに」参照）
である「ある感覚や認知的処理を引き起こすような情報（刺激）の入力により，
一般的に喚起される感覚や認知処理に加えて，他の感覚や認知処理も喚起され
る現象」を満たすため，感覚間協応と共感覚の類似点が強調されることが多く，
両者をひとまとまりのものとして見る立場もある（Cohen, 2017; Martino & Marks,
2001; Ramachandran & Hubbard, 2001）。しかしその一方で，両者間には相違点
も多々存在することに注目し，これらの2つの現象を独立のものとして扱うべ
きだと主張する立場もある（Deroy & Spence, 2013, 2017）。本書も，共感覚（お
よび感覚間協応）の基盤メカニズムを解明する上では両者の相違点は無視すべ
きではないという考えから，後者の立場を取っている。このように，感覚間協
応と共感覚を互いにどのように位置づけるかについては，研究者によって考え
方が大きく異なる。特に，感覚間協応は人類一般に広く見られることから，両
者をひとまとまりのものとしてみなす考え方は，「人間は誰でも共感覚を持つ」
という考え方へと展開することが多い（Cohen, 2017; Marks, 2017）。この考え方

を支持するにせよ，否定するにせよ，この議論は人間の脳内での多種情報の結びつけ処理メカニズムの全体像を，その個人差も含めて，どのように描くかという大問題に繋がる。

　本章では感覚間協応の研究について概観する。そして最後に，感覚間協応と共感覚の類似点と相違点を整理し，その上で，両者の関係をめぐる議論について紹介する。

❖感覚間協応の定義と用語について

　感覚間相互作用研究の代表的研究者である Charles Spence は，"Crossmodal correspondences: A tutorial review" と題した論文を 2011 年に発表した。この論文はその後，感覚間協応研究の必読文献として読まれ続けている。この中で Spence は，感覚間協応（crossmodal correspondence）を，"a compatibility effect between attributes or dimensions of a stimulus（i.e., an object or event）in different sensory modalities（be they redundant or not）"，すなわち，「異なる感覚モダリティに与えられる刺激（つまりオブジェクトや出来事）の属性や次元の間に適合性が見いだされる効果（両者間の冗長性の有無は問わない）」と定義している（Spence, 2011, p. 973）。たとえば「ゴリヨン」という言語音が持つ響き（聴覚的属性）にゴツゴツした形状（触覚または視覚的属性）が適合すると感じるケースなどがこの定義に当てはまる。「属性」には，光の明るさや音の音響的特徴などの物理的属性のほか，「良い／悪い」，「安定した／不安定な」などのような印象評価も含まれうる。属性のほかに「次元」と書かれている理由は，感覚間協応は，何らかの軸（そして極性）を持った特徴次元全体間の対応関係として見いだされることが多いためである。たとえば「小さいものには明るい印象，大きいものには暗い印象を覚える」という感覚間協応では，物体のサイズ（大－小）と明度（明－暗）という特徴次元全体の間に，物体サイズの「小さい」側の極と明度の「明るい」側の極，および，「大きい」側の極と「暗い」側の極が対応づけられる形で協応が生じる（たとえば次元の一部である「小さい」と「明るい」という属性だけに対応関係が見いだされ，他の部分である「大きい」や「暗い」は互いに無関係だと感じられることはない）。上掲の定義中の「（両者間の冗長性の有無は問わない）」という部分の冗長性とは，処理対象とする刺激属性が複数の感覚モダリティで知覚・認識可能であるかを指す概念である。たとえばオブジェクトの形状（尖っているか否かなど）は，視覚でも触覚でも知覚可能である。

オブジェクトが呈示される時間の長さも，視覚，触覚，（音を出すオブジェクトであれば）聴覚のいずれでも把握することができる。このような場合は，その刺激属性の処理には冗長性がある（1つの感覚モダリティの処理だけでも把握可能な情報を，複数の感覚モダリティの処理によって把握している）と言える。一方，音の高さは聴覚でしか処理できないし，明るさは視覚でしか処理できない。このように，特定の感覚モダリティでのみ対象となる属性が処理可能である場合は，処理に冗長性がないと言える。感覚間協応では，対応づけられる刺激属性や次元間の処理の冗長性の有無は問わない。

　なお，Spence（2011）は，先述の定義に続けて，感覚間協応が持つ重要な特徴として，大多数の人に共有されるものであることを挙げている。これは，一般人口の少数が持つ共感覚とは大きく性質が異なる点である。

　感覚間協応に相当する現象には，これまでにさまざまな用語が充てられてきた。英語では，crossmodal correspondences のほかに，synesthetic correspondences, synesthetic associations, crossmodal equivalences, crossmodal similarities, natural crossmodal mappings などの用語が存在する（Spence, 2011）。日本語でも，感覚間協応のほかに，「共感覚的認知」という用語が使われることが多い。また，異なる感覚モダリティの処理内容に共通性が見いだされる現象であるという意味合いから，「通様相性現象」と呼ばれることもある。Spence（2011）によれば，英語文献では，対応づけられる刺激属性・次元間に冗長性がない場合は synesthetic（共感覚的），冗長性の有無を問わない場合は crossmodal（感覚間）という言葉が用いられやすい傾向にある（日本語文献に関しては，筆者の見る限り，そのような使い分けは明確には存在しないように思われる）。ただし，冗長性の有無の判断は時に困難である。たとえば音の高さと物体のサイズの知覚処理には一見冗長性がないが，物理的に考えて，大きい物体ほど低い音を発する傾向にあり，音の高さも間接的に物体のサイズの情報を保持していると考えることもできるため，両者の処理には冗長性がある可能性もある。以上のことから，Spence（2011）はより広い（冗長性の有無によらない）範囲の現象をカバーする用語として crossmodal correspondence を用いている。本書でも，その訳語に相当する感覚間協応という用語を使用する。

6.2　感覚間協応の研究例と研究手法 ……………………………………………………

❖感覚間協応の研究例

　感覚間協応には，光の明るさや音の高さなどの単純な知覚属性間に生じるものから，言語音の響きのようにより複雑な知覚・認知処理が関わるもの，刺激の印象評価などさらに高次の認知処理が関わるもの，情動が関わるものまで，さまざまなものがある。

　知覚属性間の協応について調べたもっとも古典的な研究の1つに，Stevens & Marks（1965）による，光の明るさと音の大きさ（音圧）の協応関係についての研究がある。この研究では，参加者にある明るさの光を見せ，その明るさと主観的に同じ強度になるように，イヤホンから聞こえてくる雑音の大きさを調整させたり，その逆に，雑音の大きさと主観的に同じ強度になるように光の明るさを調整させたりした。その結果，いずれの場合でも，明るい光ほど大きな音と対応づけられるという協応関係が存在することが明確に示された。このほかにも，光の明るさと音の高さ（明るい－高音，暗い－低音），視覚的な大きさと音の高さ（小さい－高音，大きい－低音），視覚形状と音の高さ（尖った形－高音，丸みを帯びた形－低音）など，視覚と聴覚の間だけでもさまざまな感覚間協応の存在が確認されている（Evans & Treisman, 2010; Marks, 1974, 1987; Marks, Hammeal, & Bornstein, 1987）。さらに視覚と聴覚の間以外にも，視覚と触覚（例：明るい－高周波の振動，暗い－低周波の振動，Martino & Marks, 2000: 赤色－重い，黄色－軽い，木村, 1950; Pinkerton & Humphrey, 1974），視覚と味覚（例：ピンク色－甘味など，Hidaka & Shimoda, 2014; Woods & Spence, 2016），聴覚と味覚（例：高音－甘味や酸味，低音－苦みや旨味，Crisinel & Spence, 2010, ただしWatson & Gunther, 2017），嗅覚と聴覚（例：柑橘系の香り－高音，キャラメルの香り－低音，Deroy, Crisinel, & Spence, 2013），視覚と体性感覚（温度感覚）（例：赤－熱い，青－冷たい，Ho, Doorn, Kawabe, & Watanabe, 2014）など，非常に多くの感覚モダリティおよび属性・次元間に感覚間協応が見られる（Deroy & Spence, 2016; Spence, 2011）。

　知覚属性よりも複雑な認知処理が関わる感覚間協応の例として，色と印象評価や概念の結びつきが挙げられる。たとえば文豪であると同時に自然科学者でもあったゲーテは，著書『色彩論』の中で，黄色は「きわめて温かい快い印

象」で「明朗かつ高貴なところを有している」，青色については「高い空，遠くの山々が青く見えるように，青い面もわれわれから遠のいていくように見え」，「寒いという感情を与え，また陰影を思い出させる」と述べている（Goethe, 1810）。このような色彩の印象について量的に調べた研究の一例として，大山・田中・芳賀（1963）が日米の女子学生を参加者として行った研究がある。この研究では，16 色を参加者に 1 色ずつ呈示し，35 の形容詞対の評定尺度（例：「嬉しい」と「悲しい」を両端とした 7 段階尺度）を用いて，それぞれの色の印象を感じたままに評価させるという実験を行った。その結果，日米での結果には多少の違いはあるものの，暖色（赤系統の色）は嬉しい，不安定な，危ない，女らしい色で，寒色（青系統の色）は悲しい，安定した，安全な，男らしい色として評価される傾向が示された。また，この研究では，日本人女子学生 145 人を対象に，さまざまな概念語（象徴語）に対して直感的に合う色を 16 色の中から選択するという実験も行っており，「怒り」は赤色，「罪」は黒色や灰色，「純潔」は白色，「平静」は青色や緑色といったように，多くの人の間で一致しやすい概念と色の組み合わせがあることを報告している（感情と色の対応関係については Collier, 1996 も参照）。また，単なる音の高低や大小だけではなく，音色の情報を含んだ楽器音（例：ヴァイオリンやピアノ，トランペットの音，大山，1994）や，さらに旋律や調性，リズム，テンポなどの情報も複雑に加わった楽曲（例：クラシック音楽のオーケストラ演奏曲, Palmer, Schloss, Xu, & Prado-León, 2013）など，複雑な認知処理を要する聴覚刺激と色，印象などの間の感覚間協応も広く研究されている。また，色や音のほかにも，動き，匂い，形などと印象評価の感覚間協応も研究されている（Karwoski, Odbert, & Osgood, 1942；大山，2011）。

　感覚間協応の中でも，「ゴリヨン」という言葉の響きにごつごつとした印象を覚えるなどのような，言語音と何らかの感覚イメージや印象の間に生じる感覚間協応は特に音象徴（または語音象徴）（sound symbolism）と呼ばれ，心理学のみならず，言語学や音声学，文化人類学などの幅広い分野で研究が行われている（Imai & Kita, 2014; 川原, 2015; Lockwood & Dingemanse, 2015）。それはなぜかと言えば，言葉の音と意味はどのようにつながりを持つのかという深遠な問いに繋がるためである。現代言語学における基本的な考えでは，言語音と意味の関係は恣意的，すなわち，言葉の音自体には意味がないというものである（de Saussure, 1916）。たとえば「りんご」はあの赤色（ときには黄色や黄緑色）で丸く艶やかな，甘酸っぱい果物を指し示す言葉であるが，/ringo/ という響き

の中には赤や艶やかさ，甘酸っぱさなどを感じさせる要素はない。そのような
中で，「ブーバ」のような音象徴のある言葉は，（無意味語であるにもかかわらず）
音の響き自体が何らかの印象，いわば意味をもたらすという，興味深い存在な
のである。後述するように，このような音象徴の特性と言語の進化（Ramachan-
dran & Hubbard, 2001），言語学習や言語発達（Imai & Kita, 2014; Lockwood &
Dingemanse, 2015）との関係についての議論も盛んに行われている。なお，「ぴ
かぴか」「しょんぼり」「にゃあ」のようなオノマトペ（擬音語・擬態語）は，
音象徴によって意味を表現する種類の言葉だと言える。日本語は特にオノマト
ペが多い言語として知られているが，オノマトペが少ないと言われている言語，
たとえば英語にも，glitter（きらめく），glory（栄光），glare（まぶしい光）のよ
うに光に関する単語は /gl/ という音で始まることが多いなど，音象徴を含むと
思われる単語は存在する（Imai & Kita, 2014）。

　音象徴の古典的な研究として，母音と大きさの印象の対応関係を調べた
Sapir（1929）の研究がある。Sapir は参加者に，"mil" と "mal" のようにそれ
ぞれ /i/ と /a/ の母音を含んだ無意味語のペアを発音して聴かせ，「これらは机
という意味の言葉なのだが，どちらのほうが大きい机だと思うか」のように尋
ねることで，母音と大きさの対応関係を調べた（なお，机などの意味はでたらめ
につけられたものである）。その結果，大多数の参加者が /i/ は小さく，/a/ は
大きい印象を感じることが示された。他の古典的研究として，Köhler（1929/1947）
による形の音象徴の研究が挙げられる。Köhler が人々に図6-1 にあるような2
つの無意味図形を見せて，どちらが「マルーマ（maluma）」で，どちらが「タ
ケテ（takete）」かを尋ねたところ，ほとんどの人が「ためらうことなく」左の
丸みを帯びたほうがマルーマで，右の尖ったほうがタケテだと答えた（Köhler,
1929/1947）。このような丸みを帯びた形と尖った形の印象を与える音象徴は，そ
の後，Ramachandran & Hubbard（2001）の論文の中で「ブーバ（bouba）」と
「キキ（kiki）」という無意味語を用いた例とともに紹介され（この論文中では，
95％の人が丸みを帯びた無意味図形を「ブーバ」，尖った無意味図形を「キキ」とし
て選んだことが報告されている），現在では「ブーバ・キキ効果（bouba/kiki effect）」
という呼び名が定着している。音象徴はこれらのような大きさや形の印象をも
たらすものだけでなく，触覚の滑らかさや粗さ（例：「ブーバ」はサテン生地の
ようで滑らかで，「キキ」は紙やすりのようにざらざらした印象を与える，Martino
& Marks, 2000），味（例：ミントチョコレートは普通のチョコレートよりも「キキ」

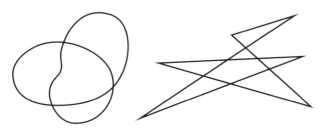

図6-1　Köhler（1929/1947）が「タケテとマルーマ」の実験で用い
　　　た無意味図形（著者による再現）

っぽいと判断される，Gallace, Boschin, & Spence, 2011），動作の様態（様々な言語音の特性と身振りの大きさ，早さ，軽やかさの関係など，Saji, Akita, Kantartzis, Kita, & Imai, 2019）に関するものなど，幅広い種類の音象徴が存在する（Lockwood & Dingemanse, 2015）。

❖感覚間協応の研究手法

　感覚間協応の存在を確認するための研究手法には，大きく分けて顕在的手法と潜在的手法がある。顕在的手法は，実験参加者が顕在的（意識的）に行う主観的判断や評定に基づいて協応関係にある情報のペアを特定するものであり，具体的には直接対応（連想）法，評定法，クロスモダリティ・マッチング法，印象記述法が挙げられる。直接対応（連想）法は，実験参加者にある情報（ある感覚モダリティの属性や次元，概念など）を呈示し，それに直感的に合うと思う情報を複数の選択肢から選ばせるというものである（大山，2011）。多くの人の間で回答の一致率が高い情報のペアは（個人差によらない，一定の普遍性をもった）感覚間協応の関係にあると判断できる。Köhler（1929/1947）の「タケテ」と「マルーマ」のどちらが呈示された図形に直感的に合うかを尋ねる実験や，大山ら（1963）のさまざまな概念語に直感的に合う色を16色の選択肢の中から選ばせる実験など，情報間の対応関係を参加者に直接的に回答させる方法全般がこれに該当する。直接対応（連想）法は直感的で扱いやすく，特にどのような情報間に協応関係が存在するのかを把握する上で有効な手法であるが，正確な結果を得るためには選択肢が適切に設定されている必要がある。たとえば参加者がある図形に対し，「タケテ」と「マルーマ」の2択の中から「タケテ」を選んだ場合，「タケテ」がその図形に適切であると積極的に考えて選んだのか，

それとも,「タケテ」が適切な選択肢だとは思えない（つまり強い感覚間協応は存在していない）けれども「マルーマ」と比べればましであるという消極的な理由から選んだのかを回答から推測することはできない。この欠点を補うために, 回答の確信度を合わせて問うこともある（Woods, Spence, Butcher, & Deroy, 2013）。

　評定法は, 呈示された情報ペア間の感覚間協応の強さの度合いを参加者に評定させるものである。たとえば, 丸みを帯びた図形に "dede" という無意味語がどのくらいよく当てはまるかを 7 段階評定（1 =「まったく当てはまらない」〜7 =「よく当てはまる」）で答えさせる（Cuskley, Simner, & Kirby, 2017）などの例が挙げられる。評定法を使えば, 感覚間協応の有無だけでなくその強さを定量的に測定することができる。また, 何らかの軸を持った次元が関わる感覚間協応であることが推定される場合は, 評定法の一種であるセマンティック・ディファレンシャル法（Semantic Differential, SD 法）が用いられることがある。SD法とは, ある対象についての評価を, 多数の反対語の形容詞対からなる評定尺度によって測定する手法である。得られた評定値を因子分析に掛け, 評価次元を抽出するのが一般的である。たとえば大山ら（1963）では, さまざまな色について,「美しい−みにくい」「かたい−やわらかい」「さわがしい−静かな」などの 35 の形容詞対の 7 段階尺度（7 つの目盛りがある評定軸の両端にそれぞれの形容詞を置き, 当てはまるところに印を付けさせる。中央の目盛りは「どちらでもない」という回答に相当する）を用いた印象評定を行った。そしてそれらの評定値から評価性因子（美しさ／醜さなど, 対象の価値に関わる因子）, 活動性因子（騒がしさ／静かさなど, 活動的な印象の度合い）などの因子を抽出し, 暖色系は活動的で寒色系は非活動的な印象を与えるなど, 色のさまざまな要素と活動性などの評価次元との対応関係について論じている。

　知覚的な属性次元間の感覚間協応の場合は, 異なる感覚モダリティの刺激によって生じる心理量の強度が主観的に等しくなるようにマッチングを行う手法であるクロスモダリティ・マッチングを行うことによって, 協応関係にある 2つの次元が具体的にどのような値で対応づけられているのかを調べることができる。具体例として, 参加者に音の大きさを調整させたり, 光の明るさを調整させたりすることによって光の明るさと音の大きさが主観的に同じ強度だと感じられる点を調べた, Stevens & Marks（1965）の研究が挙げられる（図 6-2）。

　以上の各手法が人間の感覚間協応に対する顕在的な反応を量的に測定するも

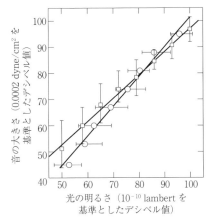

図 6-2 Stevens & Marks（1965）の，光の明るさと音の大きさの
クロスモダリティ・マッチングの実験結果
□：光の明るさに合うように音を調節
○：音の大きさに合うように光を調節

のであるのに対し，印象記述法は顕在的な感覚間協応の内容を質的に捉えよう
とするものである。例として，円がアーチ型反復運動をする動画を見せてその
印象を自由に記述させ，それに基づいて，運動の軌跡などの特性と生き物らし
さや自発性などの印象の対応関係を調べるような研究が挙げられる（大山，
2011）。

　顕在的手法は直感的で分かりやすい手法であるが，実験参加者に明示的に感
覚間協応についての判断を求めるぶん，「研究者の期待に沿った回答をしてし
まう」などの回答のバイアスが生じやすいという問題がある。また，参加者の
内部に感覚間協応が存在したとしても，それを意識に上らせ，（課題によっては
さらに言語化し）報告する能力や意思がないと検出することができない。その
ため，参加者に協応についての意識的な判断を求めない，潜在的手法も多く用
いられている。その代表的なものが刺激の属性をできるだけはやく分類する分
類課題（speeded classification task）である（Marks, 2004）。感覚間協応を調べる
ための分類課題の基本形は，複数の感覚モダリティを通して刺激を呈示し，片
方のモダリティ（課題非関連次元）の情報は無視しながら，もう片方のモダリテ
ィ（課題関連次元）の情報を分類するように求めるというものである。たとえば

この課題を用いた初期の研究の 1 つである Bernstein & Edelstein（1971）は，同時に呈示される聴覚刺激（高音／低音）を無視しながら，視覚刺激の位置（半数の参加者では注視点の右上／左下，もう半数では左上／右下）をできる限りはやく判断し，キー押しで回答するという実験を行った。その結果，上側に呈示された視覚刺激について判断する際は，同時に高音が呈示されたときのほうが低音が呈示されたときよりも反応時間が短く，下側に呈示された視覚刺激について判断する際はその逆であった。この結果は，聴覚情報は課題非関連であったにもかかわらず，潜在的に視覚的な位置の上下（高低）と聴覚的な音の高低の感覚間協応が生じ，視覚的な位置情報の処理が促進されたと解釈することができる。

　他の代表的な潜在的手法の実験課題として，潜在連合テスト（Implicit Association Test, IAT）が挙げられる。基本的な潜在連合テストでは，参加者に，呈示された単語や画像など（花，虫，ポジティブな感情語，ネガティブな感情語などのように，4 つのカテゴリに属する事物や言葉が混ざっている）の刺激の概念カテゴリを分類し，2 つの反応キーのいずれかを用いて迅速に回答するように求める。そして，「花を表す単語か虫を表す単語か，または，ポジティブな感情語かネガティブ感情語かを分類してください」というように 2 軸の分類基準を同時に与え，「花またはポジティブな感情語であれば右のキー，虫またはネガティブな感情語であれば左のキー」のように，2 つの反応キーに 2 つずつのカテゴリが割り当てられる。このとき，同じ反応キーに割り当てられたカテゴリ同士の連合関係が強いと（例：花とポジティブ，虫とネガティブ）反応時間が短くなり，弱いと（例：花とネガティブ，虫とポジティブ）反応時間が長くなるという知見（Greenwald, McGhee, & Schwartz, 1998）を利用して，反応時間の短さから概念カテゴリ間の連合関係の強さを推測する。Parise & Spence（2012）は，図 6-3 のように，「聴覚刺激単語が "mil" か "mal" か」と「視覚刺激の円が小さいか大きいか」を分類する潜在連合テストを行い，「"mil"−小さい，"mal"−大きい」という母音と視覚的な大きさの間の感覚間協応の存在を確認し，その効果量の大きさを分析した。彼らの研究では，同じ手法を用いて他の種類の感覚間協応についても調べている。分類課題や潜在連合テストのような潜在的手法には，このように，感覚間協応の大きさを定量的に把握できるという利点がある。

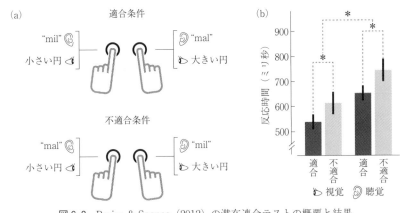

図6-3 Parise & Spence (2012) の潜在連合テストの概要と結果

6.3 感覚間協応の分類

　以上で触れてきたように，感覚間協応には，光の明るさや音の大きさなどの知覚処理から言語音の響き，感情，抽象概念などの複雑な認知処理まで，さまざまな処理レベルの多種多様な知覚・認知処理が関与したものが存在する。これらすべてが単一のメカニズムに基づいて生じるとは考えづらい。Spence (2011) は，現在「感覚間協応」として一括りにされているものを複数の下位グループに分類し，それぞれに異なる基盤メカニズムが存在する可能性を検討することが重要だと指摘している。Spence (2011) が挙げたのは「構造的協応 (structural correspondences)」，「統計的協応 (statistical correspondences)」，「意味的協応 (semantically mediated correspondences)」の3種類である。ただし Spence (2011) はこれら以外の種類の協応もありうると述べており，実際，その後の研究では，「ヘドニック協応 (hedonically mediated correspondences)」など他の種類の協応の存在についても議論がなされている (Deroy et al., 2013; Deroy & Spence, 2016)。以下ではそれぞれについて見ていく。

❖構造的協応
　構造的協応は，2つの情報が共通の神経基盤で表象されることが原因で生じ

ると考えられるタイプの感覚間協応である（Spence, 2011）。たとえば，刺激の
強度は感覚モダリティを問わず神経発火の増強によって符号化されると考えら
れ，それにより，「明るい光−大きい音，暗い光−小さい音」のように強度の
強い刺激同士の間に感覚モダリティの壁を越えた協応関係が見いだされる可能
性がある（Stevens & Marks, 1965）。構造的協応の他の例として，時間の長さや
空間の広さ，数量の多さなど「より多い（より少ない）」という形で記述可能な
ものは共通の「汎化マグニチュードシステム（general magnitude system）」（Walsh,
2003）で処理されており，それがゆえに，マグニチュードが大きい情報間（ま
たは小さい情報間）に協応が見られる，という可能性が挙げられる。線分の長
短と音の長短の感覚間協応（Srinivasan & Carey, 2010）がこれに該当する。

❖統計的協応

　統計的協応は，生活する中で環境についての統計情報が蓄積され，共起頻度
の高い刺激属性のペアの情報が内在化されることによって形成されるタイプの
感覚間協応である（Spence, 2011）。相関して経験されやすい情報の間に協応関
係が生じる。たとえば，小さい太鼓を叩くと高い音，大きい太鼓を叩くと低い
音が出るというように，物理的な性質により，小さなサイズの物体は大きなサ
イズの物体よりも高い音を発することが多い。このような「小さいサイズ−高
音，大きいサイズ−低音」という知覚属性の組み合わせを持つ刺激入力を数多
く経験することにより，視覚的なサイズと音高の感覚間協応が形成される可能
性がある（Gallace & Spence, 2006）。また，Parise, Knorre, & Ernst（2014）は，
街中や郊外で人が耳にする環境音の分析によって，高い空間位置から聞こえて
くる音のほうが低い空間位置からの音よりも周波数が高い傾向にあることを明
らかにし，このような現実世界における統計情報が空間における高低と音の高
低の感覚間協応（高い空間位置−高音，低い空間位置−低音）の基盤になっている
可能性を指摘した。「甘い香り」「酸っぱい匂い」のような味と匂いの結びつき
も，「バニラの香りの食べ物は甘いことが多い」「酢の香りがするものは酸っぱ
いことが多い」などの経験に基づいた統計的協応の一種だと考えられる（Deroy
et al., 2013）。

　統計的協応という考え方は，訓練などにより経験を積むことで，人為的に協
応を作り出せる可能性があることを示すものである。実際，Ernst（2007）は，
もともとは存在しない視覚的な明るさと触覚的な硬さの感覚間協応が，1時間

ほどの訓練（課題の中で，「明るい－硬い，暗い－柔らかい」のような特定のマッピングで明るさと硬さが組み合わせられた刺激に触れさせる）によって形成されうることを報告している。

✤意味的協応

意味的協応は，情報に共通の言語ラベルが与えられることにより生じるタイプの感覚間協応である（Spence, 2011）。たとえば空間位置と音高は，どちらも「高い」もしくは「低い」という言葉によって表現される（これは日本語の例であるが，少なくとも英語でも，両情報には同じ"high"もしくは"low"という言葉が使われる）。空間位置と音高という本来は異なる知覚属性を，共通の言語ラベル（意味情報）に対応づけることにより，「高い空間位置－高音，低い空間位置－低音」のような感覚間協応が生じるようになるという考え方である（Martino & Marks, 1999）。なお，Martino & Marks（1999）はこの考え方を意味符号化仮説（semantic coding hypothesis）と呼んでいる。

✤ヘドニック協応

「ヘドニック（hedonic）」とは，楽しい－悲しい，良い－悪い，美しい－醜いなどの感情や評価の根底に共通して存在すると考えられる快－不快感情を表す概念である。ヘドニック協応は，共通した感情を喚起させる情報間に生じるタイプの感覚間協応である。たとえばPalmer et al.（2013）は，さまざまなクラシックのオーケストラ音楽の楽曲に直感的に合う色を選択するという実験を行い，また，それとは別に，それぞれの楽曲や色と結びつきの強い感情（例：喜び／悲しみ，怒り／冷静さ）も調べた。その結果，テンポの速い長調の曲は明度や彩度の高い色と対応づけられやすく，また，それらの曲と色はいずれも喜びの感情と結びつけられやすいといったように，協応関係にある楽曲と色は，よく似た感情を喚起させる楽曲と色であることが明らかになった。この結果は，楽曲の属性（テンポなど）と色の感覚間協応が，共通した感情（ヘドニックな情報）の媒介により生じる可能性を示唆するものである（なお，Palmerらはこのような解釈のしかたを感情媒介（emotional mediation）仮説と呼んでいる）。

✤分類の難しさ

以上では感覚間協応の各分類について説明したが，これら4つですべての協

応を説明できるわけではない。たとえば，明るさと音高の感覚間協応（明るい－高い音，暗い－低い音）は，これまでに数多くの研究で存在が確かめられてきた頑健な現象であるが，前掲の4分類のいずれにも当てはまりそうにない（Spence, 2011）。このように，感覚間協応の分類のしかたについては今後も検討の余地が残されている。

　また，分類の違いは基盤メカニズムの違いに直結すると考えられるため，感覚間協応の分類作業はこの研究分野を進展させるうえで重要な意味を持つが，決して容易な作業ではない。まず，空間における高低と音の高低の感覚間協応（高い空間位置－高音，低い空間位置－低音）の例が統計的協応と意味的協応の両方で出てきたことからも分かるように，複数の分類に当てはまってしまう感覚間協応は多く存在する。特に厄介なことに，大きさ，長さなどのように複数の感覚モダリティで知覚されうる（アモーダルな）属性の上に成り立つ感覚間協応（例：オブジェクトの大きさと音の大きさの協応）の場合は，共通の神経基盤が推定されるために構造的協応に分類されうる一方で，そのような属性のペアは生活環境内で共起しやすい可能性があることから（例：大きいオブジェクトは大きな音を発しやすい）統計的協応にも分類可能である。しかもそのような共通性の多い属性情報には，共通した言語ラベル（例：「大きい」）が適用されがちで，そうすると意味的協応にも分類可能になる（Spence, 2011）。さらには，もともとは違う分類の協応だったものが言語の習得によって意味的協応に変わるなど，分類が移り変わることもありうる（Smith & Sera, 1992）。感覚間協応の発達的側面や神経基盤などの研究は，これらの問題を解決する上でのヒントをもたらすかもしれない（6.4節参照）。

　さらに話を複雑にする要因として，異なる感覚間協応同士が推移的（transitive）に連なり，新しい感覚間協応を生む可能性が挙げられる（Deroy et al., 2013）。「推移」とは推論研究の分野でよく扱われる概念であり，「AならばB」かつ「BならばC」であるという前提情報に基づいて，「AならばC」という推論を行うことを指す。たとえばSpence & Deroy（2012）は，明るさと音高の感覚間協応（明るい－高音，暗い－低音）は，明るさとサイズの大きさの感覚間協応（明るい－小さい，暗い－大きい；この協応は，生活環境内では小さいものほど空など高い空間位置で見かけることが多く，高い空間位置は太陽や照明などに明るく照らされていることが多いために生じるのかもしれない）と，サイズの大きさと音の高さの感覚間協応（小さい－高音，大きい－低音）が推移的に連合して生

じる可能性を指摘している。このような推移性を仮定する利点として，互いに矛盾するような感覚間協応の存在も説明可能になることが挙げられる（Deroy et al., 2013）。たとえば，高い音が小さいサイズのオブジェクトに結びつけられがちである一方で，高い音から低い音へと下降する音列はサイズの縮小と結びつけられやすい（アニメなどでしょんぼりとしぼむときの効果音によくあるように）。このような矛盾は，協応がいくつも連合した結果として生じるのかもしれない。

6.4　感覚間協応のメカニズムをめぐる議論

感覚間協応研究のもっとも根本的な問いは，「なぜこのような協応が起きるのか」であろう（Deroy & Spence, 2016）。多くの人が同じように協応を感じる一方で，なぜそれらが「合う」と感じられるのかをうまく説明できない。これが感覚間協応の面白さでもあり，多くの人の興味を引く理由だろう。6.3 節の分類も，この「なぜ」を解く試みの一環として提唱されている（Spence, 2011; Deroy & Spence, 2016）。本節では，感覚間協応のメカニズムをめぐって展開されている各種の議論についてさらに紹介する。1 つめは，協応は属性の絶対値と相対値のどちらに基づいて生じるのか（たとえば，「150 cd/m^2」のような特定の値を持った明るさであることが重要なのか，それとも，「他の刺激よりも明るい」のような相対的な明るさが関係するのか）という議論である。2 つめは，感覚間協応はどのような処理レベルで生じるのか（知覚レベルなのか，それともより高次の概念レベルや意思決定レベルなのか）という議論である。3 つめは，多感覚統合との関係についてである。話し声の聴覚情報と唇の動きの視覚情報を結びつけ，「話している人（顔と声）」のようにひとまとまりの情報として処理をする多感覚統合と感覚間協応の関係についての議論は，人間の多感覚的処理全般について興味深い考察をもたらす。4 つめは，発達的変化や生得性を巡る議論である。感覚間協応への感受性は生まれたときからあるのか，それとも生後の経験の積み重ねや言語の獲得によって生じるのか。この議論はさらに，感覚間協応の文化差の問題や，ヒト以外の動物にも感覚間協応が存在するのかという問いにもつながる。最後は，音象徴の基盤メカニズムについての議論である。光の明るさや音の大きさといった知覚属性に比べて，複数の音素等から構成される言語音は複雑であり，言語文化の影響も受けやすく，そのためか，数多くの試みにもかかわらず，「なぜマルーマやブーバは丸く，タケテやキキは尖っ

ていると感じるのか」というような根本的な問いの答えはまだ十分に明らかではない。また，言語の起源との関係にも議論が及びやすい分野である。

❖絶対的マッピングと相対的マッピング

感覚間協応が属性の絶対値と相対値のどちらに基づいて生じるのかは，協応を生じさせる情報の組み合わせによって異なることが知られている。まず，相対値に基づいて協応が生じる例を紹介しよう。Gallace & Spence（2006）は，視覚サイズの大小と音高の感覚間協応について，継時的に呈示される2つの円の大小判断課題（図6-4上）を用いて調べた。参加者は1つめに呈示された円（標準刺激）に比べて，2つめの円（比較刺激）が大きいか小さいかをできるだけはやく判断し，足元のペダルを使って回答した。2つめの円の呈示時には同時に4,500 Hzの高い音，または300 Hzの低い音が呈示された（いずれも純音であり，課題無関連刺激。また，このほかに，音を呈示しない無音条件も設けられた）。1つの実験ブロック内に高音が鳴る試行と低音が鳴る試行が混在していた実験1では，比較刺激の大きさと音高が感覚間協応的に一致したとき（小さい−高音，大きい−低音）は，不一致の場合よりも反応時間が短くなるという促進効果が見られた（図6-4左下）。しかし，高音試行と低音試行を別ブロックに分け，同一ブロック内では1種類の高さの音しか呈示されないようにした（すなわち，その音の高さが他の音の高さと比較されないようにした）実験2では，そのような促進効果は見られなかった。これらの結果から，視覚サイズの大小と協応関係にあるのは，「4500 Hz」や「300 Hz」といった音の絶対的な高さの情報ではなく，「より高い」「より低い」という相対的な（文脈依存的な）高さの情報だと言うことができる（図6-4右下）。この研究ではさらに，実験3として，実験1の高音と低音の純音の代わりに "high" または "low" という単語の読み上げ音声（2単語間で音の高さや話し手の性別は揃えられていた）を用いた実験を行い，実験1と同様の促進効果が得られることも確認している。このことから，音の物理的な音高の知覚処理というよりは，「高い」「低い」という概念情報の認知処理が視覚サイズと音高の感覚間協応に関与していると考えられる。視覚サイズの大きさと明るさ（Walker & Walker, 2016）や，視覚サイズの大きさと音高（Brunetti, Indraccolo, Gatto, Spence, & Santangelo, 2018）の協応も相対値に基づくという報告がなされている。

一方，刺激属性の絶対値に基づいて感覚間協応が生じる例もある。Marks,

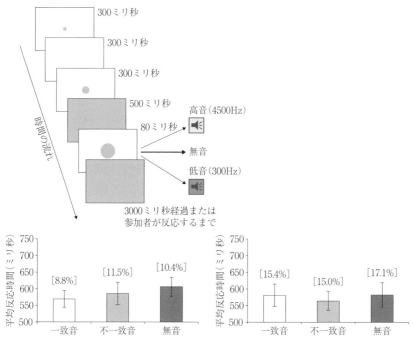

図 6-4 Gallace & Spence (2006) の実験 1 および 2 における 1 試行の流れと結果。[　]内は誤答率。

Szczesiul, & Ohlott (1986) は，クロスモダリティ・マッチングを用いた実験により，視覚刺激の呈示時間の長さと聴覚刺激の呈示時間の長さの感覚間協応はほぼ刺激の絶対値に基づいて（つまり，刺激がどのような文脈に置かれようとも，文脈中での相対的な長さではなく絶対的な長さに従って）生じることを明らかにした。

　以上のように，感覚間協応が属性の絶対値と相対値のどちらに基づいて生じるのかは協応によって異なると考えられる。Spence (2011) や Deroy & Spence (2016) は，構造的協応は特徴の次元同士が結びつく協応だと考えられ，そこでは絶対値に基づいた協応が生じると推測している。構造的協応の関係にある知覚属性のペアは，マグニチュードなどのアモーダルな情報に関わる共通の神経基盤で処理されると想定されるものである。このような場合，2 つの知覚属性は，それぞれ値が小さいものから大きいものまで連続的に変化する特徴次

元を成し，それぞれの次元の値の小さい（大きい）極同士が対応づけられる形で協応が生じる（すなわち次元間の協応だとみなすことができる）という考えである。一方，Spence（2011）や Deroy & Spence（2016）は，意味概念が関与する協応（意味的協応など）や，アモーダルではない（音高や明るさなど，特定の感覚モダリティに限定された）特徴次元間の協応（統計的協応が該当すると考えられる）の場合は，相対値や，次元上の特定の一点で表される値（例：赤色，青色），連続的に値が変化しないカテゴリカルな属性（例：尖った形，丸みを帯びた形）に基づく協応が生じるのではないかと推測している。

❖感覚間協応が生起する処理レベル

　視覚刺激の明るさを迅速に判断する課題において，視覚刺激の明るさと課題に非関連な聴覚刺激の音高が感覚間協応的に適合していると反応が促進されるといったように，分類課題などの潜在的手法は，感覚間協応が自動的に生じることを示してきた。しかしこのことは，感覚間協応が知覚レベルの処理に影響を与えていることを必ずしも意味しない。音高との感覚間協応によって視覚刺激の明るさの知覚が変容する（より明るく，もしくは，暗く感じられるようになる）可能性もあるが，そうではなく，感覚間協応の観点から適合的な刺激のほうに注意が向きやすく，その結果，判断が促進される可能性もある（Marks, 2004）。つまり，感覚間協応は，知覚レベルではなく，判断や意思決定のような認知レベルの処理に影響を与えるものである可能性もあるのだ。

　研究例を挙げよう。同じ濃度の砂糖水であっても，色と味（甘味）の感覚間協応により，ピンク色に着色されていると緑色の場合よりも強く甘みを感じると答えやすい傾向にあるが，Hidaka & Shimoda（2014）は，この効果が味覚の知覚処理レベルではなく，味覚に関する判断や意思決定の認知処理レベルで生じることを明らかにした。一般的に，甘いものを食べた直後では舌が甘さに慣れてしまい，続けて甘いものを食べても甘味を感じにくくなる（味覚受容器の順応）。甘味の知覚強度が強いほどこのような順応効果は強く（後から食べた刺激の甘みをより感じにくく）なる。もし色と味覚の感覚間協応が知覚処理に影響を与えるとしたら，ピンク色の砂糖水のほうが緑色の砂糖水よりも大きな順応効果をもたらすはずであるが，Hidaka & Shimoda（2014）の実験結果では両者の順応効果の大きさに差が見られなかったのである。彼らの実験の参加者は，主観的には緑色よりもピンク色の砂糖水のほうが甘く感じると評定していたが，

直接関係しない聴覚課題：
ピアノ音かバイオリン音か？

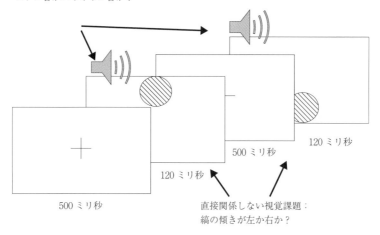

120 ミリ秒

500 ミリ秒

120 ミリ秒

500 ミリ秒

直接関係しない視覚課題：
縞の傾きが左か右か？

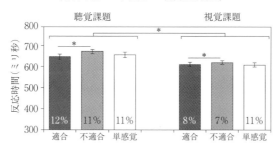

図6-5 Evans & Treisman（2010）の実験の流れ図および結果

色の違いは味覚順応強度には影響しなかったことから，色と味覚の感覚間協応は知覚ではなく判断・意思決定レベルで生じたと解釈できる。

　一方で，Evans & Treisman（2010）は，一般的な分類課題に工夫を加えることで，知覚レベルで感覚間協応が生じうることを示した（図6-5）。彼女らは，空間位置の高さと音高の感覚間協応を調べる分類課題において，一般的な課題のように，感覚間協応に直接関係する刺激属性（視覚刺激の空間位置の高低や聴覚刺激の高低）を参加者に分類させるのではなく，直接は関係しない，視覚刺激

の模様（縞）の向きや，聴覚刺激の音色（ピアノかヴァイオリンか）の分類をさ
せた。そしてその場合でも，一般的な課題の場合と同様に，空間的位置と音の
高低が適合的な場合に反応が促進されることを示したのである。この課題では，
感覚間協応に直接関係する刺激属性についての回答を求めないため，それらの
認知処理は必要ではない。それにもかかわらず適合性の効果が見られたという
ことは，認知処理以前のレベル，すなわち，知覚処理レベルで感覚間協応が生
じたことを示唆する。また，彼女らは同様の課題を用いて，この空間位置と音
高の感覚間協応のほかに，音高（高／低）と視覚的サイズ（大／小），音高（高／
低）と空間周波数（模様の縞の細かさに相当，高／低），音高（高／低）と視覚的
コントラスト（高／低）の感覚間協応についても調べ，音高と視覚的コントラス
トの場合にのみ協応が見られないことも報告した。言語ラベル（高（"high"）／
低（"low"））を共有する音高と視覚的コントラストの間に協応が見られない一
方で，言語ラベルを共有しない音高と視覚的サイズの間に協応が見られること
から，これらの協応が意味的協応（言語ラベルの認知処理を介した協応）である
可能性も否定できる。

　以上をまとめると，感覚間協応は知覚処理レベルで生じるものも，意思決定
や反応選択などの認知処理レベルで生じるものも，どちらも存在すると言える。
このようなレベルの違いを引き起こす原因について調べていくことで，感覚間
協応の分類をさらに精緻化できると考えられる。

❖多感覚統合との関係

　感覚間協応とは異なる形での感覚モダリティ間の相互作用処理として，多感
覚統合（multisensory integration）が挙げられる。これは，異なる感覚モダリ
ティに入力された刺激を1つの事象として知覚・認識する処理のことである。た
とえば，話し声（聴覚情報）と唇の動き（視覚情報）をそれぞれバラバラに認識
するのではなく，ひとまとまりの「話している人（顔と声）」として認識したり，
茶葉やミルクの香り（嗅覚情報）と，かすかな渋みや甘さなどの味（味覚情報）
と，口の中に感じる熱さ（体性感覚情報）をひとまとまりの「熱いミルクティー」
として認識したりする。感覚間協応と多感覚統合はどのように違うのだろうか。
　まず大きな違いとして，多感覚統合の場合は必ず複数の感覚モダリティに刺
激が入力される必要があるが，感覚間協応はそうではないということが挙げら
れる。感覚間協応の場合は，高い声だけを聴いても小さいサイズの印象（たと

えば小柄な人や生き物がしゃべっている印象）を感じることができるし，赤い色から熱の印象を感じ取ることができる。さらにこれに関連して，多感覚統合の場合は時空間的な一致性に基づいて複数感覚からの情報をまとめ上げるが（スペンス, 2007），感覚間協応の場合はそうではないという違いがある（Deroy & Spence, 2016; Spence, 2011）。時空間的な一致性とは，それぞれの感覚に対して，情報が同じタイミングで呈示されたか（時間的な一致性）や，同じ空間位置から呈示されたか（空間的な一致性）を指す。同じタイミングで同じ位置から情報が呈示された場合は多感覚統合が生じやすい，すなわち，ひとまとまりの事象として知覚・認識されやすい。一方，感覚間協応の場合は，そもそも複数の感覚モダリティに刺激入力がある必要はないし，潜在連合テストのように，協応関係にある知覚属性情報の片方のみを単独で呈示するような課題を用いても協応の影響が確認される。6.3 節で紹介した通り，神経基盤の共通性や統計情報（環境内での共起頻度），意味概念や感情などの共通性が協応の素地になると考えられる。

　また，他の大きな違いとして，多感覚統合の場合は，複数の感覚に入力された情報が共通の事象に由来するという「一体性の仮定（unity assumption）」（スペンス, 2007; Welch & Warren, 1986）が置かれるが（例：話し声と口の動きの情報が時空間的に近接して与えられた場合，どちらも同じ一人の話し手に由来するとみなす），感覚間協応の場合は一体性の仮定が働かず，それぞれの情報は（つながりは感じられるものの）あくまでも独立のものとして扱われる（Deroy & Spence, 2016; Spence, 2011）。たとえばブーバ・キキ効果では，「ブーバ」という言語音の響きと丸みを帯びた図形につながりが見いだされるが，「丸みを帯びた図形が『ブーバ』という言葉を発している」のように一体のものとしては認識されないのである。

　以上をまとめると，多感覚統合と感覚間協応は，感覚に入力される情報をそれぞれ異なる形でまとめる処理であると言える。多感覚統合は，1 つの情報源から発された情報が異なる感覚器に入力され，感覚モダリティごとに分けられたのを，再び 1 つにまとめる。一方，感覚間協応は，共起頻度や意味概念的な共通性など生活環境内に存在する何らかの規則性に基づいて，関連のありそうな情報同士をまとめる。分類課題等において，感覚間協応的に適合した刺激のペアへの反応が促進されることを踏まえると，情報をまとめることは知覚・認知処理の効率化にもつながると考えられる。また，上方向に動いているのか下

方向に動いているのかが曖昧に見える運動刺激の運動方向判断において，音高が上昇していく聴覚刺激を組み合わせると上方向の運動に，音高が下降していく聴覚刺激を組み合わせると下方向の運動に判断されやすくなるなど，感覚間協応は錯覚も生じさせる（Maeda, Kanai, & Shimojo, 2004; Takeshima & Gyoba, 2013）。性別が曖昧な顔写真の性別判断課題の際に，課題非関連刺激として平均的な男性（女性）の声と同じ高さの純音を鳴らすと，顔が男性（女性）だと判断されやすくなる（Smith, Grabowecky, & Suzuki, 2007）。これらの知見は，曖昧な情報が与えられるなど情報の信頼性が低いときに，感覚間協応が判断の補助として使用されうる（生活環境内に存在する規則性に合う方向にバイアスをかける）ことを示唆する。

❖発達的変化と生得性を巡る議論

　感覚間協応への感受性はいつからあるのだろうか。生まれたときからあるのだろうか，それとも生後の経験の積み重ねや言語の獲得によって生じるのだろうか。経験に基づいて形成されると考えられる統計的協応や，意味概念や言語ラベルの共通性がベースとなる意味的協応は後者のはずである。一方，汎化マグニチュードシステムなど，神経基盤の共通性がベースとなる構造的協応は，もしかしたら前者かもしれない。汎化マグニチュードシステムは，（先天的かどうかは不明だが）少なくとも言葉を話し出す前である生後9カ月という早い段階ですでにヒトの乳児に備わっていることが知られている（Lourenco & Longo, 2010）。逆に考えると，とある感覚間協応が経験によって変化しうるかや，言語の影響を受けるかどうかという情報は，その協応のメカニズム解明の手掛かりになる。

　数々の乳幼児研究により，感覚間協応の発達的変化の軌跡はものによって異なる可能性が示されている。Marks et al.（1987）は，3歳半から13歳半の子どもと大人を対象に，音高と明るさ，音の大きさと明るさ，音高と視覚的な大きさなど，さまざまな視聴覚間の感覚間協応について調べた。高い音と低い音，そして明るい灰色と暗い灰色を見せ，「どちらの音がどちらの明るさによく合う？（"Which sound goes best with which light?"）」のように尋ねる，直接対応法を用いた実験である。その結果，音高−明るさや，音の大きさ−明るさについては，4歳児も大人も大多数が同様の協応を示したのに対し，音高−視覚サイズについては，9歳児であっても「高音−小さい，低音−大きい」と「高音−大

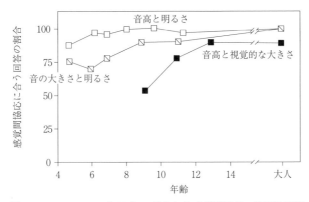

図 6-6　Marks et al.（1987）で見られた感覚間協応の発達的変遷

きい，低音−小さい」の回答率がほぼ半々であり，11 歳くらいにならないと大
人と同じ回答傾向にならないことが明らかになった（図 6-6）。Marks らはこの
結果について，音高−視覚サイズの協応は他 2 つよりも世の中についての経験
（小さいオブジェクトほど高い音を発しやすいという統計的情報の積み重ね）が必要
な可能性があることを指摘している。Spence（2011）の統計的協応の考え方と
も一致する見方である。ただし，Mondloch & Maurer（2004）は 2.5 歳児でも
音高と明るさ，音高と大きさの感覚間協応を示すことを確認している。この実
験では，高音または低音を鳴らしながら小さなボールと大きなボールが飛び跳
ねている動画を見せて「この音を出しているのはどっち？」と選ばせる課題を
用いており，Marks らとの課題の違いが結果の違いに繋がっている可能性があ
る（乳幼児相手の実験では，子どもが課題を理解できるかや，楽しく参加する気にな
ってくれるかなどが結果に影響を及ぼしやすい）。
　また，Smith & Sera（1992）は，2, 3, 4, 5 歳児と大人が，視覚サイズ（大／
小）と音の大きさ（大／小），視覚サイズ（大／小）と明るさ（明／暗）のそれぞ
れの次元間の対応づけをどのように行うかを調べた。その結果，視覚サイズと
音の大きさについては，年齢が上のグループほど「大きいサイズ−大きい音，
小さいサイズ−小さい音」という対応づけをする傾向が強まった。しかし興味
深いことに，視覚サイズと明るさについては，2 歳児が他の年齢層よりも「小
さい−明るい，大きい−暗い」という対応づけをする傾向が強いという結果が
得られたほか，"light" と "dark" という言葉を覚えた 3-5 歳児では特に対応

づけの方向が個人によってバラバラになる傾向が見られた。Smith と Sera は，"light" と "dark" という言葉を覚える前（2 歳児など）は明暗の次元を連続量的に捉えるが，言葉を覚えたあとは質的に（「明るい」対「暗い」のようなカテゴリとして）捉えるようになるのではないか，そして感覚間協応はそのような言語習得の影響を受けうるのではないかと考察している。

　以上の例はいずれも幼児を対象としたものであるが，1 歳未満の乳児でも感覚間協応への感受性を示すという報告がある。たとえば 3-4 カ月児（Dolscheid, Hunnius, Casasanto, & Majid, 2014; Walker, Bremner, Mason, Spring, Mattock, Slater, & Johnson, 2010）や 7 カ月児（Jeschonek, Pauen, & Babocsai, 2013）が大人と同じように，オブジェクトの上方向への動きと高さが上昇する音の系列，下方向への動きと下降する音の系列の組み合わせを，逆の組み合わせよりも好んで注視することが示されている。3 カ月児が尖った図形と高音，丸みを帯びた図形と低音の組み合わせを選好することや（Walker et al., 2010），4 カ月児が細い図形と高音，太い図形と低音の組み合わせを選好することも報告されている（Dolscheid et al., 2014）。線の長さと音の長さ（音の大きさではない）の協応は大人だけでなく 9 カ月児でも見られる（Srinivasan & Carey, 2010）。これらの知覚属性間の感覚間協応のほかに，後述のように，乳児が音象徴への感受性も示すことが報告されている。生後 3 カ月などの幼い乳児が感受性を示すということが，これらの協応が生得的である（経験によるものではない）ことを意味するかは分からない。そもそも，乳児はたった数分間の音声刺激からも統計情報を抽出できるなど（Saffran, Aslin, & Newport, 1996）非常に高い学習能力を持つ上，母胎内でも多くの情報を得ているため，何かの能力の生得性を判断することは非常に困難である。ただし少なくとも，1 歳未満の乳児，特に 3-4 カ月児や 7 カ月児は言語を話せるようになる前であることから，これらの感覚間協応は言語によらないものだと結論づけることができる。

　感覚間協応における言語（や文化）の影響を調べる手段として，乳幼児の発達研究のほかに，異なる言語の話者間での比較研究が挙げられる。Dolscheid, Shayan, Majid, & Casasanto（2013）は，音高を「高い」と「低い」という意味に相当する言葉を用いて表すオランダ語と，「細い」と「太い」という意味に相当する言葉を用いて表すペルシア語の話者を対象に，さまざまな音高の単音（2 秒）を聴き，その直後にできるだけ正確に歌って再生するという課題を行った。この際，音と同時に目の前の画面上に，垂直方向のさまざまな位置（高さ）

に描かれた太さが一定の線分（高さ干渉課題），または，さまざまな太さで描か
れた空間位置が一定の線分（太さ干渉課題）が表示された。線分の表示位置の
高さや太さは課題には無関係で，音の高さとも無関係に変化した。再生された
音の高さを分析した結果，オランダ語話者は線分の高さによる干渉は受けたけ
れども太さの干渉は受けず，ペルシア語話者はその逆であった。すなわち，音
高の言語表現の違いが感覚間協応の違いを引き起こしていると考えられる。

　言語や文化の影響について調べるための別の手段として，ヒト以外の種の動
物との比較研究が挙げられる。カエルや（Bee, Perril, & Owen, 2000），シカなど
の哺乳類（Fitch & Reby, 2001）は，他の個体に自分の身体が大きいと思わせる
ために低い鳴き声を出すようであり，これらの動物にも「低音−大きい／高音−
小さい」という感覚間協応があると考えられる。また，Ludwig, Adachi, & Mat-
suzawa（2011）はチンパンジーとヒトの両方を対象に，課題非関連の音（低音／
高音）を無視しながら画面上の視覚の明るさの明暗をできるだけはやく判断す
る分類課題を行い，チンパンジーでも「明るい−高音，暗い−低音」の感覚間
協応があることを明らかにしている。このようなヒト以外の動物にもある感覚
間協応は，環境内の物理的事象に関する統計学習や，種間で共通の神経基盤に
根差すものであると推測できる。

❖音象徴のメカニズムを巡る議論

　本節でこれまでに扱ってきた研究例は，明るさや音の大きさといった知覚属
性間の感覚間協応が中心であった。しかし6.2節で述べた通り，感覚間協応に
は感情などの複雑な情報が関係するものや，言語音がもたらす感覚間協応であ
る音象徴も存在する。これらは協応を構成する属性が知覚属性よりもはるかに
複雑なぶん，メカニズムの解明がより困難である。ここでは近年特に研究が盛
んな音象徴のメカニズムに関する議論を紹介する。

　なぜ「マルーマ」や「ブーバ」は丸く，「タケテ」や「キキ」は尖っている
と感じられるのか。この問いに多くの研究者が挑んできた。たとえば Oyama
& Haga（1963）は，Köhler（1929/1947）が用いたような曲線図形や直線図形
に対し，「マルマ」以外に「ラマラ」，「リミリ」，「ルムル」，「カタカ」，「キチ
キ」……とさまざまな無意味言語音の選択肢を用意し，参加者にそれぞれの図
形に合うものを選択させた。その結果，直線図形にはカ行やタ行，曲線図形に
はラ行やマ行の無意味語が選ばれやすく，母音の違い（例：「ラマラ」と「レメ

レ」の違い）の影響はあまりなかった。音声学的な区分では，/k/，/s/，/t/，/p/ といった「尖った印象」の子音は阻害音に，/n/，/m/，/y/，/r/，/w/といった「丸い印象の」子音は共鳴音に分類される。阻害音を発音するときは口腔内で一度空気の流れを止め，その後に一気に破裂させるように押し出したり，口を狭めて空気の流れを阻害したりする。一方，共鳴音の場合はそのような空気の流れの阻害が少ない。このような発音のしかたの違いが形のイメージの違いに繋がっていると推測される（音声学を中心とした議論については川原，2015）。母音については，Sapir（1929）の "mil" と "mal" の例にみられるように，/a/の母音は大きく，/i/ の母音は小さい印象をもたらすことが多い（川原，2015；Lockwood & Dingemanse, 2015）。心理学の実験研究では，Knoeferle, Li, Maggioni, & Spence（2017）が，さまざまな言語音（/wa/，/mi/，/zi/ など）の母音の音響的成分と，大きさ（大－小）や形（丸い－尖った）の主観的印象の対応関係を調べている。彼らの研究の結果，第 2 フォルマント周波数が高い母音（/i/や /e/ のように唇を薄く引き伸ばして発音する母音が該当）ほど尖った印象を，第 2 フォルマント周波数が低く，かつ，第 1 フォルマント周波数が高い母音（/a/のように口を大きく開ける母音が該当）ほど大きい印象をもたらすことが示された。Ramachandran & Hubbard（2001）は，共感覚についての総説の中でブーバ・キキ効果を紹介し，小さいオブジェクトについて言い表すために口を小さくすぼめるといった，口や唇の動かし方によるジェスチャーとでもいうようなものが音象徴の基盤であり，さらには言語の原始的な形（proto-language）だったのではないかと語っているが，発音する際の口腔の形が音象徴的イメージの基盤になっているという推測はある程度当たっているのかもしれない。

　しかし厄介なことに，音象徴には言語（文化）圏を問わず普遍的だと思われるものだけでなく，特定の言語圏に固有だと思われるものがある（Imai & Kita, 2014；Lockwood & Dingemanse, 2015）。すなわち，とある言語圏で言語音の性質とイメージの対応関係が明らかになったとしても，他の言語圏でもそれが当てはまるかは不明なのである。/a/ が大きい，/i/ が小さいなどの母音とマグニチュードの音象徴はさまざまな言語・文化圏で広く見られる（Imai & Kita, 2014）。/i/ の母音は /a/ の母音よりも，音の聞こえの高さを左右する第 2 フォルマント周波数が高いという音響的特徴を持つため，「高音－小さい」「低音－大きい」という感覚間協応がベースになっている可能性がある（Sidhu & Pexman, 2018）。ブーバ・キキ効果も，Köhler（1929/1947）のドイツや Ramachandran & Hubbard（2001）のアメリカのような西洋文化圏だけでなく，アフリカのナミビアなどの非西洋文化圏でも確認されている（Bremner, Caparos, Davidoff, de Fockert, Linnell, & Spence, 2013。なお，言うまでもなく，日本でも見られる）。しかし，たとえば動作を音象徴で表現する際に，有声音（/g/ や /m/ など，発音時に声帯を震わせる音）と無声音（/k/ や /s/ など，声帯を震わせない音）の違いを動きの大きさや速さの違いに対応づけるか否かやその程度は日本語話者と英語話者で異なる（Saji et al., 2019）。また，日本語母語話者は「ガリガリ」は大きな動作，「カリカリ」は小さな動作というように，有声音を大きなもの，無声音を小さなものに対応づけるが，中国語母語話者はそうではない（針生・趙，2007）。ちなみに，本章の冒頭で「ゴリヨンはゴツゴツした印象」だと述べたが，日本語圏では直線的，すなわち「キキ」寄りに判断されがちな /g/ の子音は，カナダ（Maurer, Pathman, & Mondloch, 2006）やイギリス（Cuskley et al., 2017）のブーバ・キキ研究では「ブーバ」側に分類されている。丸っこいスズメに「ゴリヨン」という音を充てるのも，スペイン人にとっては自然なことなのかもしれない。

　なお，ブーバ・キキ効果や"mil/mal"だけが音象徴ではない。これらのような形や大きさの音象徴以外にも，特に言語学の分野で詳しく研究されている通り，「よろよろ」「ぴょん」といった動作，「つるつる」「さらさら」といった触覚，「ずきずき」「どきどき」のような身体感覚，「わくわく」「るんるん」のようなさまざまな音象徴がある（言語学的研究については篠原・宇野（2013）や窪薗（2017）で広く触れることができる）。つまり，言語音が持つ「イメージ」の内容は多岐にわたる。また，子音や母音の音響的特徴以外に，音の繰り返し回数の影響（例：「ころ」と「ころころ」の違い），並び順の影響（例：「すくすく」と「くすくす」では意味が異なる）も影響する（窪薗，2017）。さらには言語や文化の影響など，音象徴に関わる変数は非常に多く，そのぶん現象の様相も非常に複雑である（Sidhu & Pexman, 2018）。音象徴自体は直感的に理解できるものでありながら，そのメカニズムは謎めいている。それが音象徴の研究者泣かせなところでもあり，魅力的なところでもある。

　最後に発達的側面について述べる。選好注視法を用いた実験により，生後4カ月児はすでに，大人と同じような母音（/a/ や /i/）と視覚的な大きさの対応づけや（Peña, Mehler, & Nespor, 2011），ブーバ・キキ効果（Ozturk, Krehm, & Vouloumanos, 2013）を示すことが報告されている（ただし乳幼児のブーバ・キキ

効果についてのメタ分析では，「キキ」タイプの言語音と尖った図形の結びつけが現れるのは「ブーバ」タイプよりも遅い月齢からである可能性が指摘されている，Fort, Lammertink, Peperkamp, Guevara-Rukoz, Fikkert, & Tsuji, 2018）。生後4カ月児はまだ自分で「ブーバ」「キキ」などと発音できないほど幼いため，発音する際の口腔の形を手掛かりに図形と言語音を結びつけているとは考えにくく，このような乳児がどうやってブーバ・キキ効果を感じ取っているのかは謎である。近年の大人を対象とした実験研究では，連続フラッシュ抑制（continuous flash suppression, CFS）という手法を用いて，ブーバ・キキ効果の刺激（図形と無意味語の綴りを組み合わせたもの）を意識に上らない形で参加者に呈示した場合でも，ブーバ・キキ効果が生じることが報告されている（Heyman, Maerten, Vankrunkelsven, Voorspoels, & Moors, 2019; Hung, Styles, & Hsieh, 2017）。ブーバ・キキ効果は謎だらけの現象である。

6.5　感覚間協応がもたらす効果 ⋯⋯⋯⋯⋯⋯⋯⋯⋯⋯⋯⋯⋯⋯⋯⋯⋯⋯⋯

　感覚間協応は，異なる感覚モダリティに与えられる刺激の属性や次元の間に自然と適合性が見いだされる効果である。このような「自然な結びつき」がもたらす効果にも多くの注目が集まっている。多くの人が思いつくのが，商品のパッケージデザインなど広告への応用だろう。たとえば，舌にシュワっと刺激を与える炭酸飲料のボトルの形やラベルには，曲線的なものよりも直線的なデザインが合うと評定されやすい。そしてこのようなパッケージングは消費者の購買意欲にも影響しうる（Spence & Ngo, 2012）。また，商品名に音象徴を活用することで，商品に柔らかさ，かわいらしさなどの望ましいイメージを添えることが可能である。商品だけでなく，人名やアニメなどのキャラクター名にも音象徴は潜んでいる（川原, 2015; 窪薗, 2017; Oyama, Osaka, Kamada, Motoki, & Onzuka, 2019）。kやtなどの阻害音子音を使うことで強さや逞しさ，mやrなどの共鳴音子音を使うことで優しさや穏やかさの印象が名前に加えられるだろう。また，音象徴の異なる活用のしかたとして，痛みの感覚や手触り，材質感など，一般的な言葉では細かく言い表しにくい情報の伝達に使用するということも行われている（例：「ズキズキではなくズーンと痛い」「サラサラよりはザラザラとした材質」；坂本, 2019）。感覚間協応は，保有率が低くて個人特異性の高い共感覚とは違い，多くの人が持ち個人差も少ない（多くの人が同じように協応を

感じる）ため，一般社会において「多くの人が直感的に理解できる」ものを生み出すために活かせることが多い。以上の例はいずれも応用的色彩の濃いものだが，心理学やその周辺領域の基礎研究においても，感覚間協応がもたらす効果に関心が向けられている。1つは言語習得の補助，もう1つはメタファー（比喩）との関係である。

✤音象徴による語意習得の促進

　子どもは音象徴が好きである。大人も子どもに話しかけるときは「手をゴシゴシ洗ってピカピカにしよう」などとオノマトペを多用する。なぜだろうか。言語発達の分野では，音象徴が子どもの語意習得（言葉の意味の学習）を促進する可能性が指摘されている（今井，2017; Imai & Kita, 2014; 佐治，2020）。6.2 節でも触れた通り，言語音と意味の関係は多くの場合，恣意的である（de Saussure, 1916）。言葉の音自体は意味を持たないため，どの対象（意味内容）に対してどのような言語音をあてても構わない。実際，私たち人間は同じオブジェクトに対し，「りんご」「apple」など様々な異なる音をあてる。言語音と意味内容が恣意的に結びついているというのは，その言語を新しく学習する子どもにとっては厄介なことであるに違いない（誰かに，意味不明な言葉とモノの組み合わせを大量に暗記するように言われるという状況を想像すると，その厄介さが分かるだろう）。そのような中で，オノマトペは音の響きから意味が直感的に分かりやすい種類の言葉だと考えられる。

　Imai, Kita, Nagumo, & Okada（2008）は，2-3 歳児に新奇な動詞を学習させるという実験を行った。一般に，この年齢の幼児にとって動詞の学習は難しいものである。しかしこの実験では，新奇動詞が動作と音象徴の観点から適合的な場合（例：すり足で重々しくゆっくり歩く動作に対して「のすのす」という，動作に合った新奇オノマトペ動詞を対応づける）には，そうでない場合（例：同じ動きに対して「ネケる」のような新奇非オノマトペ動詞や，「ちょかちょか」という動作に合わない新奇オノマトペ動詞を対応づける）よりも新奇動詞の学習が促進されることが示された。新奇動詞が動きに合った音象徴を含んでいることで，その動詞が指し示す内容が，動作主や場面の違いによらない動作そのものであるということを把握しやすくなり，学習が促進されたと考えられる。また，Asano, Imai, Kita, Kitajo, Okada, & Thierry（2015）が行った脳波測定実験では，11 カ月児がブーバ・キキ効果を示す結果が得られた。音象徴的に適合的な新奇音声

と新奇図形の組み合わせ（例：「モマ」という音声＋丸みを帯びた図形）が呈示された適合条件の試行と，不適合な組み合わせ（例：「キピ」という音声＋丸みを帯びた図形）が呈示された不適合条件の試行では，事象関連電位（ERP）や脳波の位相同期解析等の結果に違いがみられたのである。特に，不適合条件では，適合条件に比べて ERP の N400 という成分の振幅が増大した。N400 は通常，イヌの絵に「ネコ」という単語が組み合わせられるなどのように，意味的なエラーに遭遇した際に増大する成分である。これを踏まえると，言葉を話し出す直前の時期にあたる 11 カ月児が，音象徴の適合性を手掛かりに意味と言語音が「合って」いるかを判断していると解釈できる。新しい言葉の学習とは，言葉の意味と音を結びつける作業だということができ，音象徴はその作業を助ける役割を果たしていると考えられる（Imai & Kita, 2014; 佐治，2020）。なお，音象徴は乳児の語意習得だけでなく，大人の外国語の語意学習の助けになることも示されている（Nygaard, Cook, & Namy, 2009）。

✣メタファー

　賑やかな太陽，静かな月の光……メタファーには感覚間協応的なものが多くある。心理学の研究者である Marks は，"Bright sneezes and dark coughs, loud sunlight and soft moonlight" と題した論文の中で，音の高さや大きさが明るさと対応づけられるという感覚間協応について述べた後に続けて，以下のように述べている。"… this cross-modal similarity comes to be（中略）part and parcel of our implicit knowledge about our perceptual experiences. And this knowledge can express itself through language.（感覚間に見いだされるこの類似性は，私たちの知覚的な経験について潜在的に知っていることの重要な一部分なのである。そして，この知識が言語を介して表に現れる）"（Marks, 1982, p. 192）。つまり，感覚間協応が，修飾語と非修飾語が異なる感覚モダリティに属するタイプのメタファーの素地になっているという考え方である。一方，メタファー研究の分野では，Williams が，メタファーには近感覚（身体の近くの事物についての情報をもたらす感覚。触覚や味覚が相当）についての形容詞で，遠感覚（遠くの事物についての情報をもたらす感覚。視覚や聴覚が該当）に関する名詞を修飾するという一般的な方向性が存在することを指摘している（楠見，1988; Williams, 1976, 図 6-7）。

　感覚間協応が（少なくとも部分的に）メタファーの理解の素地になっていると

図6-7　Williams（1976）による，感覚をまたいだメタファーの修飾・非修飾関係の
　　　　一般的な方向性を模式的に表した図

いう指摘は理解できるものであるように思われる。しかし，感覚をまたいだメ
タファーをどこまで感覚間協応で説明できるかは不明である。たとえば，感覚
間協応研究において報告されている感覚の組み合わせは，Williams（1976）の
「近感覚から遠感覚へ」という感覚のつながりかたの仮説とは必ずしも一致し
ないという指摘もある（Deroy et al., 2013）。たとえば，最近の感覚間協応研究
では香りがさまざまな素材のテクスチャ知覚に影響を与えることが確認されて
いるが，このような嗅覚が触覚を修飾するという現象はWilliamsの仮説とは合
わない（Deroy et al., 2013）。

6.6　感覚間協応と共感覚の関係 ·······································

　6.1で紹介した通り，感覚間協応はしばしば「共感覚的（synesthetic）」な認
知として扱われる。これは単なる用語の問題である（共感覚者が持つ共感覚とは
基本的に別物として捉えながらも言葉を借りているだけの）場合もあるが，感覚間
協応を共感覚と一続きの「弱い共感覚（weak synesthesia）」として位置づける
理論的立場もある（Martino & Marks, 2001）。Marks（2017）は，感覚間協応と
共感覚の関係についての総説論文の中で，「弱い共感覚」仮説のように感覚間
協応と共感覚の間に明瞭な区別を設けない立場を「一元論（monism）」と呼び，
感覚間協応と共感覚（の中でも励起感覚が色や形など知覚的なもの）の間に明瞭な
線引きをする立場を「二元論（dualism）」，二元論と同様に感覚間協応と共感覚
を区別するが，励起感覚が知覚的な共感覚のほかに，励起感覚がパーソナリテ
ィなどの非知覚的な共感覚のカテゴリも設ける「多元論（pluralism）」と名づけ
た。これらのいずれの立場をとるかは，共感覚研究者の中でも大きく分かれる
（Cohen, 2017; Marks, 2017; Deroy & Spence, 2013）。一元論的立場の場合は，世
の中の誰もが多かれ少なかれ共感覚者であると位置づけることになる。一方，

二元論や多元論的立場の場合は，共感覚者と非共感覚者の間に質的な違いがあると考える。

　Deroy & Spence（2013）は，その名も "Why we are not all synesthetes（not even weakly so）"（「なぜ我々は全員が共感覚者ではない（弱い共感覚すら持っていない）のか」）という論文の中で，共感覚と感覚間協応の類似点と相違点を表 6-1 のようにまとめ，相違点を無視する一元論的立場に対して異を唱えた。彼女らが挙げた類似点は，感覚モダリティを超えた結びつきが見られること，人々に驚きを感じさせるものであること，時間的安定性が高いことの 3 点である。一方，相違点については，保有率の高さ，個人特異性の程度，自動性，意識に上るか否かなどのほか，特に重要な違いとしていくつかの点を挙げている。そのうちの 1 つが，共感覚は色空間上の特定の色，特定の高さの音（音名）など，情報の絶対値間の結びつけであるのに対し，感覚間協応は多くの場合，「より明るい／暗い」「より小さい／大きい」のような情報の相対値の結びつけである。また，共感覚では結びつけの方向性が基本的に一方向だと考えられているが（例：「あ」という文字に赤色の印象を感じるが，赤色に「あ」という文字の印象を感じることはない），感覚間協応は双方向的である（例：光の明るさはサイズの小ささに結びつき，サイズの小ささは光の明るさに結びつく）。また，感覚間協応についてはヒト以外の動物や乳児も持つことが確かめられているが，共感覚はそうではない（そもそも共感覚の場合，誘因刺激が文字や音階などの人工物であることが多い）。以上のように，共感覚と感覚間協応には類似点もあるが相違点も多い。この相違点を無視するべきではないというのが Deroy と Spence の立場である。しかし実のところ，一元論的立場の研究者たちも，共感覚と感覚間協応の類似点，相違点として，Deroy や Spence とほとんど同じような点を列挙している（例：Martino & Marks, 2001）。そのうえで，相違点よりも類似点に重きを置き，共感覚と感覚間協応をひとつながりの（しかし強さは異なる）ものとして捉えているのである。こうなると，各立場の違いは物事の捉え方の違いの問題に過ぎないのかもしれない。しかし，一般的に考えて，表面的に類似しているものが必ずしも同じメカニズムの上に成り立っているという保証はない一方で，相違点を示すものの裏にはメカニズムの違いが潜んでいることが多い。このことを踏まえると，共感覚と感覚間協応のメカニズムの解明を進める上では，二元論や多元論的立場のように，相違点に向き合うことが建設的であるように思われる。また，神経基盤の解明が進めば，感覚間協応と共感覚の関係性

表6-1　Deroy & Spence（2013）による共感覚と感覚間協応の類似点と相違点のまとめ

	共感覚	感覚間協応
明白な類似点	感覚間に引き起こされる関係 驚くべきもの 一貫性がある	感覚間のマッピングやマッチング 驚くべきもの 一貫性がある
相違点（ただし，ものによって度合いは異なるが，矛盾はしない）	珍しい 個人特異的 自動的 必ず意識的	珍しいものからよく見られるものまである 個人特異的なものから普遍的なものまである ある程度自動的（ある程度制御可能） 必ずしも意識的ではない
重要な相違点	絶対的 一方向的 非推移的 対応づけに柔軟性がない 通常の経験によって形成されるという説明が成り立たない ヒト以外の動物では存在が実証されていない 乳児では意識的な励起感覚が生じるということが実証されていない	相対的 双方向的 推移的 対応づけに柔軟性がある 経験によって形成されると説明できる ヒト以外の動物でも存在が実証されている 乳児の行動研究でも存在が実証されている

もより明瞭に判断できるようになるかもしれない（Marks, 2017）。

　もし一元論が仮定する通り共感覚と感覚間協応が一続きのものであったとしたら，共感覚者は非共感覚者よりも強い感覚間協応を示すのだろうか。Bankieris & Simner（2015）は，共感覚者と非共感覚者を対象に，未知の言語の単語を学習させる実験を行った。単語は彼らにとっては新奇語であったが，音象徴を含む語であったため，もし音象徴に敏感であれば，それにより学習が促進されると期待できる。実験の結果，共感覚者は非共感覚者よりも高い学習成績を収めたことから，共感覚者は音象徴に敏感であると結論づけられた。また，Lacey, Martinez, McCormick, & Sathian（2016）は，共感覚者と非共感覚者を対象に，形の音象徴（ブーバ・キキ効果），音高と空間的な高さ，音高と視覚的サイズの3種類の感覚間協応の強さを潜在連合テストを用いて調べた。その結果，音象徴の場合にのみ，共感覚者のほうが非共感覚者よりも強い協応を見せることが分かった。この結果は一元論では説明できない。そして2つの研究の結果は共感覚者が音象徴に敏感であるという点で一致しており，共感覚が（音高や

空間位置，サイズなどの知覚処理ではなく）言語のような高次認知処理に根差していることを示唆する。

　一元論や二元論，多元論などの立場とは別の話として，共感覚と感覚間協応の現象的な重なりがあることもしばしば指摘されている。たとえば，色聴共感覚者の音と色の組み合わせでは，感覚間協応と同様に，高い音ほど明るい色になりやすい（Ward, Huckstep, & Tsakanikos, 2006）。また，色字共感覚者は数量が小さな数字ほど明るい色を対応づける傾向にある（Cohen Kadosh, Henik, & Walsh, 2007）。これらを踏まえると，人間一般に見られる感覚間協応が，共感覚の誘因刺激と励起感覚の対応関係に反映されうると言える。共感覚者も感覚間協応を持つため，ある種当然のことかもしれない。しかし，感覚間協応の影響はあったとしても，それでもなお個人特異性があるのが共感覚の特徴だとも言えよう。共感覚者の共感覚がどこまで感覚間協応のような一般的な知覚・認知処理の影響を受け，どこからが共感覚特有であるのかを調べることで，両者の関係の理解が進むと考えられる。

おわりに

KY 「はじめに」において，共感覚という現象は古くから知られていましたが，歴史的に様々な定義で捉えられ，科学的な解明を目指した研究が始まったのは最近であると書かれています。そのきっかけは，やはりサイトウィック（R. E. Cytowic）の著書ですね。

MA はい，神経科学者であるサイトウィックは 1989 年に "*Synesthesia: A Union of the Senses*"（2002 年に第 2 版），1993 年に "*The Man Who Tasted Shapes*" という題名の本を発表していますが，これらがきっかけだと思います。1993 年の本では彼が共感覚の研究を始めたいきさつが語られています。それは 1980 年 2 月 10 日のこと，サイトウィックはローストチキンの味見をしたマイケルという知人が「チキンの味にとげが足りない」「ほとんど球体といってもいい味だ」と言うのを耳にするのです。味に形を感じるという感覚を周囲に理解してもらえないという悩みを打ち明けるマイケルに，サイトウィックは（幻に近い存在だと思っていた共感覚者に初めて出会った興奮を隠しつつも）それは「共感覚」というものだと告げます。「これには名前がついている，ということ？」と驚き，そして安堵するマイケルの様子が印象的です。これは私自身が研究をしている中でも，共感覚者の方々からよく聞く言葉だからです。

KY サイトウィックが "*Synesthesia: A Union of the Senses*" を出版した 1980 年代後半は，まだ共感覚者は 10 万人に 1 人の出現確率だと考えられていたわけです。それに比べると，今では国内外で共感覚に関する学術的知見が蓄積され，メディアでも取り上げられる機会も増え，一般的にも共感覚という名前だけはそれなりに知られてきたのかもしれません。

MA サイトウィックら先人たちのおかげで共感覚という現象の知名度は上がり，以前に比べれば偏見などは少なくなったことと思います。しかし，現在も正しい知識が社会に浸透しているとは到底言い難い状態で，マイケルと同じように「自分だけが変なのではないか」という不安を抱える共感覚者の方

は多いと思います。また，これらの本では，神経学的知見を交えた様々な考察とともに，共感覚という現象の複雑さが語られています。その後，「共感覚研究のルネッサンス」とも形容されるほど盛んに研究が行われるようになり，2013 年には 5 cm ほどもの厚みのある *The Oxford Handbook of Synesthesia* が出版されるまでになりましたが，共感覚のメカニズムは謎に包まれたままです。むしろ，研究の進展の結果，共感覚が複雑な現象であることばかりが一層明らかになった，という印象すらあります。

KY　「はじめに」と第 1 章「共感覚とは何か」では，まさに共感覚の定義を試みているわけですが，科学的に厳密に定義しようとすれば，非常に困難であり，結局共感覚ではないものを例示することによってしか説明できない限界があるのだということだろうと思います。これは，共感覚研究がいまだ道半ばであり，近い将来は共感覚が厳密に定義できるようになることを意味するのでしょうか?

MA　個人的には，近い将来に厳密な定義ができるようになるのは難しい気がしています。本書でも取り上げている通り，共感覚は感覚・知覚，言語，概念，記憶，感情といった様々な脳内処理と密接に関係しています。うまく言えないのですが，共感覚は輪郭がはっきりした単体の現象なのではなく，このような多様な処理と常に繋がった形で存在する現象だという印象を持っています。

KY　共感覚だけを取り出して定義するのは無意味だし，定義することに共感覚の本質はないということなのかもしれませんね。しかし，科学的研究として成立させようとすれば，共感覚を定義するのは不可欠だろうとも思うので，本書でも定義を試みているわけです。

MA　代表的な共感覚研究者である Jamie Ward は，建築構造物でいう「スパンドレル (spandrel)」のようなものではないかと述べています。スパンドレルとは，四角形をアーチ型にくりぬいた時にアーチの右上と左上に残る，三角形のような形の空間のことです。パリの凱旋門を正面から見たときの，アーチ型にくりぬかれた通路の上側の，彫刻が施されている部分と言えばイメージできるでしょうか。スパンドレルは，それ自体を作ろうとして作られるものではなく，メインとなるもの（アーチ形の部分）を作った結果の副産物です。Ward は，共感覚も，それ自体を作ろうとして作られた機能ではなく，他の機能（彼は創造性や記憶，知覚を挙げています）の副産物として出てきた

のではないかと言いたいわけです。もし共感覚がそのようなものだとしたら，共感覚を単体で厳密に定義するというのはいつまでたっても難しいかもしれません。

KY　第2章「色字共感覚」では，共感覚の中で最も研究が進んでいる色字共感覚を取り上げています。従来の心理学研究で提案されてきた実験パラダイムを総動員して，文字と色の対応関係を決定している要因が明らかにされているわけですが，想像以上に複雑であり，様々な脳内処理が関わっていることになりますよね。

MA　はい。特に色字共感覚の場合は，第5章で述べたように関連する脳領域が隣接しているがために，「脳内での処理が混線を起こしているのだろう」と単純に考えてしまいがちなのですが，実験心理学の手法を駆使して調べてみるとそうではないことが分かります。

KY　共感覚者一人を見つけて，その事例報告，すなわち私的なエピソードの報告をするという研究論文はつい最近まで続いていたわけですが，予想より共感覚者の出現確率が高いことが明らかになるにつれて，実験心理学の様々な手法が使えるようになったのだと思います。

MA　脳機能測定をしなくても，文字に何色を感じるかを調べ，その組み合わせを決める要因を探るというある種ローテクな方法で脳内処理を推定できるというのが実験心理学の本領と言えるところで，わくわくする作業です。特に，アルファベット26文字と数字10文字しかない英語などと比べて，日常的に何千文字も扱う日本語は，研究材料が多い分，色字共感覚の実験心理学的検討にうってつけです。

KY　我々が世界に先駆けて，多種，多数の文字を使用する日本語の色字共感覚研究に取り組めたのは，本当に幸運でした。第3章「日本人の共感覚」は，本巻の最大の特徴であり，このようにまとめて目に触れることはないだろうと思われる，文字と色の対応関係やインタビュー内容が共感覚者別に示されています。見比べれば，共感覚の特徴でもある個人特異性を感じることができるわけですが，共感覚を真に理解しようとすれば，共感覚者が育ってきた環境や学校教育，日常生活までを個別に知る必要があるのかもしれません。そのような個別の分析ではなく，できるだけたくさんの共感覚者を集め，その平均像から理解しようという従来の実験心理学的な手法による解明がまだまだ必要なのでしょうか？

MA　必要だと思います。第2章でも紹介した通り，共感覚には，豊かな個人特異性と同時に，個人差を超えた法則性とでもいうべきものが存在します。法則性があるからこそ，共感覚は「人ごとの私的なエピソード」ではなく，一定のメカニズムを持ったひとまとまりの現象として扱われています。特有の神経機構など，共感覚を生じさせる基本的な仕組みがあるけれども，その仕組みの働き方はそれぞれの共感覚者に固有の生育環境などの影響を受ける可能性があり，その結果として個人特異性が生じる，というイメージを持っています。その「基本的な仕組み」を明らかにするためには，多くの事例を集めて平均像を抽出する必要があります。

KY　共感覚を持つ人は，一般人口の数%を占めるだけの少数の存在です。しかし，その平均像は，当然ながら共感覚者の平均像ではあるのですが，共感覚者だけが見せてくれる平均像から，我々人間全体の仕組みの基本が分かるのではないかと，もくろんでいるわけですよね。

MA　共感覚を生じさせる基本的な仕組みというのは，共感覚者に限らない人間全般の脳の基本的な仕組みの一部だと考えられるはずで，それを解明することは意義深いものだと思います。だからと言って，個別の分析をおろそかにしていいわけではありません。個別事例に過ぎないと思っていたものが基本的な仕組みを明らかにする上での鍵になることだってあります。そもそも共感覚という現象自体，平均像を探究する中では「個別事例」として切り捨てられてしまいかねないものです。平均像と個別像，両方のバランスを取りながら研究を進めていく必要があると思います。

KY　第4章「色字共感覚以外の共感覚」では，数十種類に分類される共感覚のうち，空間系列共感覚，ミラータッチ共感覚，色聴共感覚，序数擬人化を取り上げていますが，実はまだまだユニークな共感覚が報告されていますよね。

MA　文字に味を感じたり，痛みに色を感じたり，水泳の型（クロール，平泳ぎなど）に色を感じたり，本当にさまざまな共感覚がありますね。いずれも「はじめに」で述べた定義を満たしているので共感覚として扱われています。しかし，ここまで種類が多いと，本当にすべてが同じ「共感覚」という1つの現象なのか，という疑問が湧いてきます。これは共感覚研究者の多くが感じていることだと思います。ミラータッチ共感覚のように個人特異性が少ないものや，序数擬人化のように励起感覚が感覚的ではないものも共感覚なのか

など，議論は尽きません。今後の研究の進展によって再分類がなされる可能性もあると思います。

KY　共感覚は病的なものでも天才的な能力でもないと考えられていて，それは多くの研究報告でも明らかだと思うのですが，多重共感覚保有者の場合には，少し状況が異なっているようにも思います。この点は，今後の課題として残されています。

MA　たとえば局所的情報への注意の向きやすさは，自閉症スペクトラム障害の方が持つ大きな特徴の1つとして知られていますが，1種類の共感覚保有者では一般的な人と変わりません。しかし，多重共感覚保有者の場合は自閉症者と同程度になる傾向にあることが報告されていることが第4章で紹介されています。自閉症は社会的コミュニケーションの困難さを伴うのに対し，共感覚は（多重共感覚保有者も含め）そうではないなど，別の部分では大きな違いもあり，自閉症は日常生活に支障を生じさせるがために障害として分類されます。ただ，障害というカテゴリに分類される前者と，そうではない後者の境界線は実はそこまで明瞭ではないのかもしれません。そもそも何を普通とし，何を病気や天才的能力とするかは相対的なものですし，珍しいということと病気や天才であるということは別です。

KY　それは，一般の方々も，我々研究者も，本当に気をつけなければなりません。

MA　サイトウィックは冒頭のエピソードの中で，自分は「普通」なのかと問うマイケルに対し，「普通というのは相対的なものだよ。たとえば君は珍しい鳥なのだと考えてみよう。普通の鳥とは違うかもしれないけれど，未知の生物というわけではない」と答えています。普通とは何かということをきちんと考えることが大事だと思います。

KY　第5章「共感覚の神経機構」では，fMRIを用いた脳活動計測の研究成果を中心に，共感覚に関わる脳部位やネットワーク構造が明らかにされています。共感覚が想像以上に複雑であることから，関わっている脳部位も多岐に渡るのですが，一方では非共感覚者の脳内ネットワークと本質的に異なるわけではないという印象を受けるのですが，それは共感覚が誰にも起こり得たと考えて良いのでしょうか？

MA　これは研究者によって立場が異なるところですが，私も，非共感覚者と共感覚者の脳は本質的に異なるわけではなく，働き方の違いであるような印

象を受けています。この働き方の違いを引き起こすものは何かが問題ですね。第1章で述べた通り，共感覚には遺伝的要素も環境的要素もあります。ある程度の遺伝的要素は必要で，しかし，遺伝的要素があったとしても，生育環境や経験によっては共感覚者にならなかったりもする，という感じなのかもしれません。

KY　共感覚の生起には，遺伝的要素と環境的要素の双方が関与することは明らかになってきたけれども，あまり適当な表現が見つからないのですが，両者の按配を決めているのが何かはまだまだ分かっていないと思います。

MA　そうですね。第2章では，多言語環境など，幼少期の言語学習の負荷が高いと推測される言語圏では共感覚の保有率が上がる傾向にあるという研究も紹介しましたが，そのような環境的側面に注目した研究がもっと必要なのかもしれません。第3章のところで話題に上がったとおり，それぞれの共感覚者の個別事情にどこまで踏み込むかというのは匙加減の難しいところですが。

KY　第6章「感覚間協応と共感覚」では，非共感覚者も共感覚者も保有する感覚間協応，音象徴，多感覚統合などと，共感覚者のみが保有する共感覚との境界はあいまいで，両者には重なりがあるかもしれないのですが，研究において混同してはいけないことが強調されているように思います。

MA　はい，メカニズム研究においては分析的態度をとって分類することのほうがメリットは大きいと思い，そのように書きました。

KY　分析的態度を取ろうとすると，また共感覚の定義の問題が出てきてしまいますが，感覚間協応，音象徴，多感覚統合などの関連現象を挙げて分類するメリットは，あえてここで挙げるとすれば何でしょう。

MA　引き算のような考え方ですが，それらの関連現象との違いを特定することによって，共感覚の定義やメカニズムをより明確にできると思います。また，これらの現象は感覚モダリティの垣根を超えた処理であるだけでなく，冗長性が高い処理であるという点でも似ています。冗長性が高いというのは，対象物が何であるかを認識するという認知処理の基本的な目的を達成することを考えれば，本当は1種類のモダリティの情報だけでも十分かもしれないのに，他のモダリティの情報処理がくっついてくる，という意味です。このような冗長性は，学習の促進や創造性など，人間の認知を豊かにするのに役立っている可能性があると思うのですが，これは心理学がまだ十分に斬り込

めていない領域です。共感覚やこれらの関連現象の分類は，この領域の開拓
に役立つものだと思います。

KY　最後に，本書をまとめることができたのは，科学的研究の意義を理解し，
　　実験研究に協力してくれた共感覚者の皆さんのおかげです。共感覚者は少数
　　派のために，いまだ社会的な無理解によって苦しんでいる方が数多くいます。
　　学術書ではあるのですが，本書で取り上げた内容を，社会に浸透させること
　　も我々の責務だと思っているので，多くの方にこの書籍が届けば良いと思っ
　　ています。

引用文献

はじめに

Banissy, M. J., & Ward, J. (2007). Mirror-touch synesthesia is linked with empathy. *Nature Neuroscience*, **10**(7), 815-816.

Blakemore, S. J., Bristow, D., Bird, G., Frith, C., & Ward, J. (2005). Somatosensory activations during the observation of touch and a case of vision-touch synaesthesia. *Brain*, **128**(7), 1571-1583.

Cytowic, R. E. (1989). *Synesthesia: A union of the senses*. Springer Verlag.

Cytowic, R. E. (1993). *The man who tasted shapes*. Putnam.

Cytowic, R. E. (2013). Synesthesia in the twentieth century: Synesthesia's renaissance. In J. Simner & E. M. Hubbard (Eds.), *The Oxford handbook of synesthesia* (pp. 399-408). Oxford University Press.

Cytowic, R. E., & Eagleman, D. M. (2009). *Wednesday is indigo blue: Discovering the brain of synesthesia*. The MIT Press. (サイトウィック, R. E.・イーグルマン, D. M. 山下篤子 (訳) (2010). 脳の中の万華鏡　河出書房新社)

Day, S. (2005). Some demographic and socio-cultural aspects of synesthesia. In L. C. Robertson & N. Sagiv (Eds.), *Synesthesia: Perspectives from cognitive neuroscience* (pp. 11-33). Oxford University Press.

Deroy, O., & Spence, C. (2013). Why we are not all synesthetes (not even weakly so). *Psychonomic Bulletin & Review*, **20**, 643-664.

Grossenbacher, P. G., & Lovelace, C. T. (2001). Mechanisms of synesthesia: cognitive and physiological constraints. *Trends in Cognitive Sciences*, **5**(1), 36-41.

Jewanski, J. (2013). Synesthesia in the nineteenth century: Scientific origins. In J. Simner & E. M. Hubbard (Eds.), *The Oxford handbook of synesthesia* (pp. 369-398). Oxford University Press.

Johnson, D., Allison, C., & Baron-Cohen, S. (2013). The prevalence of synesthesia: The consistency revolution. In J. Simner & E. M. Hubbard (Eds.), *The Oxford handbook of synesthesia* (pp. 3-22). Oxford University Press.

Marks, L. E. (2017). Synesthesia, then and now. In O. Deroy (Ed.), *Sensory blending: On synaesthesia & related phenomena* (pp. 13-44). Oxford University Press.

Martino, G., & Marks, L. E. (2001). Synesthesia: Strong and weak. *Current Directions in Psychological Science*, **10**(2), 61-65.

村上郁也 (編) (2010). イラストレクチャー認知神経科学　オーム社

Nikolić, D., Jürgens, U. M., Rothen, N., Meier, B., & Mroczko, A. (2011). Swimming-style synesthesia. *Cortex*, **47**(7), 874-879.

Novich, S., Cheng, S., & Eagleman, D. M. (2011). Is synaesthesia one condition or many? A large-scale analysis reveals subgroups. *Journal of Neuropsychology*, **5**(2), 353-371.

Ramachandran, V., & Hubbard, E. M.. (2001). Synaesthesia: A window into perception, thought and language. *Journal of Consciousness Studies*, **8**(12), 104-129.

Simner, J., & Hubbard, E. M. (2013). Overview of terminology and findings. In J. Simner & E. M. Hubbard (Eds.), *The Oxford handbook of synesthesia* (pp. xix–xxvi). Oxford University Press.

Spence, C. (2011). Crossmodal correspondences: A tutorial review. *Attention, Perception, and Psychophysics*, **73**(4), 971–995.

Van Leeuwen, T. M., Van Petersen, E., Burghoorn, F., Dingemanse, M., & Van Lier, R. (2019). Autistic traits in synaesthesia: Atypical sensory sensitivity and enhanced perception of details. *Philosophical Transactions of the Royal Society B: Biological Sciences*, **374**(1787).

Ward, J. (2013). Synesthesia. *Annual Review of Psychology*, **64**, 49–75.

Ward, J. (2019). Synaesthesia: A distinct entity that is an emergent feature of adaptive neurocognitive differences. *Philosophical Transactions of the Royal Society B: Biological Sciences*, **374** (1787).

Ward, J., Brown, P., Sherwood, J., & Simner, J. (2018). An autistic-like profile of attention and perception in synaesthesia. *Cortex*, **107**, 121–130.

第 1 章

浅野倫子（2018）．共感覚と音象徴からのぞく認知処理間の潜在的な結びつき　基礎心理学研究，**37**(1)，57–64.

Asano, M., & Yokosawa, K. (2011). Synesthetic colors are elicited by sound quality in Japanese synesthetes. *Consciousness and Cognition*, **20**(4), 1816–1823.

Asano, M., & Yokosawa, K. (2012). Synesthetic colors for Japanese late acquired graphemes. *Consciousness and Cognition*, **21**(2), 983–993.

Asano, M., & Yokosawa, K. (2013). Grapheme learning and grapheme-color synesthesia: toward a comprehensive model of grapheme-color association. *Frontiers in Human Neuroscience*, **7**: 757, 1–11.

Asher, J. E., Lamb, J. A., Brocklebank, D., Cazier, J. B., Maestrini, E., Addis, L., Sen, M., Baron-Cohen, S., & Monaco, A. P. (2009). A whole-genome scan and fine-mapping linkage study of auditory-visual synesthesia reveals evidence of linkage to chromosomes 2q24, 5q33, 6p12, and 12p12. *American Journal of Human Genetics*, **84**(2), 279–285.

Banissy, M. J., Holle, H., Cassell, J., Annett, L., Tsakanikos, E., Walsh, V., Spiller, M. J., & Ward, J. (2013). Personality traits in people with synaesthesia: Do synaesthetes have an atypical personality profile? *Personality and Individual Differences*, **54**, 828–831.

Banissy, M. J., Cohen Kadosh, R., Maus, G. W., Walsh, V., & Ward, J. (2009). Prevalence, characteristics and a neurocognitive model of mirror-touch synaesthesia. *Experimental Brain Research*, **198**(2–3), 261–272.

Banissy, M. J., Tester, V., Muggleton, N. G., Janik, A. B., Davenport, A., Franklin, A., Walsh, V., & Ward, J. (2013). Synesthesia for color is linked to improved color perception but reduced motion perception. *Psychological Science*, **24**(12), 2390–2397.

Barnett, K. J., Finucane, C., Asher, J. E., Bargary, G., Corvin, A. P., Newell, F. N., & Mitchell, K. J. (2008). Familial patterns and the origins of individual differences in synaesthesia. *Cognition*, **106**(2), 871–893.

Barnett, K. J., & Newell, F. N. (2008). Synaesthesia is associated with enhanced, self-rated visual imagery. *Consciousness and Cognition*, **17**(3), 1032–1039.

Baron-Cohen, S., Burt, L., Smith-Laittan, F., Harrison, J., & Bolton, P. (1996). Synaesthesia: Prevalence and familiality. *Perception*, **25**(9), 1073–1079.

Baron-Cohen, S., Johnson, D., Asher, J., Wheelwright, S., Fisher, S. E., Gregersen, P. K., & Allison, C.

(2013). Is synaesthesia more common in autism? *Molecular Autism*, **4**(1), 2-7.

Baron-Cohen, S., Harrison, J., Goldstein, L. H., & Wyke, M. (1993). Coloured speech perception: is synaesthesia what happens when modularity breaks down? *Perception*, **22**(4), 419-426.

Baron-Cohen, S., Wyke, M. A., & Binnie, C. (1987). Hearing words and seeing colours An experimental investigation of a case of synaesthesia. *Perception*, **16**, 1-4.

Beeli, G., Esslen, M., & Jäncke, L. (2005). When coloured sounds taste sweet. *Nature*, **434**(7029), 38-38.

Bosley, H. G., & Eagleman, D. M. (2015). Synesthesia in twins: Incomplete concordance in monozygotes suggests extragenic factors. *Behavioural Brain Research*, **286**, 93-96.

Brang, D., Teuscher, U., Ramachandran, V. S., & Coulson, S. (2010). Temporal sequences, synesthetic mappings, and cultural biases: The geography of time. *Consciousness and Cognition*, **19**(1), 311-320.

Calkins, M. W. (1893). A statistical study of pseudo-chromesthesia and of mental-forms. *The American Journal of Psychology*, **5**(4), 439-464.

Calkins, M. W. (1895). II. Synaesthesia. *The American Journal of Psychology*, **7**(1), 90-107.

Callejas, A., Acosta, A., & Lupiáñez, J. (2007). Green love is ugly: Emotions elicited by synesthetic grapheme-color perceptions. *Brain Research*, **1127**(1), 99-107.

Chun, C. A., & Hupé, J. M. (2016). Are synesthetes exceptional beyond their synesthetic associations? A systematic comparison of creativity, personality, cognition, and mental imagery in synesthetes and controls. *British Journal of Psychology*, **107**(3), 397-418.

Cohen Kadosh, R., Cohen Kadosh, K., & Henik, A. (2007). The neuronal correlate of bi-directional synaesthesia: A combined ERP and fMRI study. *Journal of Cognitive Neuroscience*, **19**(12), 2050-2059.

Cohen Kadosh, R., & Terhune, D. B. (2012). Redefining synaesthesia? *British Journal of Psychology*, **103**, 20-23.

Colizoli, O., Murre, J. M. J., & Rouw, R. (2012). Pseudo-Synesthesia through reading books with colored letters. *PLoS ONE*, **7**(6), e39799.

Deroy, O., & Spence, C. (2013). Why we are not all synesthetes (not even weakly so). *Psychonomic Bulletin & Review*, **20**, 643-664.

Dindia, K., Allen, M. (1992). Sex differences in self-disclosure: A meta-analysis. *Psychological Bulletin*, **112**, 106-124

Dixon, M. J., Smilek, D., Cudahy, C., & Merikle, P. M. (2000). Five plus two equals yellow. *Nature*, **406**(6794), 365-365.

Eagleman, D. M. (2012). Synaesthesia in its protean guises. *British Journal of Psychology*, **103**(1), 16-19.

Eagleman, D. M., Kagan, A. D., Nelson, S. S., Sagaram, D., & Sarma, A. K. (2007). A standardized test battery for the study of synesthesia. *Journal of Neuroscience Methods*, **159**(1), 139-145.

Galton, F. (1883). *Inquiries into human faculty and its development*. Macmillan.

Grossenbacher, P. G., & Lovelace, C. T. (2001). Mechanisms of synesthesia: cognitive and physiological constraints. *Trends in Cognitive Sciences*, **5**(1), 36-41.

Hubbard, E. M., Arman, A. C., Ramachandran, V. S., & Boynton, G. M. (2005). Individual differences among grapheme-color synesthetes: Brain-behavior correlations. *Neuron*, **45**(6), 975-985.

Hughes, J. E. A., Simner, J., Baron-Cohen, S., Treffert, D. A., & Ward, J. (2017). IS synaesthesia more prevalent in autism spectrum conditions? Only where there is prodigious talent. *Multisensory Research*, **30**(3-5), 391-408.

岩崎純一 (2009). 音に色が見える世界 PHP 新書

Johnson, D., Allison, C., & Baron-Cohen, S. (2013). The prevalence of synesthesia: The consistency revolution. In J. Simner & E. M. Hubbard (Eds.), *The Oxford handbook of synesthesia* (pp. 3-22). Oxford University Press.

北村紗衣（編）（2016）．共感覚から見えるもの：アートと科学を彩る五感の世界　勉誠出版

楠見孝・米田英嗣（2007）．感情と言語　藤田和生（編）感情科学の展望（pp. 55-84）　京都大学学術出版会

Lunke, K., & Meier, B. (2018a). New insights into mechanisms of enhanced synaesthetic memory: Benefits are synaesthesia-type-specific. *PLoS ONE*, **13**(9), 1-17.

Lunke, K., & Meier, B. (2018b). Creativity and involvement in art in different types of synaesthesia. *British Journal of Psychology*, 1-18.

Luria, A. R. (1968). *Маленькая книжка о большой памяти (Ум мнемониста), Москва*: Изд - во Московского университета. (ルリヤ，A. 天野清（訳）（2010）．偉大な記憶力の物語：ある記憶術者の精神生活　岩波書店）

Lynall, M-E., & Blakemore, C. (2013). What synesthesia isn't. In J. Simner & E. M. Hubbard (Eds.), *The Oxford handbook of synesthesia* (pp. 959-998). Oxford University Press.

MacLeod, C. M. (1991). Half a century of research on the Stroop effect: an integrative review. *Psychological bulletin*, **109**(2), 163-203.

Mankin, J. L., & Simner, J. (2017). A Is for Apple: The role of letter-word associations in the development of grapheme-colour synaesthesia. *Multisensory Research*, **30**(3-5), 409-446.

Mankin, J. L., Thompson, C., Branigan, H. P., & Simner, J. (2016). Processing compound words: Evidence from synaesthesia. *Cognition*, **150**, 1-9.

Marcel, A. (1983). Conscious and unconscious perception: Experiments on visual masking and word recognition. *Cognitive Psychology*, **15**, 197-237.

Matsuda, E., Okazaki, Y. S., Asano, M., & Yokosawa, K. (2018). Developmental changes in number personification by elementary school children. *Frontiers in Psychology*, **9**: 2214, 1-10.

Mattingley, J. B., Rich, A. N., Yelland, G., & Bradshaw, J. L. (2001). Unconscious priming eliminates automatic binding of colour and alphanumeric form in synaesthesia. *Nature*, **410**(6828), 580-582.

Meier, B., & Rothen, N. (2009). Training grapheme-colour associations produces a synaesthetic Stroop effect, but not a conditioned synaesthetic response. *Neuropsychologia*, **47**(4), 1208-1211.

Nagai, J. I., Yokosawa, K., & Asano, M. (2016). Biases and regularities of grapheme–colour associations in Japanese nonsynaesthetic population. *Quarterly Journal of Experimental Psychology*, **69**(1), 11-23.

中島義明・安藤清志・子安増生・坂野雄二・繁桝算男・立花政夫・箱田裕司（編）（1999）．心理学辞典　有斐閣

Nunn, J. A., Gregory, L. J., Brammer, M., Williams, S. C. R., Parslow, D. M., Morgan, M. J., Morris, R. G., Bullmore, E. T., Baron-Cohen, S., & Gray, J. A. (2002). Functional magnetic resonance imaging of synesthesia: Activation of V4/V8 by spoken words. *Nature Neuroscience*, **5**(4), 371-375.

Ramachandran, V., & Hubbard, E. M.. (2001). Synaesthesia: A window into perception, thought and language. *Journal of Consciousness Studies*, **8**(12), 104-129.

Rich, A. N., Bradshaw, J. L., & Mattingley, J. B. (2005). A systematic, large-scale study of synaesthesia: Implications for the role of early experience in lexical-colour associations. *Cognition*, **98**(1), 53-84.

Root, N. B., Rouw, R., Asano, M., Kim, C. Y., Melero, H., Yokosawa, K., & Ramachandran, V. S. (2018). Why is the synesthete's "A" red? Using a five-language dataset to disentangle the effects of shape, sound, semantics, and ordinality on inducer–concurrent relationships in grapheme-color synesthesia. *Cortex*, **99**, 375-389.

Rothen, N., & Meier, B. (2009). Do synesthetes have a general advantage in visual search and episodic memory? A case for group studies. *PLoS ONE*, **4**(4), e5037, 1-10.

Rothen, N., & Meier, B. (2010a). Higher prevalence of synaesthesia in art students. *Perception*, **39**(5), 718-720.

Rothen, N., & Meier, B. (2010b). Grapheme-colour synaesthesia yields an ordinary rather than extraordinary memory advantage: Evidence from a group study. *Memory*, **18**(3), 258-264.

Rothen, N., Schwartzman, D. J., Bor, D., & Seth, A. K. (2018). Coordinated neural, behavioral, and phenomenological changes in perceptual plasticity through overtraining of synesthetic associations. *Neuropsychologia*, **111**, 151-162.

Rothen, N., Seth, A. K., & Ward, J. (2018). Synesthesia improves sensory memory, when perceptual awareness is high. *Vision Research*, **153**, 1-6.

Rothen, N., Seth, A. K., Witzel, C., & Ward, J. (2013). Diagnosing synaesthesia with online colour pickers: Maximising sensitivity and specificity. *Journal of Neuroscience Methods*, **215**(1), 156-160.

Rothen, N., Wantz, A. L., & Meier, B. (2011). Training synaesthesia. *Perception*, **40**(10), 1248-1250.

Rouw, R., & Scholte, H. S. (2016). Personality and cognitive profiles of a general synesthetic trait. *Neuropsychologia*, **88**, 35-48.

Sagiv, N., Simner, J., Collins, J., Butterworth, B., & Ward, J. (2006). What is the relationship between synaesthesia and visuo-spatial number forms? *Cognition*, **101**(1), 114-128.

Simner, J. (2007). Beyond perception: synaesthesia as a psycholinguistic phenomenon. *Trends in Cognitive Sciences*, **11**(1), 23-29.

Simner, J. (2012a). Defining synaesthesia. *British Journal of Psychology*, **103**(1), 1-15.

Simner, J. (2012b). Defining synaesthesia: A response to two excellent commentaries. *British Journal of Psychology*, **103**, 24-27.

Simner, J., & Carmichael, D. A. (2015). Is synaesthesia a dominantly female trait? *Cognitive Neuroscience*, **6**(2-3), 68-76.

Simner, J., Harrold, J., Creed, H., Monro, L., & Foulkes, L. (2009). Early detection of markers for synaesthesia in childhood populations. *Brain*, **132**(1), 57-64.

Simner, J., & Holenstein, E. (2007). Ordinal linguistic personification as a variant of synesthesia. *Journal of Cognitive Neuroscience*, **19**(4), 694-703.

Simner, J., & Hubbard, E. M. (2013). Overview of terminology and findings. In J. Simner & E. M. Hubbard (Eds.), *The Oxford handbook of synesthesia* (pp. xix-xxvi). Oxford University Press.

Simner, J., Ipser, A., Smees, R., & Alvarez, J. (2017). Does synaesthesia age? Changes in the quality and consistency of synaesthetic associations. *Neuropsychologia*, **106**, 407-416.

Simner, J., Mayo, N., & Spiller, M. J. (2009). A foundation for savantism? Visuo-spatial synaesthetes present with cognitive benefits. *Cortex*, **45**(10), 1246-1260.

Simner, J., Mulvenna, C., Sagiv, N., Tsakanikos, E., Witherby, S. A., Fraser, C., Scott, K., & Ward, J. (2006). Synaesthesia: The prevalence of atypical cross-modal experiences. *Perception*, **35**(8), 1024-1033.

Simner, J., Ward, J., Lanz, M., Jansari, A., Noonan, K., Glover, L., & Oakley, D. A. (2005). Non-random associations of graphemes to colours in synaesthetic and non-synaesthetic populations. *Cognitive Neuropsychology*, **22**(8), 1069-1085.

Simpson, L., & McKellar, P. (1955). Types of Synaesthesia. *Journal of Mental Science*, **101**(422), 141-147.

Sinke, C., Halpern, J. H., Zedler, M., Neufeld, J., Emrich, H. M., & Passie, T. (2012). Genuine and drug-induced synesthesia: A comparison. *Consciousness and Cognition*, **21**(3), 1419-1434.

Spiller, M. J., Jonas, C. N., Simner, J., & Jansari, A. (2015). Beyond visual imagery: How modality-specific is enhanced mental imagery in synesthesia? *Consciousness and Cognition*, **31**, 73-85.

Tammet, D. (2006). Born on a blue day: Inside the extraordinary mind of an autistic savant. Hodder & Stoughton Ltd. (タメット, D. 古屋美登里 (訳) (2007). ぼくには数字が風景に見える　講談社)

Tomson, S. N., Avidan, N., Lee, K., Sarma, A. K., Tushe, R., Milewicz, D. M., Bray, M., & Leal, S. M., & Eagleman, D. M. (2011). The genetics of colored sequence synesthesia: Suggestive evidence of linkage to 16q and genetic heterogeneity for the condition. *Behavioural Brain Research*, **223** (1), 48-52.

宇野究人・浅野倫子・横澤一彦 (2019). 漢字の形態情報が共感覚色の数に与える影響　心理学研究, **89**(6), 571-579.

Van Leeuwen, T. M., Van Petersen, E., Burghoorn, F., Dingemanse, M., & Van Lier, R. (2019). Autistic traits in synaesthesia: Atypical sensory sensitivity and enhanced perception of details. *Philosophical Transactions of the Royal Society B: Biological Sciences*, **374**: 20190024.

Ward, J. (2013). Synesthesia. *Annual Review of Psychology*, **64**, 49-75.

Ward, J., Brown, P., Sherwood, J., & Simner, J. (2018). An autistic-like profile of attention and perception in synaesthesia. *Cortex*, **107**, 121-130.

Ward, J., Hoadley, C., Hughes, J. E. A., Smith, P., Allison, C., Baron-Cohen, S., & Simner, J. (2017). Atypical sensory sensitivity as a shared feature between synaesthesia and autism. *Scientific Reports*, **7**: 41155, 1-9.

Ward, J., Huckstep, B., & Tsakanikos, E. (2006). Sound-colour synaesthesia: To what extent does it use cross-modal mechanisms common to us all? *Cortex*, **42**(2), 264-280.

Ward, J., & Simner, J. (2005). Is synaesthesia an X-linked dominant trait with lethality in males? *Perception*, **34**(5), 611-623.

Ward, J., Thompson-Lake, D., Ely, R., & Kaminski, F. (2008). Synaesthesia, creativity and art: What is the link? *British Journal of Psychology*, **99**(1), 127-141.

Watson, M. R., Chromý, J., Crawford, L., Eagleman, D. M., Enns, J. T., & Akins, K. A. (2017). The prevalence of synaesthesia depends on early language learning. *Consciousness and Cognition*, **48**, 212-231.

矢口幸康 (2011). オノマトペをもちいた共感覚的表現の意味理解構造　認知心理学研究, **8**, 119-129.

Yaro, C., & Ward, J. (2007). Searching for Shereshevskii: What is superior about the memory of synaesthetes? *Quarterly Journal of Experimental Psychology*, **60**(5), 681-695.

第 2 章

天野成昭・近藤公久 (1999). NTT データベースシリーズ「日本語の語彙特性」第 1 巻　文字の特性　三省堂

Amin, M., Olu-Lafe, O., Claessen, L. E., Sobczak-Edmans, M., Ward, J., Williams, A. L., & Sagiv, N. (2011). Understanding grapheme personification: A social synaesthesia? *Journal of Neuropsychology*, **5**(2), 255-282.

Anderson, H. P., & Ward, J. (2015). Principle component analyses of questionnaires measuring individual differences in synaesthetic phenomenology. *Consciousness and Cognition*, **33**, 316-324.

Asano, M., & Yokosawa, K. (2011). Synesthetic colors are elicited by sound quality in Japanese synesthetes. *Consciousness and Cognition*, **20**(4), 1816-1823.

Asano, M., & Yokosawa, K. (2012). Synesthetic colors for Japanese late acquired graphemes. *Consciousness and Cognition*, **21**(2), 983-993.

Asano, M., & Yokosawa, K. (2013). Grapheme learning and grapheme-color synesthesia: toward a comprehensive model of grapheme-color association. *Frontiers in Human Neuroscience, 7*: 757, 1-11.

Asano, M., Takahashi, S. I., Tsushiro, T., & Yokosawa, K. (2019). Synaesthetic colour associations for Japanese Kanji characters: From the perspective of grapheme learning. *Philosophical Transactions of the Royal Society B: Biological Sciences, 374*: 20180349.

Asher, J. E., Lamb, J. A., Brocklebank, D., Cazier, J. B., Maestrini, E., Addis, L., Sen, M., Baron-Cohen, S., & Monaco, A. P. (2009). A whole-genome scan and fine-mapping linkage study of auditory-visual synesthesia reveals rvidence of linkage to chromosomes 2q24, 5q33, 6p12, and 12p12. *American Journal of Human Genetics, 84*(2), 279-285.

Banissy, M. J., Tester, V., Muggleton, N. G., Janik, A. B., Davenport, A., Franklin, A., Walsh, V., & Ward, J. (2013). Synesthesia for color is linked to improved color perception but reduced motion perception. *Psychological Science, 24*(12), 2390-2397.

Barnett, K. J., & Newell, F. N. (2008). Synaesthesia is associated with enhanced, self-rated visual imagery. *Consciousness and Cognition, 17*(3), 1032-1039.

Baron-Cohen, S., Burt, L., Smith-Laittan, F., Harrison, J., & Bolton, P. (1996). Synaesthesia: Prevalence and Familiality. *Perception, 25*(9), 1073-1079.

Beeli, G., Esslen, M., & Jäncke, L. (2007). Frequency correlates in grapheme-color synaesthesia. *Psychological Science, 18*(9), 788-792.

Berlin, B., & Kay, P. (1969) *Basic Color Terms: Their universality and evolution.* University of California Press.

Bosley, H. G., & Eagleman, D. M. (2015). Synesthesia in twins: Incomplete concordance in monozygotes suggests extragenic factors. *Behavioural Brain Research, 286*, 93-96.

Brang, D., Ghiam, M., & Ramachandran, V. S. (2013). Impaired acquisition of novel grapheme-color correspondences in synesthesia. *Frontiers in Human Neuroscience, 7*: 717, 1-6.

Brang, D., Hubbard, E. M., Coulson, S., Huang, M., & Ramachandran, V. S. (2010). Magnetoencephalography reveals early activation of V4 in grapheme-color synesthesia. *NeuroImage, 53*(1), 268-274.

Brang, D., Rouw, R., Ramachandran, V. S., & Coulson, S. (2011). Similarly shaped letters evoke similar colors in grapheme-color synesthesia. *Neuropsychologia, 49*(5), 1355-1358.

Bridgeman, B., Winter, D., & Tseng, P. (2010). Dynamic phenomenology of grapheme-color synesthesia. *Perception, 39*(5), 671-676.

Calkins, M. W. (1893). A statistical study of pseudo-chromesthesia and of mental-forms. *The American Journal of Psychology, 5*(4), 439-464.

Callejas, A., Acosta, A., & Lupiáñez, J. (2007). Green love is ugly: Emotions elicited by synesthetic grapheme-color perceptions. *Brain Research, 1127*(1), 99-107.

Chiou, R., & Rich, A. N. (2014). The role of conceptual knowledge in understanding synesthesia: Evaluating contemporary findings from a "hub-and-spokes" perspective. *Frontiers in Psychology, 5*: 105, 1-18.

Chromý, J., Borůvková, M., Malá, L., & Sudzinová, T. (2019). Long-term versus short-term consistency in the grapheme–colour synaesthesia: Grapheme–colour pairings can change in adulthood. *Attention, Perception, and Psychophysics, 81*, 1805-1812.

Clark, J. M., & Paivio, A. (1991). Dual coding theory and education. Educational *Psychology Review, 3*(3), 149-210.

Cohen Kadosh, R., Henik, A., & Walsh, V. (2007). Small is bright and big is dark in synaesthesia. *Current Biology, 17*(19), 834-835.

Cohen Kadosh, R., Henik, A., & Walsh, V. (2009). Synaesthesia: Learned or lost? *Developmental Science*, **12**(3), 484-491.

Cohen Kadosh, R., Henik, A., Catena, A., Walsh, V., & Fuentes, L. J. (2009). Induced cross-modal synesthetic experience without abnormal neuronal connections. *Psychological Science*, **20**(2), 258-265.

Cohen Kadosh, R., & Terhune, D. B. (2012). Redefining synaesthesia? *British Journal of Psychology*, **103**, 20-23.

Cytowic, R. E., & Eagleman, D. M. (2009). *Wednesday is indigo blue: Discovering the brain of synesthesia*. The MIT Press. (サイトウィック, R. E.・イーグルマン, D. M. 山下篤子 (訳) (2010). 脳の中の万華鏡　河出書房新社)

Dehaene, S., & Cohen, L. (2011). The unique role of the visual word form area in reading. *Trends in cognitive sciences*, **15**(6), 254-262.

Derefeldt, G., Swartling, T., Berggrund, U., & Bodrogi, P. (2004). Cognitive color. *Color Research & Application*, **29**(1), 7-19.

Dixon, M. J., Smilek, D., & Merikle, P. M. (2004). Not all synaesthetes are created equal: Projector versus associator synaesthetes. *Cognitive, Affective and Behavioral Neuroscience*, **4**(3), 335-343.

Dixon, M. J., Smilek, D., Cudahy, C., & Merikle, P. M. (2000). Five plus two equals yellow. *Nature*, **406**(6794), 365-365.

Dixon, M. J., Smilek, D., Duffy, P. L., Zanna, M. P., & Merikle, P. M. (2006). The role of meaning in grapheme-colour synaesthesia. *Cortex*, **42**(2), 243-252.

Eagleman, D. M. (2012). Synaesthesia in its protean guises. *British Journal of Psychology*, **103**(1), 16-19.

Eagleman, D. M., & Goodale, M. A. (2009). Why color synesthesia involves more than color. *Trends in Cognitive Sciences*, **13**(7), 288-292.

Eagleman, D. M., Kagan, A. D., Nelson, S. S., Sagaram, D., & Sarma, A. K. (2007). A standardized test battery for the study of synesthesia. *Journal of Neuroscience Methods*, **159**(1), 139-145.

Edquist, J., Rich, A. N., Brinkman, C., & Mattingley, J. B. (2006). Do synaesthetic colours act as unique features in visual search? *Cortex*, **42**(2), 222-231.

Erskine, H., Mattingley, J. B., & Arnold, D. H. (2013). Synaesthesia and colour constancy. *Cortex*, **49**(4), 1082-1088.

Esterman, M., Verstynen, T., Ivry, R. B., & Robertson, L. C. (2006). Coming unbound: Disrupting automatic integration of synesthetic color and graphemes by transcranial magnetic stimulation of the right parietal lobe. *Journal of Cognitive Neuroscience*, **18**(9), 1570-1576.

Forest, T. A., Lichtenfeld, A., Alvarez, B., & Finn, A. S. (2019). Superior learning in synesthetes: Consistent grapheme-color associations facilitate statistical learning. *Cognition*, **186**, 72-81.

Gebuis, T., Nijboer, T. C. W., & Van Der Smagt, M. J. (2009). Multiple dimensions in bi-directional synesthesia. *European Journal of Neuroscience*, **29**(8), 1703-1710.

Goodhew, S. C., & Kidd, E. (2017). Language use statistics and prototypical grapheme colours predict synaesthetes' and non-synaesthetes' word-colour associations. *Acta Psychologica*, **173**, 73-86.

Gray, J. A., Parslow, D. M., Brammer, M. J., Chopping, S., Vythelingum, G. N., & Ffytche, D. H. (2006). Evidence against functionalism from neuroimaging of the alien colour effect in synaesthesia. *Cortex*, **42**(2), 309-318.

Grossenbacher, P. G., & Lovelace, C. T. (2001). Mechanisms of synesthesia: cognitive and physiological constraints. *Trends in Cognitive Sciences*, **5**(1), 36-41.

Hamada, D., Yamamoto, H., & Saiki, J. (2017). Multilevel analysis of individual differences in regularities of grapheme–color associations in synesthesia. *Consciousness and Cognition*, **53**, 122-135.

Hong, S. W., & Blake, R. (2008). Early visual mechanisms do not contribute to synesthetic color experience. *Vision Research*, **48**(8), 1018-1026.

Hubbard, E. M., Brang, D., & Ramachandran, V. S. (2011). The cross-activation theory at 10. *Journal of Neuropsychology*, **5**(2), 152-177.

Hughes, J. E. A., Gruffydd, E., Simner, J., & Ward, J. (2019). Synaesthetes show advantages in savant skill acquisition: Training calendar calculation in sequence-space synaesthesia. *Cortex*, **113**, 67-82.

Hung, W. Y., Simner, J., Shillcock, R., & Eagleman, D. M. (2014). Synaesthesia in Chinese characters: The role of radical function and position. *Consciousness and Cognition*, **24**(1), 38-48.

Itoh, K., Sakata, H., Kwee, I. L., & Nakada, T. (2017). Musical pitch classes have rainbow hues in pitch class-color synesthesia. *Scientific Reports*, **7**(1), 1-9.

Janik McErlean, A. B., & Banissy, M. J. (2017). Color processing in synesthesia: What synesthesia can and cannot tell us about mechanisms of color processing. *Topics in Cognitive Science*, **9**(1), 215-227.

Jansari, A., Spiller, M. J., & Redfern, S. (2006). Number synaesthesia: When hearing "four plus five" looks like gold. *Cortex*, **42**(2), 253-258.

Jordan, D. S. (1917). The colors of letters. *Science*, **46**(1187), 311-312.

Jürgens, U. M., & Nikolić, D. (2012). Ideaesthesia: Conceptual processes assign similar colours to similar shapes. *Translational Neuroscience*, **3**(1), 22-27.

Kang, M. J., Kim, Y., Shin, J. Y., & Kim, C. Y. (2017). Graphemes sharing phonetic features tend to induce similar synesthetic colors. *Frontiers in Psychology*, **8**: 337, 1-12.

Kay, C. L., Carmichael, D. A., Ruffell, H. E., & Simner, J. (2015). Colour fluctuations in grapheme-colour synaesthesia: The effect of clinical and non-clinical mood changes. *British Journal of Psychology*, **106**(3), 487-504.

Kim, C. Y., & Blake, R. (2005). Watercolor illusion induced by synesthetic colors. *Perception*, **34**(12), 1501-1507.

Kim, C. Y., Blake, R., & Palmeri, T. J. (2006). Perceptual interaction between real and synesthetic colors. *Cortex*, **42**(2), 195-203.

Kim, S., Blake, R., & Kim, C. Y. (2013). Is "σ" purple or green? Bistable grapheme-color synesthesia induced by ambiguous characters. *Consciousness and Cognition*, **22**(3), 955-964.

北岡明佳 (2017). 色の錯視について　日本香粧品学会誌, **41**(1), 23-27.

小松英彦 (2015). 色選択性細胞　脳科学辞典　DOI：10.14931/bsd.6413

Laeng, B., Svartdal, F., & Oelmann, H. (2004). Does color synesthesia pose a paradox for early-selection theories of attention? *Psychological Science*, **15**(4), 277-281.

Mankin, J. L., & Simner, J. (2017). A Is for Apple: The role of letter-word associations in the development of grapheme-colour synaesthesia. *Multisensory Research*, **30**(3-5), 409-446.

Mankin, J. L., Thompson, C., Branigan, H. P., & Simner, J. (2016). Processing compound words: Evidence from synaesthesia. *Cognition*, **150**, 1-9.

Mattingley, J. B., Payne, J. M., & Rich, A. N. (2006). Attentional load attenuates synaesthetic priming effects in grapheme-colour synaesthesia. *Cortex*, **42**(2), 213-221.

Mattingley, J. B., Rich, A. N., Yelland, G., & Bradshaw, J. L. (2001). Unconscious priming eliminates automatic binding of colour and alphanumeric form in synaesthesia. *Nature*, **410**(6828), 580-582.

Meier, B., Rothen, N., & Walter, S. (2014). Developmental aspects of synaesthesia across the adult lifespan. *Frontiers in Human Neuroscience*, **8**: 129, 1-12.

Mills, C. B., Viguers, M. L., Edelson, S. K., Thomas, A. T., Simon-Dack, S. L., & Innis, J. A. (2002). The color of two alphabets for a multilingual synesthete. *Perception*, **31**(11), 1371-1394.

Mroczko, A., Metzinger, T., Singer, W., & Nikolić, D. (2009). Immediate transfer of synesthesia to a novel inducer. *Journal of Vision*, **9**(12): 25, 1-8.

Muggleton, N., Tsakanikos, E., Walsh, V., & Ward, J. (2007). Disruption of synaesthesia following TMS of the right posterior parietal cortex. *Neuropsychologia*, **45**(7), 1582-1585.

村上郁也（編）（2010）．イラストレクチャー認知神経科学　オーム社

Nagai, J. I., Yokosawa, K., & Asano, M. (2016). Biases and regularities of grapheme–colour associations in Japanese nonsynaesthetic population. *Quarterly Journal of Experimental Psychology*, **69** (1), 11-23.

永井淳一・横澤一彦・浅野倫子（2019）．非共感覚者が示すかな文字と色の対応付けとその規則性　認知科学, **26**(4), 426-439.

Nijboer, T. C. W., & van der Stigchel, S. (2009). Is attention essential for inducing synesthetic colors? Evidence from oculomotor distractors. *Journal of Vision*, **9**(6), 1-9.

Nijboer, T. C. W., Gebuis, T., te Pas, S. F., & van der Smagt, M. J. (2011). Interactions between colour and synaesthetic colour: An effect of simultaneous colour contrast on synaesthetic colours. *Vision Research*, **51**(1), 43-47.

Palmeri, T. J., Blake, R., Marois, R., Flanery, M. A., & Whetsell, W. (2002). The perceptual reality of synesthetic colors. *Proceedings of the National Academy of Sciences*, **99**(6), 4127-4131.

Pinna, B., Brelstaff, G., & Spillmann, L. (2001). Surface color from boundaries: a new 'watercolor'illusion. *Vision research*, **41**(20), 2669-2676.

Price, C. J., & Devlin, J. T. (2011). The interactive account of ventral occipitotemporal contributions to reading. *Trends in cognitive sciences*, **15**(6), 246-253.

Ramachandran, V., & Hubbard, E. M. (2001a). Synaesthesia – A window into perception, thought and language. *Journal of Consciousness Studies*, **8**(12), 104-129.

Ramachandran, V. S., & Hubbard, E. M. (2001b). Psychophysical investigations into the neural basis of synaesthesia. *Proceedings of the Royal Society B: Biological Sciences*, **268**(1470), 979-983.

Rich, A. N., Bradshaw, J. L., & Mattingley, J. B. (2005). A systematic, large-scale study of synaesthesia: Implications for the role of early experience in lexical-colour associations. *Cognition*, **98**(1), 53-84.

Rich, A. N., & Karstoft, K. I. (2013). Exploring the benefit of synaesthetic colours: Testing for "popout" in individuals with grapheme-colour synaesthesia. *Cognitive Neuropsychology*, **30**(2), 110-125.

Rich, A. N., & Mattingley, J. B. (2003). The effects of stimulus competition and voluntary attention on colour-graphemic synaesthesia. *NeuroReport*, **14**(14), 1793-1798.

Rich, A. N., & Mattingley, J. B. (2010). Out of sight, out of mind: The attentional blink can eliminate synaesthetic colours. *Cognition*, **114**(3), 320-328.

Root, N. B., Rouw, R., Asano, M., Kim, C. Y., Melero, H., Yokosawa, K., & Ramachandran, V. S. (2018). Why is the synesthete's "A" red? Using a five-language dataset to disentangle the effects of shape, sound, semantics, and ordinality on inducer–concurrent relationships in grapheme-color synesthesia. *Cortex*, **99**, 375-389.

Rothen, N., & Meier, B. (2009). Do synesthetes have a general advantage in visual search and episodic memory? A case for group studies. *PLoS ONE*, **4**(4), e5037, 1-10.

Rothen, N., & Meier, B. (2010). Grapheme-colour synaesthesia yields an ordinary rather than extraordinary memory advantage: Evidence from a group study. *Memory*, **18**(3), 258-264.

Rothen, N., Scott, R. B., Mealor, A. D., Coolbear, D. J., Burckhardt, V., & Ward, J. (2013). Synesthetic experiences enhance unconscious learning. *Cognitive Neuroscience*, 4(3-4), 231-238.

Rothen, N., Seth, A. K., & Ward, J. (2018). Synesthesia improves sensory memory, when perceptual awareness is high. *Vision Research*, **153**, 1-6.

Rothen, N., Seth, A. K., Witzel, C., & Ward, J. (2013). Diagnosing synaesthesia with online colour pickers: Maximising sensitivity and specificity. *Journal of Neuroscience Methods*, **215**(1), 156-160.

Rothen, N., Tsakanikos, E., Meier, B., & Ward, J. (2013). Coloured Letters and Numbers (CLaN): A reliable factor-analysis based synaesthesia questionnaire. *Consciousness and Cognition*, **22**(3), 1047-1060.

Rouw, R., Case, L., Gosavi, R., & Ramachandran, V. (2014). Color associations for days and letters across different languages. *Frontiers in Psychology*, **5**:369, 1-17.

Rouw, R., & Scholte, H. S. (2007). Increased structural connectivity in grapheme-color synesthesia. *Nature Neuroscience*, **10**(6), 792-797.

Rouw, R., & Scholte, H. S. (2010). Neural Basis of Individual Differences in Synesthetic Experiences. *Journal of Neuroscience*, **30**(18), 6205-6213.

Sagiv, N., Heer, J., & Robertson, L. (2006). Does binding of synesthetic color to the evoking grapheme require attention? *Cortex*, **42**(2), 232-242.

Shin, E-h, & Kim, C-Y. (2014). Both "나" and "な" are yellow: Cross-linguistic investigation in search of the determinants of synesthetic color. *Neuropsychologia*, **65**, 25-36.

Simner, J. (2007). Beyond perception: synaesthesia as a psycholinguistic phenomenon. *Trends in Cognitive Sciences*, **11**(1), 23-29.

Simner, J. (2012a). Defining synaesthesia. *British Journal of Psychology*, **103**(1), 1-15.

Simner, J. (2012b). Defining synaesthesia: A response to two excellent commentaries. *British Journal of Psychology*, **103**, 24-27.

Simner, J., Glover, L., & Mowat, A. (2006). Linguistic determinants of word colouring in grapheme-colour synaesthesia. *Cortex*, **42**(2), 281-289.

Simner, J., Harrold, J., Creed, H., Monro, L., & Foulkes, L. (2009). Early detection of markers for synaesthesia in childhood populations. *Brain*, **132**(1), 57-64.

Simner, J., Ipser, A., Smees, R., & Alvarez, J. (2017). Does synaesthesia age? Changes in the quality and consistency of synaesthetic associations. *Neuropsychologia*, **106**, 407-416.

Simner, J., Mulvenna, C., Sagiv, N., Tsakanikos, E., Witherby, S. A., Fraser, C., Scott, K., & Ward, J. (2006). Synaesthesia: The prevalence of atypical cross-modal experiences. *Perception*, **35**(8), 1024-1033.

Simner, J., & Ward, J. (2008). Synaesthesia, Color Terms, and Color Space. *Psychological Science*, **19**(4), 412-414.

Simner, J., Ward, J., Lanz, M., Jansari, A., Noonan, K., Glover, L., & Oakley, D. A. (2005). Non-random associations of graphemes to colours in synaesthetic and non-synaesthetic populations. *Cognitive Neuropsychology*, **22**(8), 1069-1085.

Skelton, R., Ludwig, C., & Mohr, C. (2009). A novel, illustrated questionnaire to distinguish projector and associator synaesthetes. *Cortex*, **45**(6), 721-729.

Smilek, D., Carriere, J. S. A., Dixon, M. J., & Merikle, P. M. (2007). Grapheme frequency and color luminance in grapheme-color synaesthesia. *Psychological Science*, **18**(9), 793-795.

Smilek, D., Dixon, M. J., Cudahy, C., & Merikle, P. M. (2001). Synaesthetic photisms influence visual perception. *Journal of Cognitive Neuroscience*, **13**(7), 930-936.

Smilek, D., Dixon, M. J., & Merikle, P. M. (2005). Synaesthesia: Discordant male monozygotic twins.

Neurocase, **11**(5), 363-370.

Smilek, D., Moffatt, B. A., Pasternak, J., White, B. N., Dixon, M. J., & Merikle, P. M. (2002). Synaesthesia: A case study of discordant monozygotic twins. *Neurocase,* **8**(4), 338-342.

Spector, F., & Maurer, D. (2011). The Colors of the Alphabet: Naturally-Biased Associations Between Shape and Color. *Journal of Experimental Psychology: Human Perception and Performance,* **37**(2), 484-495.

Teichmann, A. L., Nieuwenstein, M. R., & Rich, A. N. (2017). Digit-color synaesthesia only enhances memory for colors in a specific context: A new method of duration thresholds to measure serial recall. *Journal of Experimental Psychology: Human Perception and Performance,* **43**(8), 1494-1503.

Terhune, D. B., Murray, E., Near, J., Stagg, C. J., Cowey, A., & Cohen Kadosh, R. (2015). Phosphene perception relates to visual cortex glutamate levels and covaries with atypical visuospatial awareness. *Cerebral Cortex,* **25**(11), 4341-4350.

Terhune, D. B., Wudarczyk, O. A., Kochuparampil, P., & Cohen Kadosh, R. (2013). Enhanced dimension-specific visual working memory in grapheme-color synesthesia. *Cognition,* **129**(1), 123-137.

Tilot, A. K., Kucera, K. S., Vino, A., Asher, J. E., Baron-Cohen, S., & Fisher, S. E. (2018). Rare variants in axonogenesis genes connect three families with sound–color synesthesia. *Proceedings of the National Academy of Sciences,* **115**(12), 3168-3173.

Tomson, S. N., Avidan, N., Lee, K., Sarma, A. K., Tushe, R., Milewicz, D. M., Bray, M., & Leal, S. M., & Eagleman, D. M. (2011). The genetics of colored sequence synesthesia: Suggestive evidence of linkage to 16q and genetic heterogeneity for the condition. *Behavioural Brain Research,* **223**(1), 48-52.

Treisman, A. M., & Gelade, G. (1980). A feature-integration theory of attention. *Cognitive psychology,* **12**(1), 97-136.

Uno, K., Asano, M., Kadowaki, H., & Yokosawa, K. (2020). Grapheme-color associations can transfer to novel graphemes when synesthetic colors function as grapheme "discriminating markers". *Psychonomic Bulletin & Review.*

宇野究人・浅野倫子・横澤一彦 (2019). 漢字の形態情報が共感覚色の数に与える影響　心理学研究, **89**(6), 571-579.

van Leeuwen, T. M., den Ouden, H. E. M., & Hagoort, P. (2011). Effective Connectivity Determines the Nature of Subjective Experience in Grapheme-Color Synesthesia. *Journal of Neuroscience,* **31**(27), 9879-9884.

Van Leeuwen, T. M., Dingemanse, M., Todil, B., Agameya, A., & Majid, A. (2016). Nonrandom associations of graphemes with colors in Arabic. *Multisensory Research,* **29**(1-3), 223-252.

van Leeuwen, T. M., Petersson, K. M., & Hagoort, P. (2010). Synaesthetic colour in the brain: Beyond colour areas. A functional magnetic resonance imaging study of synaesthetes and matched controls. *PLoS ONE,* **5**(8), e12074.

Van Orden, G. C. (1987). A ROWS is a ROSE: Spelling, sound, and reading. *Memory & Cognition,* **15**(3), 181-198.

Wagner, K., & Dobkins, K. R. (2011). Synaesthetic associations decrease during infancy. *Psychological Science,* **22**(8), 1067-1072.

Ward, J., Jonas, C., Dienes, Z., & Seth, A. (2010). Grapheme-colour synaesthesia improves detection of embeddedshapes,but without pre-attentive'pop-out'of synaesthetic colour. *Proceedings of the Royal Society B: Biological Sciences,* **277**(1684), 1021-1026.

Ward, J., Li, R., Salih, S., & Sagiv, N. (2007). Varieties of grapheme-colour synaesthesia: A new theory of phenomenological and behavioural differences. *Consciousness and Cognition,* **16**(4), 913-

931.

Ward, J., Simner, J., & Auyeung, V. (2005). A comparison of lexical-gustatory and grapheme-colour synaesthesia. *Cognitive Neuropsychology*, **22**(1), 28-41.

Watson, M. R., Akins, K. A., & Enns, J. T. (2012). Second-order mappings in grapheme-color synesthesia. *Psychonomic Bulletin and Review*, **19**(2), 211-217.

Watson, M. R., Akins, K. A., Spiker, C., Crawford, L., & Enns, J. T. (2014). Synesthesia and learning: a critical review and novel theory. *Frontiers in Human Neuroscience*, **8**:98, 1-15.

Watson, M. R., Blair, M. R., Kozik, P., Akins, K. A., & Enns, J. T. (2012). Grapheme-color synaesthesia benefits rule-based Category learning. *Consciousness and Cognition*, **21**(3), 1533-1540.

Watson, M. R., Chromý, J., Crawford, L., Eagleman, D. M., Enns, J. T., & Akins, K. A. (2017). The prevalence of synaesthesia depends on early language learning. *Consciousness and Cognition*, **48**, 212-231.

Weiss, F., Greenlee, M. W., & Volberg, G. (2018). Gray bananas and a red letter A-From synesthetic sensation to memory colors. *i-Perception*, **9**(3), 1-26.

Witthoft, N., & Winawer, J. (2006). Synesthetic colors determined by having colored refrigerator magnets in childhood. *Cortex*, **42**(2), 175-183.

Witthoft, N., & Winawer, J. (2013). Learning, Memory, and Synesthesia. *Psychological Science*, **24** (3), 258-265.

Witthoft, N., Winawer, J., & Eagleman, D. M. (2015). Prevalence of learned grapheme-color pairings in a large online sample of synesthetes. *PLoS ONE*, **10**(3), 1-10.

Yaro, C., & Ward, J. (2007). Searching for Shereshevskii: What is superior about the memory of synaesthetes? *Quarterly Journal of Experimental Psychology*, **60**(5), 681-695.

Yokosawa, K., Takahashi, S., & Asano, M. (2016). Influence of visual complexity on synesthetic color choice for Japanese Kanji characters. *Journal of Vision*, **16**, 470. (Meeting abstract presented at Vision Sciences Society Annual Meeting 2016)

Zeki, S., & Marini, L. (1998). Three cortical stages of colour processing in the human brain. *Brain*, **121**(9), 1669-1685.

第 3 章

Asano, M., & Yokosawa, K. (2011). Synesthetic colors are elicited by sound quality in Japanese synesthetes. *Consciousness and Cognition*, **20**(4), 1816-1823.

Asano, M., & Yokosawa, K. (2012). Synesthetic colors for Japanese late acquired graphemes. *Consciousness and Cognition*, **21**(2), 983-993.

Asano, M., & Yokosawa, K. (2013). Grapheme learning and grapheme-color synesthesia: toward a comprehensive model of grapheme-color association. *Frontiers in Human Neuroscience*, **7**: 757, 1-11.

Eagleman, D. M., Kagan, A. D., Nelson, S. S., Sagaram, D., & Sarma, A. K. (2007). A standardized test battery for the study of synesthesia. *Journal of Neuroscience Methods*, **159**(1), 139-145.

Skelton, R., Ludwig, C., & Mohr, C. (2009). A novel, illustrated questionnaire to distinguish projector and associator synaesthetes. *Cortex*, **45**(6), 721-729.

第 4 章

Aimola-Davies, A. M., & White, R. C. (2013). A sensational illusion: Vision-touch synaesthesia and the rubber hand paradigm. *Cortex*, **49**, 806-818.

Amin, M., Olu-Lafe, O., Claessen, L. E., Sobczak-Edmans, M., Ward, J., Williams, A. L., Sagiv, N. (2011). Understanding grapheme personification: a social synaesthesia? *Journal of Neuropsychology*, **5**, 255-282.

Banissy, M. J. (2013). Synaesthesia, mirror neurons and mirror-touch. In J. Simner & E. M. Hubbard (Eds.), *The Oxford handbook of synaesthesia* (pp. 584-603). Oxford University Press.

Banissy, M. J., Cohen Kadosh, R, Maus, G. W., Walsh, V., & Ward, J (2009). Prevalence, characteristics and a neurocognitive model of mirror-touch synaesthesia. *Experimental Brain Research*, **198**, 2-3, 261-272.

Banissy, M. J., Garrido, L., Kusnir, F., Duchaine, B., Walsh, V., & Ward, J. (2011). Superior facial expression, but not identity recognition, in mirror-touch synesthesia. *Journal of Neuroscience*, **31**, 1820-1824.

Banissy, M. J., & Ward, J. (2007). Mirror-touch synaesthesia is linked with empathy. *Nature Neuroscience*, **10**, 815-816.

Banissy, M. J., & Ward, J. (2013). Mechanisms of self-other representations and vicarious experiences of touch in mirror-touch synaesthesia. *Frontiers in Human Neuroscience*, 7: 112. doi:10.3389/fnhum.2013.00112.

Bargary, G., Barnett, K. J., Mitchell, K. J., & Newell, F. N. (2009). Colored-speech synaesthesia is triggered by multisensory, not unisensory, perception. *Psychological Science*, **20**, 5, 529-533.

Blakemore, S. J., Bristow, D., Bird, G., Frith, C., & Ward, J. (2005). Somatosensory activations during the observation of touch and a case of vision-touch synaesthesia. *Brain*, **128**, 7, 1571-1583.

Brang, D., Teuscher, U., Ramachandran, V. S., & Coulson, S. (2010). Temporal sequences, synesthetic mappings, and cultural biases: The geography of time. *Consciousness and Cognition*, **19**, 1, 311-320.

Chiou, R., Stelter, M., & Rich, A. N. (2013). Beyond colour perception: Auditory-visual synaesthesia induces experiences of geometric objects in specific locations. *Cortex*, **49**, 6, 1750-1763.

Cioffi, M. C., Moore, J. W., & Banissy, M. J. (2014). What can mirror-touch synaesthesia tell us about the sense of agency? *Frontiers in Human Neuroscience*, **8**: 256. doi:10.3389/fnhum.2014.00256.

Cohen Kadosh, R., & Gertner, L. (2011). Synesthesia: gluing together time, number and space. In S. Dehaene & E. Brannon (Eds.), *Space, Time and Number in the Brain: Searching for the Foundations of Mathematical Thought* (pp. 123-132). Burlington, MA: Elsevier/Academic Press.

Curwen, C. (2018). Music-colour synaesthesia: Concept, context and qualia. *Consciousness and Cognition*, **61**, 94-106.

Cytowic, R. E., & Eagleman, D. M. (2009). *Wednesday is indigo blue: Discovering the brain of synesthesia*. The MIT Press. (サイトウィック, R. E.・イーグルマン, D. M. 山下篤子 (訳) (2010). 脳の中の万華鏡　河出書房新社)

de Thornley Head, P. (2006). Synaesthesia: pitch-colour isomorphism in RGB-space. *Cortex*, **42**, 164-174.

Eagleman, D. M. (2009). The objectification of overlearned sequences: a new view of spatial sequence synesthesia. *Cortex*, **45**(10), 1266-1277.

Eagleman, D. M., Kagan, A. D., Nelson, S. S., Sagaram, D., & Sarma, A. K. (2007). A standardized test battery for the study of synesthesia. *Journal of Neuroscience Methods*, **159**, 139-145.

Fernay, L., Reby, D., & Ward, J. (2012). Visualized voices: a case study of audio-visual synaesthesia. *Neurocase*, **18**, 50-56.

Gertner, L., Arend, I., & Henik, A. (2013) Numerical synesthesia is more than just a symbol- induced phenomenon. *Frontiers in Psychology*, **4**: 860. doi: 10.3389/fpsyg.2013.00860

Gertner, L., Henik, A., Reznik, D., & Cohen Kadosh, R. (2013). Implications of number-space synesthesia on the automaticity of numerical processing. *Cortex*, **49**, 1352-1362. doi: 10.1016/j.cortex.2012.03.019.

Gregersen, P. K., Kowalsky, E., Lee, A., Baron-Cohen, S., Fisher, S. E., Asher, J. E., Ballard, D., Freudenberg, J., & Li, W. (2013). Absolute pitch exhibits phenotypic and genetic overlap with synesthesia. *Human Molecular Genetics*, **22**, 2097-2104.

Holle, H., Banissy, M. J., Wright, T., Bowling, N., & Ward, J. (2011). "That's not a real body": Identifying stimulus qualities that modulate synaesthetic experiences of touch, *Consciousness and Cognition*, **20**, 3, 720-726.

Hale, J., Thompson, J.M., Morgan, H.M., Cappelletti, M., & Cohen Kadosh, R. (2014). Better Together? The Cognitive Advantages of Synaesthesia for Time, Numbers and Space. *Cognitive Neuropsychology*, **31**, 7-8, 545-564.

Hubbard, E. M., Ranzini, M., Piazza, M., & Dehaene, S. (2009). What information is critical to elicit interference in number-form synaesthesia. *Cortex*, **45**, 1200-1216. doi: 10.1016/j.cortex.2009.06.011

Itoh, K., & Nakada, T. (2018). Absolute pitch is not necessary for pitch class-color synesthesia. *Consciousness and Cognition*, **65**, 169-181.

Itoh, K., Sakata, H., Igarashi, H., & Nakada, T. (2019). Automaticity of pitch class-color synesthesia as revealed by a Stroop-like effect. *Consciousness and Cognition*, **71**, 86-91.

Itoh, K., Sakata, H., Kwee, I. L., & Nakada, T. (2017). Musical pitch classes have rainbow hues in pitch class-color synesthesia. *Scientific Reports*, **7**(1): 17781. doi: 10.1038/s41598-017-18150-y.

Jarick, M., Dixon, M. J., Stewart, M. T., Maxwell, E. C., & Smilek, D. (2009). A different outlook on time: visual and auditory month names elicit different mental vantage points for a time-space synaesthete. *Cortex*, **45**, 1217-1228.

Jarick, M., Jensen, C., Dixon, M., & Smilek, D. (2011). The automaticity of vantage point shifts within a synaesthetes'spatial calendar. *Journal of Neuropsychology*, **5**, 333-352.

Jarick, M., Stewart, M. T., Smilek, D., & Dixon, M. J. (2013). Do you see what I hear? Vantage point preference and visual dominance in a time-space synaesthete. *Frontiers in Psychology*, **4**: 695, doi: 10.3389/fpsyg.2013.00695.

Jonas, C., & Jarick, M. (2013). Synaesthesia, sequences and space. In J. Simner & E. M. Hubbard (Eds.), *The Oxford handbook of synaesthesia* (pp. 123-149). Oxford University Press.

Jonas, C. N., & Price, M. C. (2014). Not all synesthetes are alike: spatial vs. visual dimensions of sequence-space synesthesia. *Frontiers in Psychology*, **5**: 1171. doi: 10.3389/fpsyg.2014.01171

Lunke, K., & Meier, B. (2018). New insights into mechanisms of enhanced synaesthetic memory: Benefits are synaesthesia-type-specific. *PLoS ONE*, **13**(9): e0203055. https://doi.org/ 10.1371/journal.pone.0203055

Maister, L., Banissy, J., & Tsakiris, M. (2013). Mirror-touch synaesthesia changes representations of self-identity. *Neuropsychologia*, **51**, 802-808.

Makioka, S. (2009). A self-organizing learning account of number-form synaesthesia. *Cognition*, **112**, 397-414.

Mann, H., Korzenko, J., Carriere, J. S. A., & Dixon, M. J. (2009). Time-space synaesthesia – A cognitive advantage? *Consciousness & Cognition*, **18**, 619-627.

Marks, L. E. (1975). On colored-hearing synesthesia: Cross-modal translations of sensory dimensions. *Psychological Bulletin*, **82**, 303-331.

Matsuda, E., Okazaki, Y., Asano, M., & Yokosawa, K. (2018). Developmental Changes in Number Personification by Elementary School Children. *Frontiers in Psychology*, **9**: 2214, DOI: 10.3389/fpsyg.2018.02214

Mills, C. B., Boteler, E. H., & Larcombe, G. K., (2003). "Seeing things in my head": A synesthete's images for music and notes. *Perception*, **32**, 11, 1359-1376.

Moos, A., Simmons, D., Simner, J., & Smith, R. (2013). Color and texture associations in voice-induced synesthesia. *Frontiers in Psychology*, **4**: 568. doi: 10.3389/fpsyg.2013.00568

Moos, A., Smith, R., Miller, S. R., & Simmons, D. R. (2014). Color and texture associations in voice-induced synesthesia. *i-Perception*, **5**, 132-142.

Novich, S., Cheng, S., & Eagleman, D. M. (2011). Is synaesthesia one condition or many. A large-scale analysis reveals subgroups. *Journal of Neuropsychology*, **5**, 353-371.

Price, M. C. (2009). Spatial forms and mental imagery. *Cortex*, **45**, 1229-1245.

Price, M. C., & Mattingley, J. B. (2013). Automaticity in sequence-space synaesthesia: A critical appraisal of the evidence, *Cortex*, **49**, 5, 1165-1186.

Price, M. C., & Mentzoni, R. A. (2008). Where is January? The month-SNARC effect in sequence-form synaesthetes, *Cortex*, **44**, 7, 890-907.

Rizzolatti, G., Fogassi, L., & Gallese, V. (2001). Neurophysiological mechanisms underlying the understanding and imitation of action. *Nature Review Neuroscience*, **2**, 661-670.

Rothen, N., Tsakanikos, E., Meier, B., & Ward, J. (2013). Coloured Letters and Numbers (CLaN): A reliable factor-analysis based synaesthesia questionnaire. *Consciousness and Cognition*, **22**, 3, 1047-1060.

Saenz, M., & Koch, C. (2008). The sound of change: Visually induced auditory synesthesia. *Current Biology*, **18**, 650-651.

Sagiv, N., Simner, J., Collins, J., Butterworth, B., & Ward, J. (2006). What is the relationship between synaesthesia and visuo-spatial number forms? *Cognition*, **101**, 1, 114-128.

Simner, J. (2009). Synaesthetic visuo-spatial forms: Viewing sequences in space. *Cortex*, **45**, 10, 1138-1147.

Simner, J. (2012). Defining synaesthesia. *British Journal of Psychology*, **103**, 1-15.

Simner, J., & Hubbard, E. M. (2006). Variants of synesthesia interact in cognitive tasks: Evidence for implicit associations and late connectivity in cross-talk theories. *Neuroscience*, **143**, 805-814.

Simner, J., & Holenstein, E. (2007). Ordinal Linguistic Personification as a Variant of Synesthesia, *Journal of Cognitive Neuroscience*, **19**, 4, 694-703.

Simner, J., & Ludwig, U. (2012). The color of touch: A case of tactile–visual synaesthesia. *Neurocase*, **18**, 2, 167-180.

Simner, J., Mayo, N, & Spiller, M. (2009). A foundation for savantism? Visuo-spatial synaesthetes present with cognitive benefits. *Cortex*, **45**, 10, 1246-1260.

Simner, J., Mulvenna, C., Sagiv, N., Tsakanikos, E., Withery, S. A., Fraser, C., Scott, K., & Ward, J. (2006). Synaesthesia: the prevalence of atypical cross-modal experiences. *Perception*, **35**, 1024-1033.

Smilek, D., Callejas, A., Dixon, M. J., & Merikle, P. M. (2007). Ovals of time: Time–space associations in synaesthesia. *Consciousness and Cognition*, **16**, 2, 507-519.

Smilek, D., Malcolmson, K. A., Carriere, J. S. A., Eller,M., Kwan, D., & Reynolds, M. (2007). When "3" is a jerk and "e" is a king: Personifying inanimate objects in synesthesia. *Journal of Cognitive Neuroscience*, **19**, 981-992. doi: 10.1162/jocn.2007.19.6.981

Sobczak-Edmans, M., & Sagiv, N. (2013). Synaesthetic personification: the social world of graphemes. In J. Simner & E. M. Hubbard (Eds.), *The Oxford handbook of synaesthesia* (pp. 222-238). Oxford University Press.

Tajadura-Jimenez, A., Grehl, S., & Tsakiris, M. (2012). The other in me: Interpersonal multisensory stimulation changes the mental representation of the self. *PLoS One*, **7**, 7, e40682.

Ward, J. (2013). Synesthesia. *Annual Review of Psychology*, **64**, 49-75.

Ward, J. (2019). Synaesthesia: A distinct entity that is an emergent feature of adaptive neurocognitive differences. *Philosophical Transactions of the Royal Society B: Biological Sciences,* **374,** 1787, 1–13.

Ward, J., & Banissy, M. J. (2015) Explaining mirror-touch synesthesia. *Cognitive Neuroscience,* **6,** 2-3, 118–133.

Ward, J., Brown, P., Sherwood, J., & Simner, J. (2018). An autistic-like profile of attention and perception in synaesthesia, *Cortex,* **107,** 121–130.

Ward, J., Huckstep, B., & Tsakanikos, E. (2006). Sound-colour synaesthesia: To what extent does it use cross-modal mechanisms common to us all? *Cortex,* **42,** 2, 264–280.

Ward, J., Thompson-Lake, D., Ely, R., & Kaminski, F. (2008). Synaesthesia, creativity and art: What is the link? *British Journal of Psychology,* **99,** 127–141.

Ward, J., Tsakanikos, E., & Bray, A. (2006). Synaesthesia for Reading and Playing Musical Notes, *Neurocase,* **12,** 27–34.

White, R. C., & Aimola Davies, A. M. (2012). Specular vision-touch synaesthesia: two reference frames. *Perception,* **41,** 871–874.

Wing, L., & Gould, J. (1979). Severe impairments of social-interaction and associated abnormalities in children - epidemiology and classification. *Journal of Autism and Developmental Disorders,* **9,** 1, 11–29.

第5章

Arnold, D. H., Wegener, S. V., Brown, F., & Mattingley, J. B. (2012). Precision of synesthetic color matching resembles that for recollected colors rather than physical colors. *Journal of Experimental Psychology: Human Perception and Performance,* **38**(5), 1078–1084.

Banissy, M. J., Tester, V., Muggleton, N. G., Janik, A. B., Davenport, A., Franklin, A., Walsh, V., & Ward, J. (2013). Synesthesia for color is linked to improved color perception but reduced motion perception. *Psychological Science,* **24**(12), 2390–2397.

Bargary, G., & Mitchell, K. J. (2008). Synaesthesia and cortical connectivity. *Trends in Neurosciences,* **31**(7), 335–342.

Barnett, K. J., & Newell, F. N. (2008). Synaesthesia is associated with enhanced, self-rated visual imagery. *Consciousness and Cognition,* **17**(3), 1032–1039.

Barnett, K. J., Foxe, J. J., Molholm, S., Kelly, S. P., Shalgi, S., Mitchell, K. J., & Newell, F. N. (2008). Differences in early sensory-perceptual processing in synesthesia: A visual evoked potential study. *NeuroImage,* **43**(3), 605–613.

Bor, D., Rothen, N., Schwartzman, D. J., Clayton, S., & Seth, A. K. (2014). Adults can be trained to acquire synesthetic experiences. *Scientific Reports,* **4**: 7089.

Brang, D., Edwards, L., Ramachandran, V. S., & Coulson, S. (2008). Is the sky 2? Contextual priming in grapheme-color synaesthesia. *Psychological Science,* **19**(5), 421–428.

Brang, D., Hubbard, E. M., Coulson, S., Huang, M., & Ramachandran, V. S. (2010). Magnetoencephalography reveals early activation of V4 in grapheme-color synesthesia. *NeuroImage,* **53**(1), 268–274.

Brang, D., Kanai, S., Ramachandran, V. S., & Coulson, S. (2011). Contextual priming in grapheme-color synesthetes and yoked controls: 400 msec in the life of a synesthete. *Journal of Cognitive Neuroscience,* **23**(7), 1681–1696.

Brang, D., Rouw, R., Ramachandran, V. S., & Coulson, S. (2011). Similarly shaped letters evoke similar colors in grapheme-color synesthesia. *Neuropsychologia,* **49**(5), 1355–1358.

Chiou, R., & Rich, A. N. (2014). The role of conceptual knowledge in understanding synesthesia:

Evaluating contemporary findings from a "hub-and-spokes" perspective. *Frontiers in Psychology*, **5**: 105, 1-18.

Chun, C. A., & Hupé, J. M. (2016). Are synesthetes exceptional beyond their synesthetic associations? A systematic comparison of creativity, personality, cognition, and mental imagery in synesthetes and controls. *British Journal of Psychology*, **107**(3), 397-418.

Cohen Kadosh, R., Henik, A., Catena, A., Walsh, V., & Fuentes, L. J. (2009). Induced cross-modal synesthetic experience without abnormal neuronal connections. *Psychological Science*, **20**(2), 258-265.

Colizoli, O., Murre, J. M. J., & Rouw, R. (2012). Pseudo-Synesthesia through reading books with colored letters. *PLoS ONE*, **7**(6), e39799.

Esterman, M., Verstynen, T., Ivry, R. B., & Robertson, L. C. (2006). Coming unbound: Disrupting automatic integration of synesthetic color and graphemes by transcranial magnetic stimulation of the right parietal lobe. *Journal of Cognitive Neuroscience*, **18**(9), 1570-1576.

Grossenbacher, P. G., & Lovelace, C. T. (2001). Mechanisms of synesthesia: cognitive and physiological constraints. *Trends in Cognitive Sciences*, **5**(1), 36-41.

Hänggi, J., Wotruba, D., & Jäncke, L. (2011). Globally Altered Structural Brain Network Topology in Grapheme-Color Synesthesia. *Journal of Neuroscience*, **31**(15), 5816-5828.

Hubbard, E. M. (2007). A real red-letter day. *Nature Neuroscience*, **10**(6), 671-672.

Hubbard, E. M., Arman, A. C., Ramachandran, V. S., & Boynton, G. M. (2005). Individual differences among grapheme-color synesthetes: Brain-behavior correlations. *Neuron*, **45**(6), 975-985.

Hubbard, E. M., Brang, D., & Ramachandran, V. S. (2011). The cross-activation theory at 10. *Journal of Neuropsychology*, **5**(2), 152-177.

Hupé, J. M., Bordier, C., & Dojat, M. (2012). The neural bases of grapheme-color synesthesia are not localized in real color-sensitive areas. *Cerebral Cortex*, **22**(7), 1622-1633.

Hupé, J. M., & Dojat, M. (2015). A critical review of the neuroimaging literature on synesthesia. *Frontiers in Human Neuroscience*, **9**: 103, 1-37.

Jäncke, L., Beeli, G., Eulig, C., & Hänggi, J. (2009). The neuroanatomy of grapheme–color synesthesia. *European Journal of Neuroscience*, **29**(6), 1287-1293.

Jürgens, U. M., & Nikolić, D. (2012). Ideaesthesia: Conceptual processes assign similar colours to similar shapes. *Translational Neuroscience*, **3**(1), 22-27.

Maurer, D., & Mondloch, C. (2005). Neonatal synesthesia: A re-evaluation. In L. C. Robertson & N. Sagiv (Eds.), *Synesthesia: Perspectives from cognitive neuroscience* (pp. 193-213). Oxford University Press.

Meier, B., & Rothen, N. (2009). Training grapheme-colour associations produces a synaesthetic Stroop effect, but not a conditioned synaesthetic response. *Neuropsychologia*, **47**(4), 1208-1211.

Mroczko, A., Metzinger, T., Singer, W., & Nikolić, D. (2009). Immediate transfer of synesthesia to a novel inducer. *Journal of Vision*, **9**(12): 25, 1-8.

Muggleton, N., Tsakanikos, E., Walsh, V., & Ward, J. (2007). Disruption of synaesthesia following TMS of the right posterior parietal cortex. *Neuropsychologia*, **45**(7), 1582-1585.

Neufeld, J., Sinke, C., Zedler, M., Dillo, W., Emrich, H. M., Bleich, S., & Szycik, G. R. (2012). Disinhibited feedback as a cause of synesthesia: Evidence from a functional connectivity study on auditory-visual synesthetes. *Neuropsychologia*, **50**(7), 1471-1477.

Newell, F. N., & Mitchell, K. J. (2016). Multisensory integration and cross-modal learning in synaesthesia: A unifying model. *Neuropsychologia*, **88**, 140-150.

Nunn, J. A., Gregory, L. J., Brammer, M., Williams, S. C. R., Parslow, D. M., Morgan, M. J., Morris, R. G., Bullmore, E. T., Baron-Cohen, S., & Gray, J. A. (2002). Functional magnetic resonance imaging of synesthesia: Activation of V4/V8 by spoken words. *Nature Neuroscience*, **5**(4), 371-375.

O'Dowd, A., Cooney, S. M., McGovern, D. P., & Newell, F. N. (2019). Do synaesthesia and mental imagery tap into similar cross-modal processes? Philosophical *Transactions of the Royal Society B: Biological Sciences*, **374**: 20180359.

Ramachandran, V., & Hubbard, E. M.. (2001). Synaesthesia: A window into perception, thought and language. *Journal of Consciousness Studies*, **8**(12), 104-129.

Rich, A. N., Williams, M. A., Puce, A., Syngeniotis, A., Howard, M. A., McGlone, F., & Mattingley, J. B. (2006). *Neural correlates of imagined and synaesthetic colours. Neuropsychologia*, **44**(14), 2918-2925.

Rothen, N., Schwartzman, D. J., Bor, D., & Seth, A. K. (2018). Coordinated neural, behavioral, and phenomenological changes in perceptual plasticity through overtraining of synesthetic associations. *Neuropsychologia*, **111**, 151-162.

Rothen, N., Seth, A. K., & Ward, J. (2018). Synesthesia improves sensory memory, when perceptual awareness is high. *Vision Research*, **153**, 1-6.

Rouw, R., & Scholte, H. S. (2007). Increased structural connectivity in grapheme-color synesthesia. *Nature Neuroscience*, **10**(6), 792-797.

Rouw, R., & Scholte, H. S. (2010). Neural Basis of Individual Differences in Synesthetic Experiences. *Journal of Neuroscience*, **30**(18), 6205-6213.

Rouw, R., Scholte, H. S., & Colizoli, O. (2011). Brain areas involved in synaesthesia: a review. *Journal of Neuropsychology*, **5**(2), 214-242.

Smilek, D., Dixon, M. J., Cudahy, C., & Merikle, P. M. (2001). Synaesthetic photisms influence visual perception. *Journal of Cognitive Neuroscience*, **13**(7), 930-936.

Tang, J., Ward, J., & Butterworth, B. (2008). Number forms in the brain. *Journal of Cognitive Neuroscience*, **20**(9), 1547-1556.

Terhune, D. B., Murray, E., Near, J., Stagg, C. J., Cowey, A., & Cohen Kadosh, R. (2015). Phosphene perception relates to visual cortex glutamate levels and covaries with atypical visuospatial awareness. *Cerebral Cortex*, **25**(11), 4341-4350.

Terhune, D. B., Tai, S., Cowey, A., Popescu, T., & Cohen Kadosh, R. (2011). Enhanced cortical excitability in grapheme-color synesthesia and its modulation. *Current Biology*, **21**(23), 2006-2009.

van Leeuwen, T. M., Petersson, K. M., & Hagoort, P. (2010). Synaesthetic colour in the brain: Beyond colour areas. A functional magnetic resonance imaging study of synesthetes and matched controls. *PLoS ONE*, **5**(8), e12074.

Volberg, G., Chockley, A. S., & Greenlee, M. W. (2017). Do graphemes attract spatial attention in grapheme-color synesthesia? *Neuropsychologia*, **99**, 101-111.

Wagner, K., & Dobkins, K. R. (2011). Synaesthetic associations decrease during infancy. *Psychological Science*, **22**(8), 1067-1072.

Ward, J. (2013). Synesthesia. *Annual Review of Psychology*, **64**, 49-75.

Ward, J. (2019). Synaesthesia: A distinct entity that is an emergent feature of adaptive neurocognitive differences. *Philosophical Transactions of the Royal Society B: Biological Sciences*, **374** (1787).

Ward, J., & Filiz, G. (2020). Synaesthesia is linked to a distinctive and heritable cognitive profile. *Cortex*, **126**, 134-140.

Ward, J., Brown, P., Sherwood, J., & Simner, J. (2018). An autistic-like profile of attention and perception in synaesthesia. *Cortex*, **107**, 121-130.

Weiss, F., Greenlee, M. W., & Volberg, G. (2018). Gray bananas and a red letter A – From synesthetic sensation to memory colors. *i-Perception*, **9**(3), 1-26.

Whitaker, K. J., Kang, X., Herron, T. J., Woods, D. L., Robertson, L. C., & Alvarez, B. D. (2014). White matter microstructure throughout the brain correlates with visual imagery in grapheme-color synesthesia. *NeuroImage*, **90**, 52-59.

Zamm, A., Schlaug, G., Eagleman, D. M., & Loui, P. (2013). Pathways to Seeing Music: Enhanced Structural Connectivity in Colored-Music Synesthesia. *Neuroimage*, **185**(2), 974-981.

第6章

Asano, M., Imai, M., Kita, S., Kitajo, K., Okada, H., & Thierry, G. (2015). Sound symbolism scaffolds language development in preverbal infants. *Cortex*, **63**, 196-205.

Bankieris, K., & Simner, J. (2015). What is the link between synaesthesia and sound symbolism? *Cognition*, **136**, 186-195.

Bee, M. A., Perrill, S. A., & Owen, P. C. (2000). Male green frogs lower the pitch of acoustic signals in defense of territories: a possible dishonest signal of size? *Behavioral ecology*, **11**(2), 169-177.

Bernstein, I. H., & Edelstein, B. A. (1971). Effects of some variations in auditory input upon visual choice reaction time. *Journal of Experimental Psychology*, **87**(2), 241-247.

Bremner, A. J., Caparos, S., Davidoff, J., de Fockert, J., Linnell, K. J., & Spence, C. (2013). "Bouba" and "Kiki" in Namibia? A remote culture make similar shape-sound matches, but different shape-taste matches to Westerners. *Cognition*, **126**(2), 165-172.

Brunetti, R., Indraccolo, A., Del Gatto, C., Spence, C., & Santangelo, V. (2018). Are crossmodal correspondences relative or absolute? Sequential effects on speeded classification. *Attention, Perception, and Psychophysics*, **80**(2), 527-534.

Cohen, J. (2017). Synesthetic perception as continuous with ordinary perception, or: We're all synesthetes now. In O. Deroy (Ed.), *Sensory blending: On synaesthesia & related phenomena* (pp. 59-83). Oxford University Press.

Cohen Kadosh, R., Henik, A., & Walsh, V. (2007). Small is bright and big is dark in synaesthesia. *Current Biology*, **17**(19), 834-835.

Collier, G. L. (1996). Affective synesthesia: Extracting emotion space from simple perceptual stimulil. *Motivation and Emotion*, **20**(1), 1-32.

Crisinel, A. S. (2010). As bitter as a trombone: Synesthetic correspondences in nonsynesthetes between tastes/flavors and musical notes. *Attention, Perception, & Psychophysics*, **72**(7), 1994-2002.

Cuskley, C., Simner, J., & Kirby, S. (2017). Phonological and orthographic influences in the bouba-kiki effect. *Psychological Research*, **81**(1), 119-130.

de Saussure, F. (1916). *Course in general linguistics* (W. Baskin 英訳, 1966). New York: McGraw-Hill.

Deroy, O., & Spence, C. (2013). Why we are not all synesthetes (not even weakly so). *Psychonomic Bulletin & Review*, **20**, 643-664.

Deroy, O., & Spence, C. (2016). Crossmodal correspondences: Four challenges. *Multisensory Research*, **29**(1-3), 29-48.

Deroy, O., & Spence, C. (2017). Questioning the continuity claim: What difference does consciousness make? In O. Deroy (Ed.), *Sensory blending: On synaesthesia & related phenomena* (pp. 191-214). Oxford University Press.

Deroy, O., Crisinel, A. S., & Spence, C. (2013). Crossmodal correspondences between odors and contingent features: Odors, musical notes, and geometrical shapes. *Psychonomic Bulletin and Review*, **20**(5), 878-896.

Dolscheid, S., Hunnius, S., Casasanto, D., & Majid, A. (2014). Prelinguistic infants are sensitive to space-pitch associations found across cultures. *Psychological Science, 25*(6), 1256-1261.

Dolscheid, S., Shayan, S., Majid, A., & Casasanto, D. (2013). The thickness of musical pitch: Psychophysical evidence for linguistic relativity. *Psychological Science, 24*(5), 613-621.

Ernst, M. O. (2007). Learning to integrate arbitrary signals from vision and touch. *Journal of Vision, 7*(5), 1-14.

Evans, K. K., & Treisman, A. (2010). Natural cross-modal mappings between visual and auditory features. *Journal of Vision, 10*(1), 1-12.

Fitch, W. T., & Reby, D. (2001). The descended larynx is not uniquely human. *Proceedings of the Royal Society B: Biological Sciences, 268*(1477), 1669-1675.

Fort, M., Lammertink, I., Peperkamp, S., Guevara-Rukoz, A., Fikkert, P., & Tsuji, S. (2018). Symbouki: a meta-analysis on the emergence of sound symbolism in early language acquisition. *Developmental Science, 21*(5), e12659.

Gallace, A., & Spence, C. (2006). Multisensory synesthetic interactions in the speeded classification of visual size. *Perception and Psychophysics, 68*(7), 1191-1203.

Gallace, A., Boschin, E., & Spence, C. (2011). On the taste of "Bouba" and "Kiki": An exploration of word-food associations in neurologically normal participants. *Cognitive Neuroscience, 2*(1), 34-46.

Goethe, J. W. (1810). *Zur Farbenlehre.* (ゲーテ，J. W. 木村直司（訳）(2001). 色彩論　ちくま学芸文庫）

Greenwald, A. G., McGhee, D. E., & Schwartz, J. L. (1998). Measuring individual differences in implicit cognition: the implicit association test. *Journal of Personality and Social Psychology, 74*(6), 1464.

Heyman, T., Maerten, A. S., Vankrunkelsven, H., Voorspoels, W., & Moors, P. (2019). Sound-symbolism effects in the absence of awareness: A replication study. *Psychological Science, 30*(11), 1638-1647.

Hidaka, S., & Shimoda, K. (2014). Investigation of the effects of color on judgments of sweetness using a taste adaptation method. *Multisensory Research, 27*(3-4), 189-205.

Ho, H. N., Van Doorn, G. H., Kawabe, T., Watanabe, J., & Spence, C. (2014). Colour-temperature correspondences: When reactions to thermal stimuli are influenced by colour. *PLoS ONE, 9*(3) e91854, 1-8.

Hung, S. M., Styles, S. J., & Hsieh, P. J. (2017). Can a word sound like a shape before you have seen it? Sound-shape mapping prior to conscious awareness. *Psychological Science, 28*(3), 263-275.

今井むつみ（2017）．オノマトペはことばの発達の役に立つの？　窪薗晴夫（編）オノマトペの謎：ピカチュウからモフモフまで（岩波科学ライブラリー）(pp. 103-120)　岩波書店

Imai, M., & Kita, S. (2014). The sound symbolism bootstrapping hypothesis for language acquisition and language evolution. *Philosophical Transactions of the Royal Society B: Biological Sciences, 369*: 20130298.

Imai, M., Kita, S., Nagumo, M., & Okada, H. (2008). Sound symbolism facilitates early verb learning. *Cognition, 109*(1), 54-65.

Jeschonek, S., Pauen, S., & Babocsai, L. (2013). Cross-modal mapping of visual and acoustic displays in infants: The effect of dynamic and static components. *European Journal of Developmental Psychology, 10*(3), 337-358.

Karwoski, T. F., Odbert, H. S., & Osgood, C. E. (1942). Studies in synesthetic thinking: II. The role of form in visual responses to music. *The Journal of General Psychology, 26*(2), 199-222.

川原繁人（2015）．音とことばのふしぎな世界（岩波サイエンスライブラリー）岩波書店

木村俊夫 (1950). 色の見かけ上の温さと重さに就いて 心理学研究, **20**(2), 33-36.

Knoeferle, K., Li, J., Maggioni, E., & Spence, C. (2017). What drives sound symbolism? Different acoustic cues underlie sound-size and sound-shape mappings. *Scientific Reports*, **7**: 5562, 1-11.

Köhler, W. (1929/1947). *Gestalt psychology*. New York: Liveright.

窪薗晴夫 (編) (2017). オノマトペの謎：ピカチュウからモフモフまで (岩波科学ライブラリー) 岩波書店

楠見孝 (1988). 共感覚に基づく形容表現の理解過程について 心理学研究, **58**(6), 373-380.

Lacey, S., Martinez, M., McCormick, K., & Sathian, K. (2016). Synesthesia strengthens sound-symbolic cross-modal correspondences. *European Journal of Neuroscience*, **44**(9), 2716-2721.

Lockwood, G., & Dingemanse, M. (2015). Iconicity in the lab: a review of behavioral, developmental, and neuroimaging research into sound-symbolism. *Frontiers in Psychology*, **6**: 1246, 1-14.

Lourenco, S. F., & Longo, M. R. (2010). General magnitude representation in human infants. *Psychological Science*, **21**(6), 873-881.

Ludwig, V. U., Adachi, I., & Matsuzawa, T. (2011). Visuoauditory mappings between high luminance and high pitch are shared by chimpanzees (Pan troglodytes) and humans. *Proceedings of the National Academy of Sciences of the United States of America*, **108**(51), 20661-20665.

Maeda, F., Kanai, R., & Shimojo, S. (2004). Changing pitch induced visual motion illusion. *Current Biology*, **14**(23), 990-991.

Marks, L. E. (1974). On associations of light and sound: the mediation of brightness, pitch, and loudness. *The American Journal of Psychology*, **87**(1-2), 173-188.

Marks, L. E. (1982). Bright sneezes and dark coughs, loud sunlight and soft moonlight. *Journal of Experimental Psychology: Human Perception and Performance*, **8**(2), 177-193.

Marks, L. E. (1987). On cross-modal similarity: auditory-visual interactions in speeded discrimination. *Journal of Experimental Psychology: Human Perception and Performance*, **13**(3), 384-394.

Marks, L. E. (2004). Cross-modal interactions in speeded classification. In G. Calvert, C. Spence, & B. E. Stein (Eds.), *The handbook of multisensory processes* (pp. 85-105). The MIT Press.

Marks, L. E. (2017). Synesthesia, then and now. In O. Deroy (Ed.), *Sensory blending: On synaesthesia & related phenomena* (pp. 13-44). Oxford University Press.

Marks, L. E., Hammeal, R. J., Bornstein, M. H., & Smith, L. B. (1987). Perceiving similarity and comprehending metaphor. *Monographs of the Society for Research in Child Development*, **52**(1), i+iii+v+1-100.

Marks, L. E., Szczesiul, R., & Ohlott, P. (1986). On the cross-modal perception of intensity. *Journal of Experimental Psychology: Human Perception and Performance*, **12**(4), 517-534.

Martino, G., & Marks, L. E. (1999). Perceptual and linguistic interactions in speeded classification: Tests of the semantic coding hypothesis. *Perception*, **28**(7), 903-923.

Martino, G., & Marks, L. E. (2000). Cross-modal interaction between vision and touch: The role of synesthetic correspondence. *Perception*, **29**(6), 745-754.

Martino, G., & Marks, L. E. (2001). Synesthesia: Strong and weak. *Current Directions in Psychological Science*, **10**(2), 61-65.

Maurer, D., Pathman, T., & Mondloch, C. J. (2006). The shape of boubas: Sound-shape correspondences in toddlers and adults. *Developmental Science*, **9**(3), 316-322.

Mondloch, C. J., & Maurer, D. (2004). Do small white balls squeak? Pitch-object correspondences in young children. *Cognitive, Affective and Behavioral Neuroscience*, **4**(2), 133-136.

Nygaard, L. C., Cook, A. E., & Namy, L. L. (2009). Sound to meaning correspondences facilitate word learning. *Cognition*, **112**(1), 181-186.

大山正 (2011). 色・形・運動・語音と感性 心理学評論, **54**(4), 456-472.

Oyama, T., & Haga, J. (1963). Common factors between figural and phonetic symbolism. *Psychologia*, **6**, 131-144.

Oyama, T., Osaka, E., Kamada, A., Motoki, Y., & Onzuka, C. (2019). Cross-cultural and inter-periodical commonality of phonetic symbolism in initials of men and women: A preliminary study. *The Japanese Journal of Psychonomic Science*, **38**(1), 105-108.

大山正・田中靖政・芳賀純 (1963). 日米学生における色彩感情と色彩象徴 心理学研究, **34**(3), 109-121.

Ozturk, O., Krehm, M., & Vouloumanos, A. (2013). Sound symbolism in infancy: evidence for sound-shape cross-modal correspondences in 4-month-olds. *Journal of Experimental Child Psychology*, **114**(2), 173-186.

Palmer, S. E., Schloss, K. B., Xu, Z., & Prado-León, L. R. (2013). Music-color associations are mediated by emotion. *Proceedings of the National Academy of Sciences of the United States of America*, **110**(22), 8836-8841.

Parise, C. V., & Spence, C. (2012). Audiovisual crossmodal correspondences and sound symbolism: A study using the implicit association test. *Experimental Brain Research*, **220**(3-4), 319-333.

Parise, C. V., Knorre, K., & Ernst, M. O. (2014). Natural auditory scene statistics shapes human spatial hearing. *Proceedings of the National Academy of Sciences of the United States of America*, **111**(16), 6104-6108.

Peña, M., Mehler, J., & Nespor, M. (2011). The role of audiovisual processing in early conceptual development. *Psychological Science*, **22**(11), 1419-1421.

Pinkerton, E., & Humphrey, N. K. (1974). The apparent heaviness of colours. *Nature*, **250**(5462), 164-165.

Ramachandran, V., & Hubbard, E. M. (2001). Synaesthesia: A window into perception, thought and language. *Journal of Consciousness Studies*, **8**(12), 104-129.

Saffran, J. R., Aslin, R. N., & Newport, E. L. (1996). Statistical learning by 8-month-old infants. *Science*, **274**(5294), 1926-1928.

佐治伸郎 (2020). 信号, 記号, そして言語へ コミュニケーションが紡ぐ意味の体系 (越境する認知科学 3) 共立出版

Saji, N., Akita, K., Kantartzis, K., Kita, S., & Imai, M. (2019). Cross-linguistically shared and language-specific sound symbolism in novel words elicited by locomotion videos in Japanese and English. *PLoS ONE*, **14**(7): e0218707, 1-24.

坂本真樹 (2019). 五感を探るオノマトペ:「ふわふわ」と「もふもふ」の違いは数値化できる 共立出版

Sapir, E. (1929). A study in phonetic symbolism. *Journal of Experimental Psychology*, **12**(3), 225-239.

篠原和子・宇野良子 (編) (2013). オノマトペ研究の射程:近づく音と意味 ひつじ書房

Sidhu, D. M., & Pexman, P. M. (2018). Five mechanisms of sound symbolic association. *Psychonomic Bulletin and Review*, **25**(5), 1619-1643.

Smith, E. L., Grabowecky, M., & Suzuki, S. (2007). Auditory-Visual Crossmodal Integration in Perception of Face Gender. *Current Biology*, **17**(19), 1680-1685.

Smith, L. B., & Sera, M. D. (1992). A developmental analysis of the polar structure of dimensions. *Cognitive Psychology*, **24**(1), 99-142.

スペンス, C. 五十嵐由夏・北川智利 (訳) (2007). 視聴覚統合 日本音響学会誌, **63**(2), 83-92.

Spence, C. (2011). Crossmodal correspondences: A tutorial review. *Attention, Perception, and Psychophysics*, **73**(4), 971-995.

Spence, C., & Deroy, O. (2012). Crossmodal correspondences: Innate or learned? *i-Perception*, **3**(5),

316-318.

Spence, C., & Ngo, M. K. (2012). Assessing the shape symbolism of the taste, flavour, and texture of foods and beverages. *Flavour*, **1**(1), 1-13.

Srinivasan, M., & Carey, S. (2010). The long and the short of it: On the nature and origin of functional overlap between representations of space and time. *Cognition*, **116**(2), 217-241.

Stevens, J. C., & Marks, L. E. (1965). Cross-modality matching of brightness and loudness. *Proceedings of the National Academy of Sciences of the United States of America*, **54**(2), 407-411.

Takeshima, Y., & Gyoba, J. (2013). Changing pitch of sounds alters perceived visual motion trajectory. *Multisensory Research*, **26**(4), 317-332.

Walker, L., & Walker, P. (2016). Cross-sensory mapping of feature values in the size-brightness correspondence can be more relative than absolute. *Journal of Experimental Psychology: Human Perception and Performance*, **42**(1), 138-150.

Walker, P., Gavin Bremner, J., Mason, U., Spring, J., Mattock, K., Slater, A., & Johnson, S. P. (2010). Preverbal infants' sensitivity to synaesthetic cross-modality correspondences. *Psychological Science*, **21**(1), 21-25.

Walsh, V. (2003). A theory of magnitude: common cortical metrics of time, space and quantity. *Trends in cognitive sciences*, **7**(11), 483-488.

Ward, J., Huckstep, B., & Tsakanikos, E. (2006). Sound-colour synaesthesia: To what extent does it use cross-modal mechanisms common to us all? *Cortex*, **42**(2), 264-280.

Watson, Q. J., & Gunther, K. L. (2017). Trombones elicit bitter more strongly than do clarinets: A partial replication of three studies of Crisinel and Spence. *Multisensory Research*, **30**, 321-335.

Welch, R. B., & Warren, D. H. (1986). Intersensory interactions. In K. R. Boff, L. Kaufman & J. P. Thomas (Eds.), *Handbook of Perception and Performance. Vol. 1. Sensory Processes and Perception* (pp. 25-1-25-36). New York: Wiley.

Williams, J. M. (1976). Synaesthetic adjectives: A possible law of semantic change. *Language*, **52**(2), 461-478.

Woods, A. T., & Spence, C. (2016). Using single colors and color pairs to communicate basic tastes. *i-Perception*, **7**(4), 1-15.

Woods, A. T., Spence, C., Butcher, N., & Deroy, O. (2013). Fast lemons and sour boulders: Testing crossmodal correspondences using an internet-based testing methodology. *i-Perception*, **4**(6), 365-379.

索　引

執筆者紹介

浅野倫子（あさの みちこ）第1-3章，第5-6章
東京大学大学院人文社会系研究科基礎文化研究専攻心理学専門分野博士課程
単位取得退学。博士（心理学）。玉川大学脳科学研究所嘱託研究員，立教大
学現代心理学部助教等を経て，現在は立教大学現代心理学部准教授。著書に
『言語と身体性』（分担執筆，2014，岩波書店）。

横澤一彦（よこさわ かずひこ）第1-4章，シリーズ監修
東京工業大学大学院総合理工学研究科修了。工学博士（東京工業大学）。
ATR視聴覚機構研究所主任研究員，東京大学生産技術研究所客員助教授，
南カリフォルニア大学客員研究員，NTT基礎研究所主幹研究員，カリフォ
ルニア大学バークレイ校客員研究員などを経て，現在は東京大学大学院人文
社会系研究科教授。著書に『視覚科学』（2010，勁草書房）。

シリーズ統合的認知 6
共感覚　統合の多様性

2020年8月20日　第1版第1刷発行

著者　　　浅野倫子
　　　　　よこ　さわ　かず　ひこ
　　　　　横澤一彦

発行者　井村寿人

発行所　株式会社 勁草書房

112-0005 東京都文京区水道2-1-1　振替　00150-2-175253
（編集）電話 03-3815-5277／FAX 03-3814-6968
（営業）電話 03-3814-6861／FAX 03-3814-6854
本文組版 プログレス・日本フィニッシュ・松岳社

シリーズ統合的認知

監修 横澤一彦

　五感と呼ばれる知覚情報処理過程によって，われわれは周囲環境もしくは外的世界についての豊富で詳細な特徴情報を得ることができる。このような，独立した各感覚器官による特徴抽出を踏まえて，様々な特徴や感覚を結び付ける過程がわれわれの行動にとって最も重要である。しかし，認知過程を解明するうえで，旧来の脳科学や神経生理学で取組まれている要素還元的な脳機能の理解には限界があり，認知心理学的もしくは認知科学的なアプローチによって，人間の行動を統合的に理解することが必要である。本シリーズでは6つの研究テーマを対象に，それぞれの分野の最先端で活躍する研究者たちが執筆している。各分野に興味を持つ認知心理学や認知科学専攻の大学院生や研究者のための必携の手引書として利用されることを願っている。

―――――――――――――――――――――――――――――――勁草書房

＊表示価格は2020年8月現在。消費税は含まれておりません。